MUST KNOW

HIGH SCHOOL BASIC SPANISH

Jean Yates, PhD

Mc Graw Hill

New York Chicago San Francisco Athens London Madrid
Mexico City Milan New Delhi Singapore Sydney Toronto

3 4 5 6 7 8 9   LCR   24 23

ISBN   978-1-260-45306-5
MHID   1-260-45306-5

e-ISBN   978-1-260-45307-3
e-MHID   1-260-45307-2

McGraw-Hill Education books are available at special quantity discounts to use as premiums and sales promotions, or for use in corporate training programs. To contact a representative, please visit the Contact Us pages at www.mhprofessional.com.

Acknowledgments

I would like to thank Garret Lemoi and Daina Penikas for their guidance throughout the entire process of putting this book together, and high school students Jason Clark and Sydney Clark for their encouragement and helpful ideas.

Jean Yates

Contents

14 Describing Actions Toward People and Things — 281

15 Speaking Reflexively and Impersonally — 297

Introduction

Welcome to your new Spanish book! Let us explain why we believe you've made the right choice. This probably isn't your first rodeo with either a textbook or other kind of guide to a school subject. You've probably had your fill of books asking you to memorize lots of terms (such is school). This book isn't going to do that—although you're welcome to memorize anything you take an interest in. You may also have found that a lot of books jump the gun and make a lot of promises about all the things you'll be able to accomplish by the time you reach the end of a given chapter. In the process, those books can make you feel as though you missed out on the building blocks that you actually need to master those goals.

With **Must Know High School Basic Spanish**, we've taken a different approach. When you start a new chapter, right off the bat you will see one or more **must know** ideas. These are the essential concepts behind what you are going to study, and they will form the foundation of what you will learn throughout the chapter. With these **must know** ideas, you will have what you need to hold it together as you study, and they will be your guide as you make your way through each chapter, learning how to build new knowledge and skills.

To build on this foundation you will find easy-to-follow discussions of the topic at hand, accompanied by comprehensive examples that will increase your ability to communicate in Spanish. Each chapter ends with review questions—more than 1,000 throughout the book—designed to instill confidence as you practice your new skills.

Your author, Dr. Yates (more on her in a moment), has carefully designed the order of topics to help you understand new concepts. But feel free to "read ahead" in this book—say, if you need immediate help with a class you're taking. You'll see that there is light at the end of the tunnel.

This book has other features that will help you on this Spanish journey. It has a number of "sidebars" that will provide useful information or just serve as a quick break from your studies. The **BTW** ("by the way") sidebars point out important information, as well as tell you what to be careful about Spanish-wise. Every once in a while, an **IRL** ("in real life") sidebar will tell you what the topic you're studying has to do with the real world; other IRLs are just interesting factoids.

In addition, this book is accompanied by a flashcard app that will give you the ability to test yourself at any time. The app includes 100+ "flashcards," each of which consists of a question and answer in English on the "front" side and their Spanish translations on the "back." You can either work through the flashcards by themselves or use them alongside the book. In addition to the flashcards, the app includes extensive audio that will help you with the sounds of Spanish. To find out where to get the app and how to use it, go to the next section, The Flashcard App—with Audio!

Before you get started, however, let us introduce you to your guide throughout this book. In addition to extensive experience as a Spanish teacher, Jean Yates, PhD, has written a number of popular—and terrific—books on learning the language. Having had the opportunity to work together before, we know that Dr. Yates has an unmatched enthusiasm for Spanish. She understands what you should get out of a Spanish course and has developed strategies to help you get there. Dr. Yates has also seen the kinds of trouble that students run into, and she can show you how to overcome these difficulties. In this book, she applies her experience to showing you the most effective way to learn a given concept, as well as how to extricate yourself from traps you may have fallen into. She will be your trustworthy guide as you expand your Spanish knowledge and develop new skills.

Before we leave you to Dr. Yates's sure-footed guidance, let us give you one piece of advice. While we know that it's a cliché to say something "is the *worst*," if anything *is* the worst when it comes to learning Spanish, it's object pronouns. Let Dr. Yates introduce you to them and show you how to work them confidently into your growing Spanish skills. Take our word for it: Mastering object pronouns will stand you in good stead for the rest of your Spanish career.

Good luck with your studies!

The Editors at McGraw-Hill

The Flashcard App—with Audio!

This book features a bonus flashcard app. Like other **Must Know** books, it includes a set of flashcards, but *High School Basic Spanish* also features extensive audio.

The Flashcard App

To take advantage of this bonus feature, follow these easy steps:

Search for **Must Know High School** App
from either Google Play or the App Store.

↓

Download the app to your smartphone or tablet.

↓

The flashcards will help you test yourself on what you've learned
as you make your way through the book. You can access the 100+ "flashcards,"
both "front" and "back," in either of two ways.

↙ ↘

Just open the app and you're ready to go.	Use your phone's QR code reader to scan any of the book's QR codes.
You can start at the beginning, or select any of the chapters listed.	You'll be taken directly to the flashcards that match the chapter you chose.

↘ ↙

**Be ready to test
your Spanish knowledge!**

Spanish Audio

The app also includes a ton (to use the technical term) of Spanish-language audio. It has been designed to help with both your pronunciation and listening skills. On the app, you'll find

- A pronunciation guide to the sounds of Spanish

- Important words and expressions

- The book's **diálogos** (dialogues) and **lecturas** (reading passages)

- A series of questions and answers that will help develop your speaking skills

Each item in the book that appears as audio on the app is identified by the audio icon (◀ᴅ). Follow the QR code at the end of a chapter to that chapter's app content. Or you can look at the app's easy-to-follow contents section and choose the section that interests you most. Listen closely, and we're confident your Spanish skills will improve fast!

1 Pronouncing Spanish

MUST KNOW

- Spanish has, in addition to all of the letters in the English alphabet, the letter **ñ**.

- Under special circumstances, accent marks may appear directly on top of—almost touching—any of the vowel letters: **á é í ó ú**.

- The letter **u** after the letter **g** may have a **diéresis—ü**.

- Spanish has a few sounds that are the same as English sounds, some that are similar (but usually spelled differently), and some that do not occur in English.

T he very best way to learn Spanish is to practice speaking it— and the very best way to get others to practice with you is to have near-native pronunciation. And, of course (**claro**), the best way to acquire near-native pronunciation is to keep on practicing.

Do not listen to people who say this is impossible! Prove them wrong, as many **gringos** (who now have wonderful friends, wonderful jobs, and a sense of accomplishment) have done before you. Make it fun. Try not to sound like a **gringo**. Really, getting over this hurdle is 90 percent of the process.

Patterns of Spanish Sounds

Look at the letters and try to pronounce them according to the Spanish patterns. You may want to mark problem letters—those that are pronounced differently than English letters.

First, learn to pronounce the vowels. There are only five, and they are always pronounced the same—in every dialect of Spanish!

- To make each vowel, first open your mouth to the beginning position for the suggested similar sound in English.

- Make the sound and do not move your lips or jaw. If your mouth is in the right shape, the vowel sound will be correct.

  a is similar to the doctor's *ah*. (Don't move your jaw!)
  e is similar to the *e* in *effort*.
  i is similar to the *ee* in *week*. (Smile wide and freeze it.)
  o is similar to the *o* in *Los* of *Los Angeles*.
  u is similar to the *u* in *tuba*. (Stop and freeze before rounding your lips.)

- Two vowels can occur together. If one of them is **i** or **u**, they are considered to be one unit. (Be sure to freeze your lips and jaw on the second sound.)

- **i** before another vowel sounds like an English *y*.

  ia *(ya)*   **ie** *(ye)*   **io** *(yo)*   **iu** *(yu)*

- **u** before another vowel sounds like an English *w*.

  ua *(wa)*   **ue** *(we)*   **ui** *(wi)*   **uo** *(wo)*

- **i** or **u** after another vowel also fuses two sounds into one syllable.

  ai *(eye)*   **ei** *(eight)*   **oi** *(boy)*   **ui** *(week)*
  au *(a oo)*   **eu** *(e oo)*   **iu** *(you)*

■ When a written accent mark occurs over one of these vowels, two syllables should be pronounced. Pronounce the vowel with the accent mark with more emphasis. (The English pronunciations given here are only approximations—keep your lips and jaw tight, as before.)

BTW
Por cierto... *When the lowercase* **i** *has an accent mark, the accent mark replaces the dot over the* **i**: **í**.

ía *(ee' ah)*   **íe** *(ee' eh)*   **ío** *(ee' o)*
úa *(oo' ah)*   **úe** *(oo' eh)*   **úi** *(oo' ee)*   **úo** *(oo' o)*
aí *(ah ee')*   **eí** *(eh ee')*   **oí** *(o ee')*
aú *(ah oo')*   **eú** *(eh oo')*

■ When the other vowels occur together, they glide from one sound to the other, forming two syllables.

ae *(ah' eh)*   **ao** *(ah' o)*
ea *(eh' ah)*   **ee** *(eh' eh)*   **eo** *(eh' o)*
oa *(o' ah)*   **oe** *(o' eh)*   **oo** *(o' o)*

■ The letter **y** after a vowel is pronounced exactly like the Spanish vowel **i**.

hay *(eye)*   **ley** *(lay)*   **hoy** *(oy)*   **muy** *(mwee)*

Now practice the vowel sounds as you learn the consonant sounds.

- The letters **b** and **v** represent the same Spanish sound. It is similar to the *b* in *but*.

base	bebe	bife	bobo	bus
vaso	veo	vino	voz	vulgar

- The letter **c** before the vowel **a**, **o**, or **u** is similar to the *k* in *walking*. Before **e** or **i**, this sound is spelled **qu**.

café	coco	cuna
queso	química	tequila

- The letter **c** before the vowel **e** or **i**, and the letter **z** before **a**, **o**, or **u**, are pronounced in Latin America like *s* as in *sun*. In much of Spain, they are pronounced like the *th* of *thumb*.

cena	cinco	
zapato	zorro	zumo

- The letter **s** is also pronounced—in Latin America and in Spain—like *s* as in *sun*.

sala	se	si	solo	Susana

- The letter **k** occurs only in foreign words, like the words **kilo** and **kilogramo**. The letters **cu** before another vowel sound like the *qu* in *quick*.

cuando	cueva	cuidado	cuota

- The letters **ch** together are just like the *ch* in *chip*.

cha-cha-chá	cheque	chico	choza	chulo

- The letter **d** at the beginning of a word is similar to the *d* in *dinner*. Between vowels, it is like the *th* in *brother*.

  dama   **dedo**   **diga**   **donde**   **duda**

- The letter **f** is pronounced like the *f* in *father*.

  fama   **feo**   **finca**   **fórmula**   **fuma**

- The letter **g** before **a**, **o**, or **u** at the beginning of a word is similar to the *g* in *girl*. Before the letters **e** or **i**, this sound is spelled **gu**.

  gana   **goce**   **gusto**   **gueto**   **guía**

  Between vowels, it has a sound that does not occur in English. It's like *g* (as in *girl*), but said as if you have a sore throat—you let the air come through the passage instead of stopping it.

  amiga   **pague**   **águila**   **amigo**   **agudo**

- The letter **g** before **e** or **i** can be pronounced like a strong *h* as in *Help!* It is like the **g** between vowels, as described above, only with no voice sound.

  gesto   **general**   **gimnasio**   **gigante**   **gitano**

- The letters **gu** before **a** or **o** can be pronounced like *gw* or like the *w* in *wash*. This sound before **e** or **i** is spelled **gü**.

  guantes   **güera**   **güito**   **averiguo**

  Note that the letter **w** is used only in foreign words.

- The letter **j** has the same pronunciation as a **g** before **e** or **i**.

  jaleo   **jefe**   **jirafa**   **joya**   **jugo**

- The letter **h** is always silent, just like the *h* in *honest*.

  hago   **hecho**   **hijo**   **honesto**   **Hugo**

■ The letter **l** at the beginning of a syllable is similar to the *l* in *lost*.

lava	**leche**	**liso**	**los**	**luna**

At the end of a syllable, the letter **l** is a bit like the *ll* in *What'll we do?*

al	**del**	**albañil**	**alcohol**	**Raúl**

■ The letters **ll** are pronounced as a single sound, either like *yy* as in *Say yes!* or like *j* as in *jar*.

llave	**llevo**	**allí**	**llora**	**lluvia**

■ The letter **y** at the beginning of a syllable has the same two possible pronunciations.

ya	**yeso**	**yin**	**yo**	**yuca**

■ The letter **m** is pronounced like the *m* in *man*.

mamá	**mes**	**mima**	**mono**	**música**

■ The letter **n** is usually pronounced like the *n* in *name*.

nada	**necio**	**ni**	**no**	**nudo**

Before a syllable beginning with **ca**, **que**, **qui**, **co**, **cu** or **ga**, **gue**, **gui**, **go**, **gu**, it is pronounced like the *ng* of *sing*.

nunca	**tanque**	**yanqui**	**banco**	**vínculo**
venga	**merengue**	**mango**		

■ The letter **ñ** is pronounced like the *ni* of *onion*.

niña	**niñera**	**compañía**	**año**

■ The letter **p** is pronounced like the *p* of *spin*. It is not followed by a puff of air like the English *p* at the beginning of a word; instead, it sounds close to an English *b*.

pan	**Pepe**	**piña**	**pobre**	**púa**

■ The pronunciation of **r** is nothing like the English *r*. It is much more similar to the underlined letters in the following English words.

English word	Similar Spanish pronunciation (but keep your vowels frozen)
bo*d*y	**bari**
Be*tt*y	**veri**
E*d*ie	**iri**
ough*tt*a	**hora**

The letter **r** at the beginning of a word is pronounced exactly like **rr**, described below.

■ The combination **rr** has a trilled sound that can be learned with practice. Here's how you make it.

1. With the tip of your tongue, find a spot behind your top teeth.
2. Open your mouth wide, bringing your tongue down.
3. Bring your mouth to an almost closed position, keeping your lips open. As you do this, place your tongue loosely on the spot you found in step 1. The air that comes through as you close your mouth will cause the tongue to tap repeatedly. Make a sound with your voice as you do this.

jarra	**torre**	**arriba**	**arroz**	**arruina**
rana	**recibo**	**río**	**rosa**	**ruinas**

■ The letter **t** is similar to the *t* of *sting*. It is not followed by the puff of air that accompanies the *t* at the beginning of a word in English.

taza	**techo**	**tiza**	**toro**	**tuna**

■ The letter **x** is like the sound of *ks* in *works*.

exacto	**excepto**	**exijo**	**léxico**	**exótico**	**exhumo**

The letter **x** in the word **México**—and in some other words of Mexican origin—is pronounced like the **j** and **ge/gi** sound.

Using Accent Marks—¿Sí o no?

An accent mark—called a **tilde** in Spanish—is used

- over the emphasized vowel in a question word:

¿Quién...?	¿Dónde...?	¿Por qué...?	¿Cuándo...?
Who?	*Where?*	*Why?*	*When?*

- over the vowel of certain one-syllable words that have homonyms with different meanings:

sí	**té**	**él**	**mí**	**tú**	**más**
yes	*tea*	*he*	*me*	*you*	*more*
si	**te**	**el**	**mi**	**tu**	**mas**
if	*you*	*the*	*my*	*your*	*but*

In Spanish, a word is emphasized on the next-to-last syllable—and a **tilde** is not required—as long as one of these patterns is followed:

- the word ends in a vowel:

  amiga   leche   mini   lobo   guru   practico

- the word ends in a one-syllable vowel combination:

  gloria   agua   estudio

- the word ends in **-n** or **-s**:

  cocinan   leen   abren   examen
  cocinas   lees   abres   cocinamos

- But—exceptions to these patterns require a **tilde**:

  ácido   estudió   están   estación   jamás

A word that ends in any consonant other than **-n** or **-s** is emphasized on the final syllable:

d	j	l	r	y	z
ciudad	reloj	animal	trabajar	estoy	arroz

- Exceptions to this pattern require a **tilde**.

árbol	almíbar	lápiz	difícil	alcázar	González

Running Words Together

Spanish words sound as though they are all run together. There is rarely a break between words. Also, when a word that begins with a vowel follows a word that ends with the same vowel, the vowel is only pronounced once. Practice this by reading aloud, linking the words as follows:

Jaime es mi amigo. (jai mes mia mi go)
Jaime is my friend.

Vamos a la universidad. (va mo sa lau ni ver si dad)
We're going to the university.

Fuimos de vacaciones en agosto. (fui mos de va ca cio ne se na gos to)
We went on vacation in August.

If you practice reading and speaking in this manner, you will more easily understand spoken Spanish. Here are a few sentences to help you show off.

¿Cómo está usted? (co mwe stau sted)
How are you?

¿De dónde es usted? (de don de su sted)
Where are you from?

Vamos a comer. (va mo sa co mer)
Let's go eat.

Es usted muy amable. (e su sted mu ia ma ble)
You are very kind.

Esta ciudad es muy bonita. (e sta ciu da des muy bo ni ta)
This city is very beautiful.

Me encanta hablar español. (meng can ta bla res pa ñol)
I love to speak Spanish.

BTW

Por cierto...
Pronunciation is a skill that requires a lot of practice. Reading aloud is one of the best ways to do this.

EJERCICIOS

EJERCICIO 1-1

Look over this chapter quickly to get a general idea of Spanish pronunciation. Then refer to it from time to time, practicing the individual sounds separately, then combining them into words, and then into phrases.

EJERCICIO 1-2

Listen to the Pronunciation section of the recording that accompanies this book, and follow the speakers' instructions as you look at the letters, words, and sentences on pages 2 through 10 of this book.

EJERCICIO 1-3

Listen to native Spanish speakers whenever you get the chance, and try to copy their pronunciation. Imagine how to spell everything you hear, and make that connection automatic. In other words, open up a new folder in your brain entitled **Español**.

2 Being Friendly

MUST KNOW

- As often as possible, use Spanish to express the many polite phrases that are expected in the course of daily life.

- Being polite when speaking Spanish depends on your making sure to use the appropriate form of *you*—**usted** or **tú**.

- Saying *Welcome!* in Spanish involves noting whether the people you are greeting are male or female, as well as whether there is more than one person.

- Keep in mind that Spanish speakers use **tarde** for both *afternoon* and *evening*. They also use **¡Buenas noches!** as a greeting!

A really fun way to let the Hispanic world (and your brain) know that you are *open for business* is to memorize (not an evil word!) lots of phrases and to use them whenever appropriate. When you say **¡Hola!** to your Spanish-speaking friends, they immediately know that you appreciate them and want to learn from them.

🔊 Saying Hello

Here are a few ways to say hello to people as you go about your day. At any time of the day or night, you can greet someone by saying

¡Hola! ¿Qué tal?
Hi. How are you?

And if someone greets you in this way, you can respond by saying

- to a good friend:

Bien, gracias. ¿Y tú?
Fine, thanks. And you?

- to someone you don't normally socialize with, or whom you would call *Mr.*, *Mrs.*, or *Dr.*:

Bien, gracias. ¿Y usted?
Fine, thanks. And you?

> **BTW**
>
> **Por cierto...** *Whenever you use a question mark at the end of a question, you need to put an upside-down one at the beginning:* **¿Y tú?**
>
> *The same goes for exclamation points:* **¡Hola!**

IRL **En la vida real...** When good friends meet and then say goodbye, women normally touch cheeks and "kiss the air" on one (the right) cheek in Latin America and both (the right, then the left) cheeks in Spain—with both their male and female friends. Men look over each other's left shoulder and pat each other on the back, in an **abrazo**.

To be more specific, you can say

- between daylight and lunchtime:

  ¡Buenos días!
  Good morning!

- between lunchtime (or noon, depending on the country) and darkness:

  ¡Buenas tardes!
  Good afternoon!

- after dark:

  ¡Buenas noches!
  Good evening! / Good night!

 IRL   **En la vida real... Buenas noches** is a greeting. What!? ¡Sí! It's more like *Good evening.* (It's English *Good night* that means only *goodbye.*)

🔊 Meeting New People

Whenever we meet someone new, we're expected to say something—not just stand there and smile or wave. Here are some commonly used expressions.
   When you are introduced to someone, you can say

   ¡Mucho gusto!
   Glad to meet you!

If the other person says **¡Mucho gusto!** first, you can say

   El gusto es mío.   OR   **Igualmente.**
   The pleasure is mine.   *Likewise. / Same here.*

To be extra charming, you can say

   Encantado. (if you are a male)   **Encantada.** (if you are a female)
   Delighted. (I'm charmed.)   *Delighted. (I'm charmed.)*

Welcoming New People

There's a big sign at an international airport near Washington, D.C. that reads **¡BIENVENIDOS!** That works to welcome all Spanish speakers, but if you want to express that sentiment to individuals, it's a little more complicated—even involving a little grammar.

To say *Welcome* to

- one person, who is male . . . **Bienvenido.**

- one person, who is female . . . **Bienvenida.**

- several people . . . **Bienvenidos.**

- a group of only females . . . **Bienvenidas.**

Being Polite at a Meal

Mealtime is usually more formal in Hispanic cultures. The main meal, in particular, is usually in the middle of the day, and it is considered **imprescindible** (*essential*) to be seated and to have several courses, followed by coffee, before even imagining going through the rest of the day. If you are sharing a meal with others, here are some polite phrases you can use

- before a meal:

   ¡Buen provecho!
   Enjoy your meal!

- to toast someone:

   ¡Salud!
   To your health!

- to compliment the cook:

   ¡La comida está muy rica!
   The food is delicious!

BTW

Por cierto... *Here are two expressions that you will see often in this book, and you can also use them in your Spanish conversations!*

Por cierto... *By the way . . .*

En la vida real... *In real life . . .*

IRL   **En la vida real...** It is considered extremely bad manners to eat or drink on a bus, metro, or train—or in a classroom!

Celebrating

It's important to show your appreciation and admiration for other people's celebrations, milestones, and achievements. Here are expressions for various occasions.

¡Felicidades!	**¡Feliz cumpleaños!**	**¡Felices fiestas!**
Congratulations!	*Happy Birthday!*	*Happy Holidays!*
¡Feliz Navidad!	**¡Feliz Hanukkah!**	**¡Feliz Año Nuevo!**
Merry Christmas!	*Happy Hanukkah!*	*Happy New Year!*

And here's one that works for any occasion.

¡Feliz día!
Have a happy day!

Being Polite

Consideration of others' feelings is always important, and it's a good idea to notice what the locals do in different situations. When in Rome (I mean, Madrid or Mexico City) . . . , here are the **imprescindibles** (*the things you must know!*).

Por favor.	**Gracias.**	**Muchas gracias.**	**Muchísimas gracias.**
Please.	*Thank you.*	*Thank you very much.*	*Thanks a million.*
De nada.	**¡Perdón!**	**Con permiso.**	**Lo siento (mucho).**
You're welcome.	*Excuse me!*	*Excuse me. (I have to leave.)*	*I'm (very) sorry.*

Emergencies

We should always be aware that accidents can happen at any time—
and be prepared to ask for help if necessary. I mean, just imagine needing
a doctor or a policeman and not knowing how to get people to help you!
If you need help, here's what you need to say—and loudly!

¡Socorro!	**¡Ayúdeme, por favor!**
Help!	*Help me, please!*

And if you see that someone else is in danger, you can warn them:

¡Cuidado!
Watch out!

Saying Goodbye

Adiós is pretty much known by everyone in the United States—but its
pronunciation needs some serious attention here. It is so often pronounced
with English vowel sounds and with three syllables that it is unrecognizable
in Spanish. Be the leader here. Teach your friends to say it in two syllables,
with the stress on the second one: **ah thyós**. (Since the **d** comes between
two vowels, it's pronounced like the *th* in *brother*—just a reminder. ☺)

And since its literal meaning is *to God* or *I'm leaving you in God's hands*,
adiós is meant for rather long-term goodbyes.

Here are some expressions for shorter-term absences.

Hasta luego.	**Hasta mañana.**	**Nos vemos.**	**Feliz viaje.**
See you later.	*See you tomorrow.*	*See you soon.*	*Have a good trip.*

It's also common, especially among Central Americans, to hear

Que le vaya bien.
May all go well with you.

EJERCICIOS

EJERCICIO 2-1

Write the English equivalent of each of the following expressions.

1. Que le vaya bien.

2. ¡Feliz día!

3. De nada.

4. ¡Socorro!

5. Con permiso.

6. Encantado.

7. Igualmente.

8. Buen provecho.

EJERCICIO 2-2

Write the Spanish expression appropriate for each of the following situations.

1. To greet someone at 10 a.m.

2. To greet someone at 10 p.m.

3. To welcome two gentlemen and one lady to your home

4. To wish someone a happy birthday

5. To say congratulations

6. To say goodbye to someone you don't expect to see for a long time

7. To apologize for being late

8. To apologize for stepping on someone's toe

9. To say it won't be long until you see someone again

10. To wish someone a good trip

Developing a Spanish Vocabulary

MUST KNOW

⚡ Use cognates—words that have both a similar spelling and a similar meaning in Spanish and English—to help increase your Spanish *content* vocabulary.

⚡ Content words can be divided into four groups: nouns, adjectives, verbs, and adverbs.

⚡ Be aware of false cognates—words that look alike in the two languages but have different, sometimes even opposite, meanings.

D o you hate the idea of learning grammar but think that knowing lots of words sounds cool? Then you think like most people do. But grammar is actually our biggest help in saying and writing exactly what we want to say and write in the most efficient way possible— and in learning new words, too.

This book is designed to help you build a framework of grammar— a series of *structures* and *function words* and *particles* (parts of words)— that will allow you to use unlimited *content* words in order to communicate exactly what you want to communicate. But first, let's look at a bunch of Spanish content words. You'll see that your Spanish vocabulary is actually quite large! In addition to the words in Chapter 1 you already knew and the expressions you memorized in Chapter 2, you know a lot of the words that follow—and you didn't even realize it!

Noun Cognates

Say each of these Spanish **sustantivos** (*nouns*). If you are not sure what any of them mean, look them up right away. There are many more, so keep your eyes and ears open, and keep adding to this list.

cable	ángel	capital	cafetería
chocolate	cartel	criminal	filosofía
debate	hotel	material	lotería
restaurante		terminal	policía
	actividad		
actitud	creatividad	aplicación	artista
gratitud	personalidad	complicación	novelista
	sinceridad	fascinación	optimista
banco		imaginación	
diccionario	bicicleta		error
instituto	cámara	problema	favor
teléfono	idea	programa	humor
	lámpara	sistema	motor

BTW

Por cierto... *Reading these cognates aloud is a wonderful way to practice your Spanish pronunciation, while at the same time filing lots of new words in your "Spanish brain" folder. Bonus points for writing them down, which may seem silly, but it's actually a great boost to memorizing!*

Adjective Cognates

Continue practicing your pronunciation with these descriptive words:

activo	elegante	natural
atractivo	fascinante	principal
creativo	permanente	popular

Are you already seeing some similarities in Spanish adjectives? Then— **¡Felicidades!** You have already learned some grammar, all by yourself (the best way—*only* way?—to learn anything!).

Verb Cognates

Now say these Spanish **verbos** out loud, and form some idea about them in your mind.

conversar	defender	decidir
expresar	establecer	definir
invitar	prometer	recibir

Adverb Cognates

Keep on reading aloud, and these adverbs—plus many more like them— are yours.

especialmente   naturalmente   prácticamente   rápidamente

EJERCICIOS

EJERCICIO 3-1

Complete each of the following sentences.

1. The four types of content words are _____, _____, _____, and _____.

2. Words that have both similar spellings and similar meanings in two languages are called _____.

3. Words that have similar spellings but different meanings in two languages are called _____.

4. Words that name people, places, things, and abstracts are called _____.

5. Words that name actions are called _____.

6. Words that tell how actions are performed are called _____.

7. Words that describe people, places, or things are called _____.

EJERCICIO 3-2

Review the lists of cognates in this chapter, and respond to the following questions.

1. Noun cognates: Name at least five different word endings for nouns.

2. Adjective cognates: Name at least three different word endings for adjectives.

3. Verb cognates: Name three different word endings for verbs.

4. Adverb cognates: How do they end?

Flashcard App

4 Identifying People

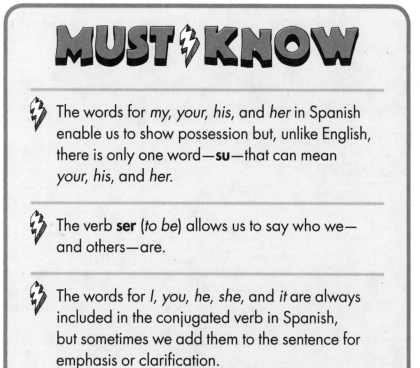

MUST KNOW

⚡ The words for *my*, *your*, *his*, and *her* in Spanish enable us to show possession but, unlike English, there is only one word—**su**—that can mean *your*, *his*, and *her*.

⚡ The verb **ser** (*to be*) allows us to say who we— and others—are.

⚡ The words for *I*, *you*, *he*, *she*, and *it* are always included in the conjugated verb in Spanish, but sometimes we add them to the sentence for emphasis or clarification.

magine that it's the first day of a Spanish immersion class and you don't know anybody. Your teacher walks in and starts speaking Spanish—and before you know it, you and your classmates are getting to know one another, all in perfect Spanish, without speaking a word of English! And laughing a lot in the process! By the end of the period, everyone knows everyone else's name and where each person is from. That's the first part of this chapter.

The second part takes up the rest of the first week of class. That's when you get a blank map showing the countries of the world where Spanish is the first language, and only one nerdy student can name them all. But by the end of the week, every single one of you can not only fill out this map, but also say the nationalities of the people who live there, as well as those of everyone in the class! You'll also be talking about what states, cities, or towns you are all from, and whether you're from the north, south, east, west, or middle of those places. This class is fun—let's get started!

Possessives

The singular possessives—*my, your, his, her, its* in English—indicate that something, whether it's a book, a friend, or a name (or anything else), belongs to or pertains to someone. Take a look at these possessives.

mi	**su**	**su**	**su**
my	*your*	*his*	*her*

Probably the first thing we want to know about people is what their names are. Here is how to find out.

Pregunta (*Question*)	Respuesta (*Answer*)
¿Cuál es su nombre?	**Mi nombre es Diana.**
What's your name?	*My name is Diana.*

And here's how to find out someone else's name.

Pregunta	Respuesta
¿Cuál es su nombre?	**Su nombre es David.**
What's his name?	*His name is David.*
¿Cuál es su nombre?	**Su nombre es Sara.**
What's her name?	*Her name is Sara.*

Notice that *your*, *his*, and *her* are all the same in Spanish: **su**. Usually, the situation, or context, will indicate who is being talked about. When clarification is needed, you can say

your name	**su nombre**	→	**el nombre de usted**
his name	**su nombre**	→	**el nombre de él**
her name	**su nombre**	→	**el nombre de ella**

Ser, the Verb That Tells Who People Are

The verb **ser** (*to be*) is by far the most frequently used verb in the Spanish language. You can use it to tell who you are or who someone else is. It's another way to say names!

Here are singular conjugation forms of **ser**.

soy	**es**	**es**	**es**	**es**
I am	*you are*	*he is*	*she is*	*it is*

- To say who you are:

  Soy Luisa.
  I'm Luisa.

- To tell me who I am:

  Es la señora Jones.
  You're Mrs. Jones.

- To say who a girl or woman is:

  Es Anamaría. Es la señora Brown.
  She's Anamaría. She's Mrs. Brown.

- To say who a boy or man is: **Es José. Es el señor Hernández.**
  He's José. He's Mr. Hernández.

- To say what someone's name is: **Es José. / Su nombre es José.**
  It's José. / His name is José.

Subject Pronouns

When it isn't obvious who is being referred to, we can use the subject pronouns to introduce or emphasize who we are talking about.

yo	**usted**	**él**	**ella**	**él/ella**
I	*you*	*he*	*she*	*it*

Pregunta	Respuesta
¿Quién es usted?	**Soy Adriana.**
Who are you?	*I'm Adriana.*
¿Quién es él?	**Es Pepe.**
Who is he?	*He's Pepe.*
¿Quién es ella?	**Es Patricia.**
Who is she?	*She's Patricia.*
¿Es usted María?	**No, no soy María. Ella es María.**
Are you María?	*No, I'm not María.* **She** *(not I) is María.*
¿Quién es Margarita?	**Yo soy Margarita.**
Who is Margarita?	*I (not someone else) am Margarita.*

Usually, either someone's name or a subject pronoun is used at the first mention of that person in a conversation; after that, neither the name nor the subject pronoun is repeated.

BTW

Por cierto... *There is one more important way to say you—***tú***—which we'll look at in detail in Chapter 5.*

Some people have titles (whether they like it or not!).

señor, Sr.	**señora, Sra.**	**señorita, Srta.**
gentleman, Mr.	*lady, Mrs.*	*young lady, Miss*

When speaking *directly* to someone you normally address with a title, say

¡Buenos días, Sr. López!
Good morning, Mr. López!

¡Hola, Sra. González!
Hi, Mrs. González!

¡Buenas tardes, Dr. Díaz!
Good afternoon, Dr. Díaz!

Mucho gusto, Srta. Martínez.
Nice to meet you, Miss Martínez.

When speaking *about* someone with a title, add **el** or **la**—and begin the title with a lowercase letter.

Mi profesor es el señor López.
My teacher is Mr. López.

Mi profesora es la señora González.
My teacher is Mrs. González.

El médico es el doctor Díaz.
The doctor is Dr. Díaz.

Su amiga es la señorita Martínez.
Her friend is Miss Martínez.

Asking Questions

We've already been using **¿Cuál...?** and **¿Quién...?** to ask what are known as formula questions. Learn all information questions as formulas—set expressions—rather than trying to translate them from English. Notice that all questions in Spanish begin with an upside-down question mark and end with a regular one. Let's look at some more examples.

Pregunta	Respuesta + otra pregunta	Respuesta
¿Cuál es su nombre?	**Es Diana. Y su nombre, ¿cuál es?**	**Es Pablo.**
What's your name?	*It's Diana. And your name—what is it?*	*It's Pablo.*
¿Quién es usted?	**Soy Roberto. Y usted, ¿quién es?**	**Soy Antonio López.**
Who are you?	*I'm Roberto. And who are you?*	*I'm Antonio López.*

BTW

Por cierto... *Information question words, like ¿Quién...? and ¿Cómo...?, always have a written accent mark over the stressed syllable.*

What if you want to ask a yes/no question? Easy—just make a statement and make it sound like a question!

Statement	Question	Answer
Usted es el señor Páez.	**¿Usted es el señor Páez?**	**Sí, soy el señor Páez.**
You're Mr. Páez.	*You're Mr. Páez? / Are you Mr. Páez?*	*Yes, I'm Mr. Páez.*
Ella es Patricia.	**¿Ella es Patricia?**	**Sí, es Patricia.**
She's Patricia.	*She's Patricia? / Is she Patricia?*	*Yes, she's Patricia.*
Su nombre es José.	**¿Su nombre es José?**	**No, no es José.**
His name is José.	*His name's José? / Is his name José?*	*No, it's not José.*

Or you can reverse the subject and the verb (like in English):

> **¿Es usted el señor Páez?**
> **¿Es ella Patricia?**
> **¿Es su nombre José?**

Sometimes we categorize people in an anonymous way and identify them by using other general nouns. Look carefully at the list of nouns on the following page, and you will see that

- there are two types of nouns: masculine and feminine.

- the word for *the* before masculine nouns is **el**.

- the word for *the* before feminine nouns is **la**.

- masculine nouns that end in a consonant add **-a** for the feminine counterpart.

- masculine nouns that end in **-o** change to **-a** for the feminine counterpart.

Masculine nouns	Feminine nouns
el hombre *the man*	**la mujer** *the woman*
el muchacho *the boy*	**la muchacha** *the girl*
el chico *the boy*	**la chica** *the girl*
el niño *the little boy*	**la niña** *the little girl*
el amigo *the (male) friend*	**la amiga** *the (female) friend*
el señor *the gentleman*	**la señora** *the lady*
el compañero de clase *the (male) classmate*	**la compañera de clase** *the (female) classmate*
el profesor *the (male) teacher*	**la profesora** *the (female) teacher*
el doctor *the (male) doctor*	**la doctora** *the (female) doctor*

Usually, when nouns identify people, the masculine ones refer to males, and the feminine ones refer to females. But there are exceptions! Look at these examples.

BTW

Por cierto... *Note the difference between* **él** (he) *and* **el** (the).

el individuo (can be a male or female)
the individual

la persona (can be a male or female)
the person

la víctima (can be a male or female)
the victim

la gente (everybody)
the people (in general)

🔊 DIÁLOGO *Chicos nuevos*

Jorge	Margarita
¿Quién es él? *Who is he?*	**Es mi amigo.** *He's my friend.*
¿Cuál es su nombre? *What's his name?*	**Su nombre es Juan.** *His name is Juan.*
¿De dónde es? *Where is he from?*	**Es de Perú. / Es del Perú.** *He's from Peru.*
Perdón, ¿cuál es su nombre? **¿Es usted María?** *Excuse me, what's your name?* *Are you María?*	**No, no soy María. Soy Margarita. /** **Mi nombre es Margarita.** *No, I'm not María. I'm Margarita. /* *My name is Margarita.*
¿Es usted de Perú? *Are you from Peru?*	**No, no soy de Perú, sino de Bolivia.** *No, I'm not from Peru; I'm from Bolivia.*
¿Quién es María? *Who is María?*	**Ella es María. /** **Su nombre es María.** *She's María. / Her name is María.*
Es de Perú, ¿verdad? *She's from Peru, isn't she?*	**Sí, ella es de Perú, pero yo no.** *Yes, she's from Peru, but I'm not.*

🌐 **IRL** **En la vida real...** The map on the following page highlights countries where significant numbers of Spanish speakers live. See how many countries you can name before you look at the list!

EUROPA

A

Islas Baleares

Islas Canarias

ÁFRICA

V

B

C

J

K   L

F

D

E

G   I

H   LAS AMÉRICAS

A   España
B   Los Estados Unidos
C   México
D   Guatemala
E   El Salvador
F   Honduras
G   Nicaragua
H   Costa Rica
I   Panamá
J   Cuba
K   La República Dominicana
L   Puerto Rico
M   Venezuela
N   Colombia
O   Ecuador
P   Perú
Q   Bolivia
R   Chile
S   Argentina
T   Uruguay
U   Paraguay
V   Guinea Ecuatorial

M

N

O

P

Q   U

S

R   T

Identifying People by Nationality

This is one of the questions you'll need to answer when you travel to another country. When you fill out the required card for immigration and customs, you'll see this question, and they may ask it of you in person. It will be cool to answer it in Spanish!

¿De qué nacionalidad es usted?
What nationality are you?

Soy estadounidense.
*I'm American. /
I'm a United States citizen.*

Y su amiga, ¿de qué nacionalidad es?
And your friend, what nationality is she?

Es mexicana.
She's Mexican.

¿De qué nacionalidad es su profesor?
What nationality is your teacher?

Es español.
He's Spanish.

 IRL **En la vida real...** Some **gringos** have the habit of calling all Spanish-speakers "Spanish," which really only applies to those who are from Spain. Imagine someone saying that all English speakers are "English"—rather than Canadian, American, Australian, South African, Jamaican, and so on!

The names of most nationalities follow the same patterns as nouns in general.

■ Nouns that end in **-o** for males and **-a** for females

el argentino, la argentina
the Argentinian

el cubano, la cubana
the Cuban

el boliviano, la boliviana
the Bolivian

el dominicano, la dominicana
the Dominican

el chileno, la chilena
the Chilean

el ecuatoriano, la ecuatoriana
the Ecuadorean

el colombiano, la colombiana
the Colombian

el guatemalteco, la guatemalteca
the Guatemalan

el hondureño, la hondureña
the Honduran

el mexicano, la mexicana
the Mexican

el panameño, la panameña
the Panamanian

el paraguayo, la paraguaya
the Paraguayan

el peruano, la peruana
the Peruvian

**el puertorriqueño,
la puertorriqueña**
the Puerto Rican

el salvadoreño, la salvadoreña
the Salvadorean

el uruguayo, la uruguaya
the Uruguayan

el venezolano, la venezolana
the Venezuelan

■ Nouns that end in a consonant for males and a consonant + **-a** for females

el español, la española
the Spaniard

el inglés, la inglesa
the Englishman, the Englishwoman

el francés, la francesa
the Frenchman, the Frenchwoman

el alemán, la alemana
the German

There is one more category—and a new pattern.

■ Nouns that end in **-e** for both males and females

el canadiense, la canadiense
the Canadian

el costarricense, la costarricense
the Costa Rican

el estadounidense, la estadounidense
the United States citizen

el nicaragüense, la nicaragüense
the Nicaraguan

 **IRL** **En la vida real...** People from North America, Central America, South America, and the Caribbean are all Americans. In Spanish, all are **americanos** or **americanas.** This is why a citizen of the United States (**EEUU** in Spanish) is called **estadounidense.**

Did you know that **puertorriqueños** are **estadounidenses?** You are **brillante** (*brilliant*). ☺

Identifying People by Ethnicity

Here are some of the possible ways to identify people by ethnicity.

- Indigenous people of North America are

  nativoamericano/a
  Native American

  Mi tío Russell es nativoamericano.
  My uncle Russell is Native American.

- **Americano/americana** can be attached to any of the following.

afro	asiático	europeo	hispano
African	*Asian*	*European*	*Hispanic*

  Mi amiga Yvonne es afroamericana.
  My friend Yvonne is African American.

- **Árabe** (*Arab*) and **hindú** (*Indian*) are the same for masculine and feminine.

  Ali es árabe, de Irak, y Abdul es hindú, de la India.
  Ali is Arab, from Iraq, and Abdul is Indian, from India.

Identifying People by Sexual Orientation

Here are words in Spanish that identify people by sexual orientation.

| **bisexual** | **cuir** | **gay** | **heterosexual** | **lesbiana** | **transexual** |
| bisexual | queer | gay | heterosexual | lesbian | transsexual |

El doctor Rodríguez es gay.
Dr. Rodríguez is gay.

Identifying People by Religion

Here are words in Spanish that identify people in the largest religious communities.

| **budista** | **cristiano/a** | **judío/a** | **musulmán/musulmana** |
| Buddhist | Christian | Jewish | Muslim |

La mexicana es cristiana y el argentino es judío.
The Mexican girl is Christian, and the Argentine boy is Jewish.

BTW

Por cierto... *Did you notice that nationalities, ethnicities, and religious affiliations are written with a lowercase letter in Spanish? Extra points for being* **brillante.** ☺

Learning Where People Are From

Now let's use our favorite verb, **ser**, to ask and tell what country, state, city, town, or area people are from.

The preposition **de** here means *from* in English. (Sometimes it can mean something else, like *of*, to show possession.) Notice that in Spanish, the question is literally *From where are you?* or *From where is he?*, and so on.

Pregunta	Respuesta
¿De dónde es usted?	**Soy de los Estados Unidos.**
Where are you from?	*I'm from the United States.*
¿De dónde es su amiga?	**Es de Venezuela.**
Where is your friend from?	*She's from Venezuela.*

BTW

Por cierto... *Places are not male or female—it's the noun that names each one that is either masculine or feminine. Said another way, it's the word, not the place, that belongs to a gender. Sometimes a place can have more than one name, and the names can have different genders— for example,* **el país ~ la nación** *or* **el barrio ~ la vecindad.**

We can also use nouns to tell of specific places within places. Here are some nouns that help us say what part or area of a country we are from.

Masculino		Femenino
el país	**el norte**	**la nación**
the country	*the north*	*the nation*
el estado	**el sur**	**la ciudad**
the state	*the south*	*the city*
el pueblo	**el este**	**la capital**
the town	*the east*	*the capital*
el barrio	**el oeste**	**la vecindad**
the neighborhood	*the west*	*the neighborhood*
el campo	**el centro**	**la parte**
the countryside	*the center*	*the part, the area*
el lugar		
the place		

BTW

Por cierto... *The best way to remember the gender of a noun is to learn the article—***el** *or* **la***— and the new word at the same time. Think* **el norte** *rather than just* **norte.**

Using de

When the preposition **de** occurs before **el**, it must be contracted to **del**. But there is no contraction for **de la**.

Mi amiga es del campo.
My friend is from the country.

Mi amigo es de la ciudad.
My friend is from the city.

DIÁLOGO **Profesores de español**

Marta	Roberto
¿Su profesor de español es el señor López? *Is Mr. López your Spanish teacher?*	**No. Mi profesora es la señora González.** *No, Mrs. González is my teacher.*
¿De qué país es? *What country is she from?*	**Es de España.** *She's from Spain.*
¿Ah, sí? ¿De qué ciudad es? *Really? What city is she from?*	**Es de Madrid, la capital.** *She's from Madrid, the capital.*
Bueno, el señor López es de España también, pero no es de Madrid. *Well, Mr. López is from Spain, too, but he's not from Madrid.*	**¿De qué parte es?** *What area is he from?*
Es del sur del país. *He's from the south of the country.*	**¡Qué interesante!** *That's interesting!*

BTW

Por cierto... *Notice that the questions in this* **diálogo** *have a new way of asking What . . . ?:* **¿Qué...?** *Think of these questions as formulas—and memorize them without trying to figure out why which word is used.*

En la vida real...   Do you ever talk to yourself? Try doing it in Spanish! Ask yourself who different people are and where they're from. And answer yourself, too—of course! (Back in the day, people thought you were crazy when you did this, but nowadays, they'll just think you're talking on your cell. LOL)

And definitely take advantage of every opportunity you get to talk to Spanish-speaking people you meet. It's pretty cool the first time somebody actually understands you and responds.

EJERCICIOS

EJERCICIO 4-1

Match each question in the left column with all possible answers in the right column. Some questions have more than one possible answer; write the correct letter for each answer.

1. ¿Quién es usted?
2. ¿De dónde es?
3. ¿De dónde es usted?
4. ¿De dónde es él?
5. ¿Cuál es su nombre?
6. ¿De qué ciudad es usted?
7. ¿Cuál es mi nombre? (Soy hombre.)
8. ¿Cuál es mi nombre? (Soy mujer.)
9. ¿Quién es ella?
10. ¿Es usted de México?

a. Soy Silvia.
b. Sí.
c. Es de Nicaragua.
d. Es Patricia.
e. Soy de Panamá.
f. Mi nombre es Silvia.
g. Es Paula.
h. Su nombre es Mariana.
i. Es Juan.
j. Soy de Los Ángeles.

EJERCICIO 4-2

Write the Spanish equivalent of each of the following phrases.

1. your name
2. his country
3. her neighborhood
4. my city

5. my friend (who is a girl)

6. your friend (who is a boy)

7. your classmate (who is a boy)

8. her state

EJERCICIO 4-3

Rewrite each of the following statements as a sí/no question, then translate your new questions into English.

1. Usted es mi profesor.

2. El señor Rivera es de Costa Rica.

3. Nelson es cubano.

4. Mary es de la ciudad.

5. Soy tu profesora.

EJERCICIO 4-4

Use an interrogative (¿Quién?, ¿Cuál?, ¿De dónde?, or ¿De qué?) to form a question for each of the following responses.

1. Es Manuel.

2. Es hondureño.

3. Su nombre es Virginia.

4. Es de España.

EJERCICIO 4-5

Complete the following chart to show both the masculine and feminine forms of each noun given.

Male	Female
1. el chico	_____
2. _____	la amiga
3. el hombre	_____
4. _____	la niña
5. el señor	_____
6. _____	la compañera de clase
7. el profesor	_____
8. _____	la colombiana

EJERCICIO 4-6

Write the nationality of each person mentioned in the following statements.

1. El señor de México es _____.

2. La muchacha de España es _____.

3. Mi vecina es de Perú. Es _____.

4. Tu amigo es de Argentina. Es _____.

5. La profesora es de Puerto Rico. Es _____.

EJERCICIO 4-7

Complete each of the following sentences to indicate what part of the United States the following people are from.

1. Tomás es de California. Es del _____ de los Estados Unidos.

2. Melanie es de Mississippi. Es del _____ de los Estados Unidos.

3. Cheryl es de Kansas. Es del _____ de los Estados Unidos.

4. Brian es de Virginia. Es del _____ de los Estados Unidos.

5. José es de Minnesota. Es del _____ de los Estados Unidos.

EJERCICIO 4-8

Answer each of the following questions with a complete Spanish sentence. (The questions are directed to you!)

1. ¿Cuál es su nombre?

2. ¿De dónde es?

3. ¿Es del norte del país?

4. ¿Quién es su mejor (*best*) amigo?

5. ¿De qué país es (su amigo/amiga)?

6. ¿De qué ciudad es?

EJERCICIO 4-9

Form a question in Spanish for each of the following answers—like Jeopardy!

1. El señor es mi amigo.

2. La señora Gutiérrez es del sur de España.

3. Su nombre es Ester.

4. No, no es de la capital.

5. Sí, soy de Argentina.

6. No, no soy de Buenos Aires.

Flashcard App

5 Talking About Family

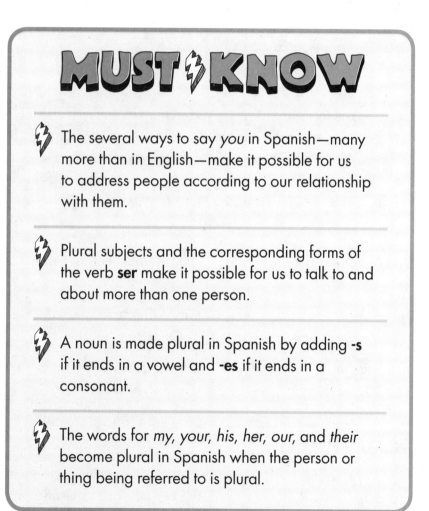

MUST ⚡ KNOW

⚡ The several ways to say *you* in Spanish—many more than in English—make it possible for us to address people according to our relationship with them.

⚡ Plural subjects and the corresponding forms of the verb **ser** make it possible for us to talk to and about more than one person.

⚡ A noun is made plural in Spanish by adding **-s** if it ends in a vowel and **-es** if it ends in a consonant.

⚡ The words for *my, your, his, her, our,* and *their* become plural in Spanish when the person or thing being referred to is plural.

So far, we've only worked with singular forms, using the subjects *I*, *you*, *he*, *she*, and *it*. In this chapter, we'll practice using the plural forms: *we*, *you all*—or *you guys*—and *they*. You'll see that each of these subjects has its own form of the verb **ser**. With practice, you will learn to say the appropriate form of **ser** naturally, without having to stop and think. When you start talking about your family and asking your friends about theirs, you'll definitely need to use *we*, *you all*, and *they*. Tell us about your family!

Tú: Another Word for "you" When Talking to Friends and Family

In the first chapter, you learned to say **usted es** (*you are*) to someone you don't know very well, or to someone you would normally call by a title, like Mr., Mrs., or Dr. Now that we all know each others' names, and we can consider our classmates as our social peers, we can say **tú eres** for *you are* and **tu nombre** (instead of **su nombre**) for *your name*.

Pregunta	Respuesta
¿Cuál es tu nombre?	**Mi nombre es Marta.**
What's your name?	*My name is Marta.*
¿Quién eres?	**Soy Alberto.**
Who are you?	*I'm Alberto.*
¿De dónde eres?	**Soy de Nueva York.**
Where are you from?	*I'm from New York.*
¿De qué nacionalidad eres?	**Soy estadounidense.**
What nationality are you?	*I'm American.*

Generally, when addressing someone as **tú**, it is not even necessary to use the word itself. It will be clear from the verb that **tú** is meant, because

eres can only mean *you are*. But if you want to emphasize that it is *you*—not me or someone else—you can say, "**La favorita de la profesora eres tú**"—"***You** are the teacher's pet*"!

 IRL **En la vida real...** Be sure to continue to use **usted** when talking to your teacher—unless he or she asks you to **tutearme** (*call me tú*). In Spain, it has become quite common to use **tú** with a wider range of people.

The Plural of "you"

This is easy in Latin American Spanish:

- The plural of **usted** is **ustedes**.

- The plural of **tú** is also **ustedes**.

- **Ser** with **ustedes** is **son**.

In Latin America, when speaking to two or more people—those you would address individually as **usted** as well as those you would address as **tú**—you use the form **ustedes**.

Singular	Plural
¿Quién es usted?	**¿Quiénes son ustedes?**
Who are you?	*Who are you all?*
¿Quién eres?	**¿Quiénes son ustedes?**
Who are you?	*Who are you guys?*

In Spain, however, the plural of **usted** is **ustedes**, and the plural of **tú** is **vosotros**—if all of the *yous* are males or if there are both males and females in the couple or group. The plural of **tú** is **vosotras** if all of the *yous* are females. And **vosotros/as** has its own form of **ser**: **sois**.

Singular	Plural
¿Quién eres?	**¿Quiénes sois?**
Who are you?	*Who are you guys?*

"We are"

Whenever you see **-mos** at the end of a verb in Spanish—no matter what tense—it indicates *we*. So whenever you consider yourself part of a couple, team, or group, use the first person plural form of the verb. In this case, use **somos**, from the verb **ser**, to say *we are*. Groups of males, females, or both males and females all use **somos**.

- An all-male group

  Nosotros somos Tomás y Carlos. / Somos Tomás y Carlos.
  We're Tomás and Carlos.

- A mixed male-female group

  Nosotros somos Sonia y Tomás. / Somos Sonia y Tomás.
  We're Sonia and Tomás.

- An all-female group

  Nosotras somos Sonia y María. / Somos Sonia y María.
  We're Sonia and María.

"They are"

When talking about two or more other people, as a couple or a group, use the third person plural form of **ser**—**son**, the same form we use with **ustedes**.

- An all-male group

  Ellos son Tomás y Carlos. / Son Tomás y Carlos.
  They're Tomás and Carlos.

- A mixed male-female group

  Ellos son Tomás y Sonia. / Son Tomás y Sonia.
  They're Tomás and Sonia.

- An all-female group

  Ellas son Sonia y María. / Son Sonia y María.
  They're Sonia and María.

Making Nouns Plural

We have already seen that nouns—words that name people, places, things, and abstract notions—can be masculine or feminine. Now let's look at how they can be singular (if we're talking about one of them) or plural (if we're talking about two or more of them). The articles **el** and **la** (*the*) also become plural.

Singular	Plural	English meaning
el	los	*the*
la	las	*the*

If a singular noun ends in a vowel—**a**, **e**, or **o**—add **-s** to make it plural.

Masculine singular	Masculine plural
el amigo	los amigos
el nombre	los nombres

Feminine singular	Feminine plural
la chica	las chicas
la compañera de clase	las compañeras de clase
la parte	las partes

If a singular noun ends in a consonant other than **z**, add **-es** to make it plural.

Masculine singular	Masculine plural
el español	los españoles
el país	los países
el profesor	los profesores

Feminine singular	Feminine plural
la capital	las capitales
la ciudad	las ciudades
la mujer	las mujeres
la nación	las naciones

If a singular noun ends in **-z**, change the **-z** to **-c** and add **-es**.

Masculine singular	Masculine plural
el lápiz	los lápices
the pencil	*the pencils*

Feminine singular	Feminine plural
la voz	las voces
the voice	*the voices*

Possessives—Singular and Plural

Now let's look at all of the possessives—both singular and plural—
my, *your*, *his*, *her*, *our*, *your-all's* (¡!), and *their*. Look at these carefully—
they can be tricky!

When we're talking about *a single* possession, the possessives are

mi	**tu**	**su**	**su**	**su**
my	*your*	*your*	*his*	*her*

nuestro/a	**su, vuestro/a**	**su**
our	*your-all's*	*their*

Here are examples when the "possession"—the friend or the teacher—
is male.

mi amigo	**tu profesor**	**su profesor**
my friend	*your teacher*	*your teacher*
		his teacher
		her teacher
		your-all's teacher
		their teacher

nuestro profesor	**vuestro profesor**
our teacher	*your-all's teacher*

Here are examples when the "possession"—the friend or the teacher—
is female.

mi amiga	**tu profesora**	**su profesora**
my friend	*your teacher*	*your teacher*
		his teacher
		her teacher
		your-all's teacher
		their teacher

nuestra profesora	**vuestra profesora**
our teacher	*your-all's teacher*

When we're talking about *more than one* possession, the possessives all add **-s**.

mis	**tus**	**sus**	**sus**	**sus**
my	*your*	*your*	*his*	*her*

nuestros/as	**sus**, **vuestros/as**	**sus**
our	*your-all's*	*their*

Here are examples when the "possessions"—the friends or the teachers—are male or a mixed group of males and females.

mis amigos	**tus profesores**	**sus profesores**
my friends	*your teachers*	*your teachers*
		his teachers
		her teachers
		your-all's teachers
		their teachers

nuestros profesores	**vuestros profesores**
our teachers	*your-all's teachers*

Here are examples when the "possessions"—the friends or the teachers—are female.

mis amigas	**tus profesoras**	**sus profesoras**
my friends	*your teachers*	*your teachers*
		his teachers
		her teachers
		your-all's teachers
		their teachers

nuestras profesoras	**vuestras profesoras**
our teachers	*your-all's teachers*

BTW

Look at the following questions and answers.

Pregunta	Respuesta
¿Quiénes son ustedes? *Who are you all?*	**Somos Laura y Teresa.** *We're Laura and Teresa.*
¿Cuáles son sus nombres? *What are your-all's names?*	**Nuestros nombres son Laura y Teresa.** *Our names are Laura and Teresa.*
¿De dónde son ustedes? *Where are you guys from?*	**Somos de Bolivia.** *We're from Bolivia.*
¿Quiénes son ellos? *Who are they?*	**Son nuestros amigos.** *They're our friends.*
¿Cuáles son sus nombres? *What are their names?*	**Sus nombres son Jack y Mike.** *Their names are Jack and Mike.*
¿De dónde son? *Where are they from?*	**Son de los Estados Unidos.** *They're from the United States.*

And if you're going to Spain . . .

Pregunta	Respuesta
¿Quiénes sois vosotras? *Who are you all?*	**Somos Laura y Teresa.** *We're Laura and Teresa.*
¿Cuáles son vuestros nombres? *What are your-all's names?*	**Nuestros nombres son Laura y Teresa.** *Our names are Laura and Teresa.*
¿De qué parte de España sois? *What part of Spain are you all from?*	**Somos del sur, de Sevilla.** *We're from the south, from Seville.*

LOS MARTÍNEZ
The Martínez Family

El señor Martínez
Jorge Martínez Baeza
don Jorge

el esposo de María
el padre de Juan y Susana
el suegro de Berta y Pablo
el abuelo de Alex, Elena, Raúl y Ana

La señora (de) Martínez
María González de Martínez
doña María

la esposa de Jorge
la madre de Juan y Susana
la suegra de Berta y Pablo
la abuela de Alex, Elena, Raúl y Ana

LOS MARTÍNEZ   ## LOS RIVERA

La señora Martínez
Berta Díaz de Martínez
la nuera de Jorge y María

la esposa de Juan
la cuñada de Susana
la madre de Alex y Elena
la tía de Raúl y Ana

El señor Martínez
Juan Martínez González
el hijo de Jorge y María
el hermano de Susana
el esposo de Berta
el cuñado de Pablo
el padre de Alex y Elena
el tío de Raúl y Ana

La señora Rivera
Susana Martínez González de Rivera
la hija de Jorge y María
la hermana de Juan
la esposa de Pablo
la cuñada de Berta
la madre de Raúl y Ana
la tía de Alex y Elena

El señor Rivera
Pablo Rivera Castro
el yerno de Jorge y María

el esposo de Susana
el cuñado de Juan
el padre de Raúl y Ana
el tío de Alex y Elena

Elena Martínez Díaz
la hija de Berta y Juan
la hermana de Alex
la nieta de Jorge y María
la sobrina de Susana y Pablo
la prima de Ana y Raúl

Alex Martínez Díaz
el hijo de Berta y Juan
el hermano de Elena
el nieto de Jorge y María
el sobrino de Susana y Pablo
el primo de Ana y Raúl

Ana Rivera Martínez
la hija de Susana y Pablo
la hermana de Raúl
la nieta de Jorge y María
la sobrina de Berta y Juan
la prima de Elena y Alex

Raúl Rivera Martínez
el hijo de Susana y Pablo
el hermano de Ana
el nieto de Jorge y María
el sobrino de Berta y Juan
el primo de Elena y Alex

Now we are ready to talk about our families. You'll see that all this becomes easier when you put it into meaningful sentences. Really! (**¡De verdad!**)

You can learn a lot by studying the family tree on the opposite page. Did you ever wonder about those long Spanish names?

A person's name = first name + father's last name (**apellido**) + mother's last name (**segundo apellido**)—but the father's name is the one that is used with titles like **Sr.**, **Sra.**, and **Srta.** And sometimes, people just use the initial of the mother's last name:

Jorge Martínez Baeza = Jorge Martínez B.

A woman drops her mother's last name when she marries, and adds **de** + husband's last name—or not! Women are now choosing what they want to be called.

In Spanish, there is no such thing as *'s* to show possession. Instead, use **de**.

el hermano de Ana	**la madre de Susana**	**el hijo de Elena**
Ana's brother	*Susana's mother*	*Elena's son*

BTW

Por cierto... *Well, not exactly in the family tree (yet?), but there's an important person who's more than just a friend:* **el novio** *or* **la novia**. *This is the person (the one and only!) that you have a romantic relationship with.* ☺

Talking About Two or More Relatives

Here are words for the people in our families. In many cases, our relatives are in pairs—or other multiples.

el abuelo + la abuela	**= los abuelos**
the grandfather + the grandmother	*= the grandparents*

el padre + la madre	**= los padres**
the father + the mother	*= the parents*

el hermano + la hermana   **= los hermanos**
the brother + the sister   *= the brother(s) and sister(s)*

la hermana + la hermana   **= las hermanas**
the sister + the sister   *= the sisters*

el tío + la tía   **= los tíos**
the uncle + the aunt   *= the aunt and uncle*

el primo + la prima   **= los primos**
the cousin + the cousin   *= the cousins*

el sobrino + la sobrina   **= los sobrinos**
the nephew + the niece   *= the niece(s) and nephew(s)*

el nieto + la nieta   **= los nietos**
the grandson + the granddaughter   *= the grandchildren*

el suegro + la suegra   **= los suegros**
the father-in-law + the mother-in-law   *= the parents-in-law, the in-laws*

el novio + la novia   **= los novios**
the boyfriend + the girlfriend   *= the couple, the sweethearts*

el novio + el novio   **= los novios**
the boyfriend + the boyfriend   *= the couple, the sweethearts*

la novia + la novia   **= las novias**
the girlfriend + the girlfriend   *= the couple, the sweethearts*

IRL En la vida real... To indicate that someone is small or cute or endearing in some way, **-ito** or **-ita** can be used to create a nickname or term of endearment. The **-ito** or **-ita** is added after the name if it ends in a consonant—**Juanito** for **Juan**, for example, or **Isabelita** for **Isabel**. If the name ends in **-o** or **-a**, just add **-it-** before that vowel, for example, **Pablito** for **Pablo** and **Anita** for **Ana**.

DIÁLOGO **Apellidos**

Sr. Bravo	Ana y Beatriz
Perdón, ¿quiénes son ustedes?	**Somos Ana y Beatriz.**
Excuse me, who are you guys?	*We're Ana and Beatriz.*
¿Son hermanas?	**Sí, somos hermanas.**
Are you sisters?	*Yes, we're sisters.*
¿Cuáles son sus apellidos?	**Nuestro primer apellido es Hernández y el segundo es García.**
What are your last names?	*Our first last name is Hernández and the second is García.*
Ustedes son de Colombia, ¿verdad?	**Sí, somos de Bogotá. ¿Por qué?**
You're from Colombia, aren't you?	*Yes, we're from Bogotá. Why?*
Y sus padres son Germán y Berta, ¿no es así?	**Sí, así es. Pero... ¿quién es usted?**
And your parents are Germán and Berta, right?	*That's right. But who are you?*

Soy José Fernández Bravo. Sus padres son mis buenos amigos.
I'm José Fernández Bravo. Your parents are good friends of mine.

¡Increíble! ¡Qué casualidad! Las hijas de usted son nuestras compañeras de clase.
Unbelievable! What a coincidence! Your daughters are our classmates.

LECTURA **La familia Martínez**

Read these paragraphs out loud several times in order to practice your pronunciation and get used to the vocabulary. The exercises at the end of the chapter will include questions about this family.

La familia Martínez es de la República Dominicana. Jorge es el abuelo y su esposa, María, es la abuela. Sus hijos son Susana y Juan. El esposo de Susana es Pablo, así que (*therefore*) Pablo es el yerno de Jorge y María. Susana y Pablo son los padres de Ana y Raúl.

La esposa de Juan es Berta, así que ella es la nuera de Jorge y María. Juan y Berta son los tíos de Ana y Raúl y los padres de Elena y Alex, quienes son, claro (*of course*), los sobrinos de Susana y Pablo y los primos de Ana y Raúl.

EJERCICIOS

EJERCICIO 5-1

*Write **tú** or **usted** to indicate the way you would address each of the following people.*

1. your best friend

2. your high school teacher

3. your doctor, who you only see once a year

4. your aunt

5. the cafeteria lady

6. the gardener

7. your uncle, who is also the mayor of your city

EJERCICIO 5-2

*Write E to indicate an expression typically used in Spain (**España**) and LA to indicate an expression typically used in Latin America (**Latinoamérica**) when talking about family.*

1. sois

2. mi mamá

3. tu papá

4. vosotras

5. su padre

EJERCICIO 5-3

Write the appropriate subject pronoun for each of the following expressions.

1. María y yo

2. María y ella

3. María y él

4. María y tú (en España)

5. María y tú (en Latinoamérica)

6. David y yo

7. David y Alberto

8. David y su mamá

9. David y nosotras

10. David y vosotras

EJERCICIO 5-4

Each of the following sentences answers the question Who? *Form a question for each response, using either ¿Quién? or ¿Quiénes?*

1. Somos Sara y Diego.

2. Es mi amiga.

3. Son mis amigas.

4. Son tus primos.

5. Soy la profesora.

EJERCICIO 5-5

Write the plural form of each of the following nouns.

1. el amigo

2. la ciudad

3. la mamá

4. el profesor

5. el nieto

EJERCICIO 5-6

Write the singular form of each of the following nouns. Write all possible answers.

1. los tíos

2. los padres

3. las profesoras

4. los señores

5. las señoritas

EJERCICIO 5-7

Rewrite each of the following sentences, making all elements plural.

1. Mi amiga es Sara.

2. Su profesor es el doctor Jiménez.

3. Ella no es mi hermana.

4. ¿Él es tu papá?

5. El nombre de mi primo es Martín.

EJERCICIO 5-8

Rewrite each of the following sentences, making all elements singular. Write all possible answers.

1. Mis padres son de Costa Rica.

2. ¿Tus abuelos son guatemaltecos?

3. Somos estadounidenses.

4. Sus hermanos son Pablo y Carlos.

5. Ellas son mis tías.

EJERCICIO 5-9

Answer each of the following questions with a complete Spanish sentence.

1. ¿Quién eres?

2. ¿De dónde es tu mamá?

3. ¿Tu papá es de Uruguay?

4. ¿Quiénes son tus primos?

5. ¿De dónde son tus abuelos?

EJERCICIO 5-10

Form a question in Spanish for each of the following answers.

1. Somos españolas.

2. Son de California.

3. No, no es de los Estados Unidos.

4. Sí, son sus hermanos.

5. No, no es mi profesor.

EJERCICIO 5-11

Write at least five sentences—in Spanish—about your family, using the following questions as prompts:

¿Quiénes son las personas de tu familia?

¿De dónde son ustedes?

EJERCICIO 5-12

Answer each of the following questions about this chapter's **lectura, La familia Martínez,** *with a complete Spanish sentence.*

1. ¿De qué país es la familia Martínez?

2. ¿Cuál es el nombre de la abuela?

3. ¿Quiénes son los padres de Ana y Raúl?

4. ¿Quién es la nuera de Jorge y María?

5. ¿Quiénes son los tíos de Ana y Raúl?

6. ¿Quiénes son los nietos de Jorge y María?

6 Talking About Jobs

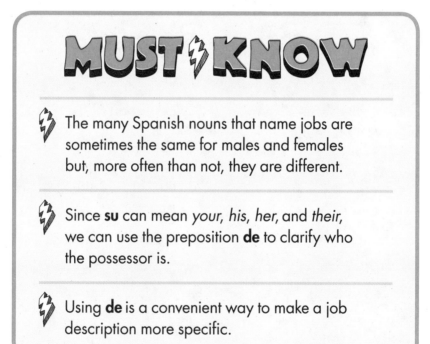

MUST KNOW

- The many Spanish nouns that name jobs are sometimes the same for males and females but, more often than not, they are different.

- Since **su** can mean *your*, *his*, *her*, and *their*, we can use the preposition **de** to clarify who the possessor is.

- Using **de** is a convenient way to make a job description more specific.

ometimes we identify ourselves and others by saying what we do: "I'm a student." "He's a dentist." "She's a lawyer." "They're carpenters." "We're waitresses." And so on. In this chapter, we'll continue to use the verb **ser** to tell about our own jobs and our relatives' and friends' jobs. The great thing about this is that a lot of Spanish names for jobs are similar to the English names—and we're using **ser** so often that it's becoming natural.

What Do You Do?

An easy way to ask this is to say, "What is your job?"

Pregunta	Respuesta
¿Cuál es su trabajo? / ¿Cuál es tu trabajo? *What do you do?*	**Soy estudiante.** *I'm a student.*
¿Cuál es su trabajo? *What does he do?*	**Es estudiante también.** *He's a student, too.*
¿Cuál es el trabajo de José? *What does José do?*	**Es estudiante también.** *He's a student, too.*
¿Cuál es su trabajo? *What does she do?*	**Es estudiante también.** *She's a student, too.*
¿Cuál es el trabajo de Ana? *What does Ana do?*	**Es estudiante también.** *She's a student, too.*
¿Cuál es su trabajo? / ¿Cuál es el trabajo de Uds.? *What do you all do?*	**Somos profesores.** *We're teachers.*
¿Cuál es vuestro trabajo? *What do you all do?*	**Somos arquitectos.** *We're architects.*

¿Cuál es su trabajo? /   Son profesoras.
¿Cuál es el trabajo de ellas?
What do they do?   *They're teachers.*

Let's look at some common names for jobs, categorizing them by their endings. This is the key to always saying or writing them correctly.

BTW

Por cierto... *In English, we use the article a or an to say the name of our profession or job. Be careful not to do this in Spanish—it sounds very* **gringo***!*

Jobs and Professions

When you examine the nouns in the charts below, first cover up the English translations and see if you can guess the meanings of the Spanish words. Note that a number of the categories of nouns have the same form for males and females; other categories have slightly different forms for males and females. All forms that are **masculino** are preceded by **el**, and all forms that are **femenino** are preceded by **la**.

Nouns that end in **-e** refer to both males and females (note the one exception).

Masculino	Femenino	Masculino	Femenino
agente	**agente**	**dependiente**	**dependiente**
agent	*agent*	*store clerk*	*store clerk*
asistente social	**asistente social**	**estudiante**	**estudiante**
social worker	*social worker*	*student*	*student*
ayudante	**ayudante**	**gerente**	**gerente**
assistant, helper	*assistant, helper*	*manager*	*manager*
cantante	**cantante**	**jefe**	**jefa**
singer	*singer*	*boss, chef, chief*	*boss, chef, chief*

Nouns that end in **-ista** refer to both males and females.

Masculino/Femenino

artista	**especialista**	**pianista**
artist	specialist	pianist
basquetbolista	**estilista**	**recepcionista**
basketball player	stylist	receptionist
comentarista	**futbolista**	**tenista**
commentator	soccer player	tennis player
dentista	**optometrista**	**terapista**
dentist	optometrist	therapist
electricista	**periodista**	**violinista**
electrician	journalist	violinist

A few nouns that end in **-a** (in addition to the **-ista** ones) refer to both males and females.

Masculino	Femenino	Masculino	Femenino
atleta	**atleta**	**poeta**	**poeta**
athlete	athlete	poet	poet
guía	**guía**	**policía**	**policía**
guide	guide	police officer	police officer

A few nouns that end in **-o** refer to both males and females.

Masculino	Femenino	Masculino	Femenino
médico	**médico**	**piloto**	**piloto**
medical doctor	medical doctor	pilot	pilot
modelo	**modelo**		
model	model		

In some countries, **médica** or **doctora** is used for doctors who are female.

Nouns that end in **-or** for a male end in **-ora** for a female (note the one exception).

Masculino	Femenino	Masculino	Femenino
actor *actor*	**actriz** *actress*	**investigador** *researcher*	**investigadora** *researcher*
contador *accountant*	**contadora** *accountant*	**limpiador** *cleaner*	**limpiadora** *cleaner*
director *director*	**directora** *director*	**profesor** *professor*	**profesora** *professor*
diseñador *designer*	**diseñadora** *designer*	**programador** *programmer*	**programadora** *programmer*
entrenador *coach, trainer*	**entrenadora** *coach, trainer*	**trabajador** *worker*	**trabajadora** *worker*
escritor *writer*	**escritora** *writer*	**vendedor** *salesman*	**vendedora** *saleswoman*

A large number of nouns that end in **-o** when referring to males change the ending to **-a** when referring to females.

Masculino	Femenino	Masculino	Femenino
abogado *lawyer*	**abogada** *lawyer*	**camarero** *waiter*	**camarera** *waitress*
alumno *young student*	**alumna** *young student*	**cartero** *mail carrier*	**cartera** *mail carrier*
arquitecto *architect*	**arquitecta** *architect*	**científico** *scientist*	**científica** *scientist*
audiólogo *audiologist*	**audióloga** *audiologist*	**consejero** *counselor*	**consejera** *counselor*

Masculino	Femenino	Masculino	Femenino
enfermero nurse	**enfermera** nurse	**mesero** waiter	**mesera** waitress
farmacéutico pharmacist	**farmacéutica** pharmacist	**niñero** babysitter	**niñera** babysitter
ingeniero engineer	**ingeniera** engineer	**obrero** laborer	**obrera** laborer
jardinero gardener	**jardinera** gardener	**secretario** secretary	**secretaria** secretary
maestro teacher, master	**maestra** teacher, master	**técnico** technician	**técnica** technician
matemático mathematician	**matemática** mathematician		

Now let's look at some examples.

Elena es estudiante. Juan es estudiante.
Elena is a student. Juan is a student.

Mi hermana es tenista y mi hermano es futbolista.
My sister is a tennis player, and my brother is a soccer player.

Guillermo es atleta y su hermana, Jimena, es atleta también.
Guillermo is an athlete, and his sister, Jimena, is an athlete as well.

Su papá es policía y su mamá es policía también.
His dad is a police officer, and his mom is a police officer, too.

Casandra es modelo. Javier es modelo también.
Casandra is a model. Javier is a model, too.

Mi tío es profesor. ¿Tu tía es profesora?
My uncle is a teacher. Is your aunt a teacher?

¿Tu abuelo es abogado?	**No. Mi abuela es abogada.**
Is your grandfather a lawyer?	*No. My grandmother is a lawyer.*

BTW

Por cierto... *Did you notice that we snuck a new word in—***también***? And if you figured out that it means also, too, or as well (before looking at the English translations), then you learned that word naturally, or in context.* **¡Fenomenal!** ☺

 ## DIÁLOGO **Médicos**

Ángeles	Carolina
Hola, soy Ángeles. Soy la esposa del doctor Páez.	**Encantada. Mi nombre es Carolina. Soy médico. Todos aquí somos médicos, ¿verdad?**
Hi, I'm Ángeles. I'm Dr. Páez's wife.	*How nice to meet you. My name is Carolina. I'm a doctor. We're all doctors, aren't we?*
No, no soy médico, sino abogada. Mi esposo es cardiólogo. ¿Cuál es la profesión de su esposo?	**Es médico también, ginecólogo.**
No, I'm not a doctor. I'm a lawyer. My husband is a cardiologist. What does your husband do?	*He's a doctor, too—a gynecologist.*
¿Quién es el otro señor? Cuál es su especialidad?	**Es el doctor Chávez. Es profesor de medicina.**
Who is the other gentleman? What is his specialization?	*That's Dr. Chávez. He's a professor of medicine.*

Ah sí, claro. Mis hijos son sus estudiantes. Los dos son estudiantes de medicina.

Oh, yes, of course. My sons are his students. They're both medical students.

¿De verdad? Mi hija es estudiante de medicina también.

Really? My daughter is a medical student, too.

IRL **En la vida real...** As traditional male and female roles change, the names for their jobs may also change. They may vary from country to country . . . and even from one part of a country to another! For example, in some places, a female doctor is called **la médica** instead of **la médico**; some female store clerks are called **las dependientas** instead of **las dependientes**. Ask questions and listen to the locals—and read the newspapers and websites of the places you are most interested in—then follow suit!

Showing Possession with *de*

Possessives are great, but sometimes they don't tell you exactly who is doing the possessing—just that something is *his* or *hers*, *yours* or *theirs*. So when you want to be specific when talking about possession, you can use **de**. Let's look at some examples.

Using a possessive	Using de
Es su trabajo.	**Es el trabajo de José.**
It's his job.	*It's José's job.*
Es su médico.	**Él es el médico de mi mamá.**
He's her doctor.	*He's my mom's doctor.*
Son sus abogadas.	**Ellas son las abogadas de Angelina.**
They're her lawyers.	*They're Angelina's lawyers.*

Son nuestros carteros.
They're our mail carriers.

Son los carteros de nuestra vecindad.
They're our neighborhood's mail carriers.

Son sus atletas.
They're your athletes.

Son los atletas de su equipo.
They're your team's athletes.

Somos sus profesoras.
We're their teachers.

Somos las profesoras de sus hijos.
We're your children's teachers.

¿Son sus estudiantes?

Are you all his students?

¿Ustedes son los estudiantes del profesor Baeza?
Are you all Professor Baeza's students?

¿Sois sus estudiantes?

Are you all his students?

¿Vosotros sois los estudiantes del profesor Díaz?
Are you all Professor Díaz's students?

Making Jobs More Specific with *de*

Sometimes we need to name a field (**el campo**) to tell more exactly what our jobs are. Here are some examples.

agente de bienes raíces
real estate agent

gerente de marketing
marketing manager

agente de seguros
insurance agent

gerente de recursos humanos
human resources manager

diseñadora de software
software designer

maestra de baile
dance teacher

especialista de informática
IT specialist

profesor de matemáticas
math professor

Y and *también*—Together

You have already seen **y** and **también**—and could easily guess their meaning. (Yay!)

Now let's look at how they can be used together in a sentence.

Yo soy estudiante, y mi hermano también.
I'm a student, and my brother is, too. /
I'm a student, and so is my brother.

Sara es mi amiga, y Margarita también.
Sara is my friend, and Margarita is, too. /
Sara is my friend, and so is Margarita.

Sus padres son de Uruguay, y ellos también.
Their parents are from Uruguay, and they are, too. /
Their parents are from Uruguay, and so are they.

¿Ustedes son camareros? ¡Nosotros también!
Are you all waiters? We are, too!

¿Vosotros sois camareros? ¡Nosotros también!
Are you all waiters? So are we!

Ni and *tampoco*

What if we have two negative elements that are alike? We express these as follows:

Yo no soy bailarina, ni mi hermana tampoco.
I'm not a dancer, and my sister isn't either.

Sus amigos no son mexicanos, ni él tampoco.
His friends aren't Mexican, and neither is he.

¿Vives tú aquí? ¡Yo tampoco!
Do you live here? I don't either!

Showing Contrast with *pero*

The conjunction **pero** means *but* in English. Here are some sentences that show how it can be used.

Mi hermana es cocinera, pero yo no.
My sister is a cook, but I'm not.

El profesor es de México, pero su esposa, no.
The teacher is from Mexico, but his wife isn't.

Marta y Paco no son ingenieros, pero su hijo, sí.
Marta and Paco aren't engineers, but their son is.

No somos actores, pero nuestros padres, sí.
We aren't actors, but our parents are.

LECTURA Nuestros vecinos y sus trabajos

Nuestros vecinos, Carmen y Pedro Sánchez, son abogados. El papá de Pedro es abogado también, pero el papá de Carmen, no. Su mamá es abogada y su papá es médico. Los hijos de ellos son estudiantes; la hija es estudiante de arte y el hijo es estudiante de música. Los dos son atletas—ella es tenista y él es futbolista.

EJERCICIOS

EJERCICIO 6-1

Write the Spanish equivalent for each of the following expressions.

1. the policewoman

2. the male teachers

3. the male piano player

4. the female basketball players

5. the female singer

6. the male carpenter

7. the female directors

8. the male models

9. the female models

10. the female nurse

11. the male cook

12. the policeman

EJERCICIO 6-2

Write the Spanish equivalent for each of the following sentences.

1. I'm a student.

2. My sisters are managers.

3. My brother's wife is a doctor.

4. Her uncle is a journalist.

5. His mother is our client.

6. We are their accountants.

7. He's the boss.

8. They are programmers.

9. Are you writers?

10. Is he an engineer?

11. Are you a scientist?

12. Our doctor is from Argentina.

EJERCICIO 6-3

Rewrite each of the following sentences, making all elements plural.

1. Soy consejera.

2. ¿Eres técnico?

3. Mi hermana es maestra.

4. ¿Tu abuelo es piloto?

5. La vendedora es chilena.

6. Nuestro jardinero es salvadoreño.

7. El hijo de mi profesor es futbolista.

8. La hija de tu amiga es poeta.

9. Tu diseñador es artista.

10. Nuestra amiga es actriz.

EJERCICIO 6-4

Rewrite each of the following phrases, using a possessive instead of the **de** *expression.*

1. el abogado de mi tío

2. las maestras de nuestras hijas

3. la niñera de mi vecina

4. el entrenador de tu hijo

5. las estilistas del salón

6. la contadora de nuestros vecinos

7. el amigo de mi hermana

8. la amiga de mi hermano

9. el dentista de mis padres

10. la asistente de mi esposo

EJERCICIO 6-5

Rewrite each of the following pairs of sentences as a single sentence, using an **y... también** *or a* **ni... tampoco** *expression.*

1. Alberto es nicaragüense. Ernesto es nicaragüense.

2. Tú eres estilista. Yo soy estilista.

3. Mario y Celia son venezolanos. Su mamá es venezolana.

4. Mi mamá no es de Paraguay. Tu mamá no es de Paraguay.

5. Vosotras no sois arquitectas. Vuestra jefa no es arquitecta.

6. Ustedes no son enfermeras. Nosotras no somos enfermeras.

EJERCICIO 6-6

Rewrite each of the following pairs of sentences as a single sentence, using **pero.**

1. Jaime es jardinero. Su hermano no es jardinero.

2. María Elena es de Colombia. Carolina no es de Colombia.

3. Yo no soy programadora. Mi amiga es programadora.

4. Jorge no es escritor. Guillermo es escritor.

5. Martín y su hermano son atletas. Su hermana no es atleta.

6. Los López son de Costa Rica. Los Martínez no son de Costa Rica.

EJERCICIO 6-7

Answer each of the following questions with a complete Spanish sentence. The questions are directed to you!

1. ¿Tú y tu mejor (*best*) amigo son periodistas?

2. ¿Eres artista?

3. ¿Cuál es tu trabajo?

4. ¿Cuál es el trabajo de tu mejor amigo?

5. ¿Quiénes son basquetbolistas?

6. ¿Quién es cantante?

EJERCICIO 6-8

Form a question in Spanish for each of the following answers.

1. Soy maestra de tenis.

2. Es entrenador.

3. No, no es actriz.

4. Sí, es tenista.

5. Sí, somos técnicos.

6. Son abogadas.

EJERCICIO 6-9

Answer each of the following questions about this chapter's **lectura, Nuestros vecinos y sus trabajos,** *with a complete Spanish sentence.*

1. ¿Cuáles son los nombres de los vecinos?

2. ¿Cuáles son los trabajos de Carmen y Pedro?

3. ¿Quién es médico?

4. ¿La mamá de Carmen es médico?

5. ¿Quién es estudiante de arte?

6. ¿También es estudiante de arte su hermano?

7. ¿Es tenista o futbolista la hija?

7 Describing People

MUST KNOW

- Spanish adjectives—unlike English adjectives—are masculine or feminine as well as singular or plural, depending on the noun they are describing. They are often placed after the noun instead of before it.

- The verb **tener** enables us to describe a person's physical characteristics and to say how old someone is.

- The comparative and superlative forms allow us to compare people's traits and characteristics.

Whenever new people come into our lives, we want to tell others all about them. It's like when you come home after the first day of school and you want to tell your mom all about it. What your math teacher's like . . . what your English teacher's like . . . even what your Spanish teacher's like! (**¡Fenomenal, claro!**) Are there any new kids? What are they like?

And then you want to tell your friends about people you met during the summer and what they're like. So for this we need adjectives—the words that tell if people are amazing (**fenomenales**), just okay (**más o menos**), or really boring (**aburridos**).

Descriptive Adjectives

Descriptive adjectives change in form just like the nouns they describe. We know that nouns are either masculine or feminine and singular or plural—and adjectives are, too! Adjectives are words that answer these questions:

¿Cómo eres?	**¿Cómo es él?**	**¿Cómo es ella?**
What are you like?	*What's he like?*	*What's she like?*
¿Cómo son ustedes?	**¿Cómo son ellos?**	**¿Cómo son ellas?**
What are you all like?	*What are they like?*	*What are they like?*

Remember those nouns for people that end in **-e** for both males and females? Well, there are also a bunch of adjectives that end in **-e**—and they are the same for males and females, too. **Claro**, to make them plural, just add **-s**.

Here are some adjectives that end in **-e** for both males and females.

adorable	**alegre**	**amigable**
adorable	*cheerful*	*friendly*
agradable	**amable**	**arrogante**
agreeable, pleasant	*kind, nice*	*arrogant*

emocionante	**independiente**	**paciente**
sensitive, excitable	*independent*	*patient*
exigente	**inocente**	**persistente**
strict, demanding	*naïve*	*persistent*
fascinante	**inteligente**	**responsable**
fascinating	*intelligent*	*responsible*
fuerte	**interesante**	**sociable**
strong	*interesting*	*sociable*
impaciente	**irresponsable**	**vulnerable**
impatient	*irresponsible*	*vulnerable*

Let's look at some examples of questions and answers with feminine nouns and adjectives.

Pregunta	Respuesta
¿Cómo es la profesora García?	**La profesora García es exigente.**
What's Professor García like?	*Professor García is strict.*
¿Cómo son las profesoras?	**Las profesoras son exigentes.**
What are the professors like?	*The professors are strict.*

Here are some examples of questions and answers with masculine nouns and adjectives.

Pregunta	Respuesta
¿Cómo es el señor Sánchez?	**El señor Sánchez es amable.**
What's Mr. Sánchez like?	*Mr. Sánchez is kind.*
¿Cómo son los señores Sánchez?	**Son amables.**
What are Mr. and Mrs. Sánchez like?	*They're kind.*

Just like the nouns that end in **-ista** for both males and females, there is a group of adjectives that work the same way.

Let's look at some adjectives ending in **-ista** that have the same form for both males and females.

detallista	**idealista**	**optimista**	**pesimista**
detail-oriented	*idealistic*	*optimistic*	*pessimistic*

egoísta	**materialista**	**perfeccionista**	**realista**
selfish	*materialistic*	*perfectionist*	*realistic*

Here are some examples with feminine nouns and adjectives.

Pregunta	Respuesta
¿Cómo es la hermana de Alicia?	**La hermana de Alicia es egoísta.**
What's Alicia's sister like?	*Alicia's sister is selfish.*
¿Cómo son las hermanas de Alicia?	**Las hermanas de Alicia son egoístas.**
What are Alicia's sisters like?	*Alicia's sisters are selfish.*

Here are some examples with masculine nouns and adjectives.

Pregunta	Respuesta
¿Cómo es Rodrigo?	**Rodrigo es idealista.**
What's Rodrigo like?	*Rodrigo is idealistic.*
¿Cómo son Rodrigo y su papá?	**Rodrigo y su papá son idealistas.**
What are Rodrigo and his dad like?	*Rodrigo and his dad are idealistic.*

Certain adjectives that end in a consonant also have the same form for males and females.

ágil	**capaz**	**frágil**	**popular**
agile	*capable*	*fragile*	*popular*

audaz	**cruel**	**joven**	**vivaz**
audacious, bold	*cruel*	*young*	*vivacious, lively*

Let's look at some more examples of adjectives at work.

Feminine singular	Feminine plural
La tenista es ágil.	**Las tenistas son ágiles.**
The tennis player is agile.	*The tennis players are agile.*
Tú eres popular.	**Ustedes son populares. / Vosotras sois populares.**
You're popular.	*You all are popular.*

Masculine singular	Masculine plural
Roberto es joven.	**Roberto y Ricardo son jóvenes.**
Roberto is young.	*Roberto and Ricardo are young.*
¿Tu hermano es capaz?	**¿Tus hermanos son capaces?**
Is your brother capable?	*Are your brothers capable?*

Did you notice that the **-z** at the end of **capaz** changed to **-c** when the word was made plural? This happens with all nouns and adjectives that end in **-z**.

actriz   actrices   audaz   audaces   vivaz   vivaces

There are a few adjectives that end in **-ón** or **-dor** for males and **-ona** or **-dora** for females.

Masculine singular	Masculine plural	Feminine singular	Feminine plural
comilón	**comilones**	**comilona**	**comilonas**
big eater	*big eaters*	*big eater*	*big eaters*
dormilón	**dormilones**	**dormilona**	**dormilonas**
big sleeper, sleepyhead	*big sleepers, sleepyheads*	*big sleeper, sleepyhead*	*big sleepers, sleepyheads*

conservador	**conservadores**	**conservadora**	**conservadoras**
conservative	*conservative*	*conservative*	*conservative*
encantador	**encantadores**	**encantadora**	**encantadoras**
charming	*charming*	*charming*	*charming*
hablador	**habladores**	**habladora**	**habladoras**
talkative	*talkative*	*talkative*	*talkative*
trabajador	**trabajadores**	**trabajadora**	**trabajadoras**
hardworking	*hardworking*	*hardworking*	*hardworking*

Did you notice that **comilón** and **dormilón** have an accent mark on the final syllable—but that it is dropped in the plural form? Good spotting— **¡eres detallista!**

Finally, the largest group of adjectives ends in **-a** for females and **-o** for males. To make them plural, just add **-s**.

Feminine/Masculine	Feminine/Masculine
activa/activo	**complicada/complicado**
active	*complicated*
alta/alto	**creída/creído**
tall	*conceited*
antipática/antipático	**delgada/delgado**
unfriendly	*thin, slender*
artística/artístico	**diestra/diestro**
artistic	*right-handed*
bella/bello	**divertida/divertido**
beautiful	*lots of fun*
bonita/bonito	**enérgica/enérgico**
beautiful	*energetic*
cariñosa/cariñoso	**flaca/flaco**
caring, affectionate	*skinny*

floja/flojo
lazy

franca/franco
frank

generosa/generoso
generous

gorda/gordo
fat

guapa/guapo
good-looking

hermosa/hermoso
beautiful

honesta/honesto
honest

linda/lindo
beautiful

lista/listo
smart

mala/malo
bad

maravillosa/maravilloso
marvelous

orgullosa/orgulloso
proud

pequeña/pequeño
small

perezosa/perezoso
lazy

perfecta/perfecto
perfect

preciosa/precioso
precious

presumida/presumido
arrogant, cocky

pulcra/pulcro
neat

quieta/quieto
quiet

ruidosa/ruidoso
loud, noisy

simpática/simpático
really nice

sincera/sincero
honest, sincere

tacaña/tacaño
stingy, tight

talentosa/talentoso
talented

terca/terco
stubborn

tonta/tonto
silly

vieja/viejo
old

zurda/zurdo
left-handed

BTW

Por cierto... *As we saw in Chapter 3, words that are very similar in Spanish and English are called* cognates—**cognados** *in Spanish. They are* **buenos amigos** *because they help us learn vocabulary. But guess what—there are also* **falsos amigos**: *words that look alike, but have different meanings in the two languages. Grrr . . . (but they give you a chance to show off—and impress your teacher!). Here are some important* **falsos amigos**.

sensible	sensato	simpático	compasivo
sensitive	sensible	nice	sympathetic
sensible	emocionante	exitoso	
emotional	exciting	successful	
fastidioso	melindroso		
annoying	fastidious		

Describing People Using the Indefinite Articles *un, una, unos, unas*

The Spanish indefinite articles are similar to English *a*, *an*, and *some*, but sometimes they are used differently—or just not used at all! We don't use them when we're telling *what* someone's job is. But when we tell *how* people do their jobs, we do use the article in the singular (and it's optional in the plural).

Javier es electricista.
Javier is an electrician.

Es un electricista bueno.
He is a good electrician.

Verónica es diseñadora.
Verónica is a designer.

Es una diseñadora creativa.
She is a creative designer.

Javier y sus hermanos son electricistas.
Javier and his brothers are electricians.

Son (unos) electricistas buenos.
They're good electricians.

Ángela y Sonia son estudiantes.	**Son (unas) estudiantes listas.**
Ángela and Sonia are students.	*They're good students.*

Yes! The adjectives go *after* the nouns! Except, of course, when they don't.

If the statement referring to a person is new information for its audience, the adjective follows the noun.

> **¡Su hija es una estudiante responsable!**
> *Your daughter is a responsible student!*

But if the information is something that the audience already knows, the adjective goes before the noun.

> **Su responsable hija es un modelo para la clase.**
> *Your responsible daughter is a model for the class.*

But what if the addressee has more than one daughter? (This could be tricky.)

> **Su hija responsable es un modelo para la clase.**
> *Your responsible daughter* (not the other one!) *is a model for the class.*

An easy guideline for this is

- If the statement is new information, the adjective follows the noun.

- If it's something the audience already knows, the adjective goes first.

- If you need to distinguish between two people or things, the adjective follows the noun.

Check out these examples.

¿Quién es él?	**Es mi novio nuevo.**	**Ah, ¡tu nuevo novio es guapo!**
Who is he?	*He's my new boyfriend.*	*Ah, your new boyfriend is cute!*

Bueno and **malo** are shortened when placed before a masculine singular noun.

el buen hombre
the man we already knew was good

el hombre bueno
the man we now learn is good

la buena mujer
the woman we already knew was good

la mujer buena
the woman we now learn is good

el mal día
the day we already knew was bad

el día malo
the day we now learn is bad

la mala comida
the food we already knew was bad

la comida mala
the food we now learn is bad

The adjective **grande** actually has a different meaning (and it's shortened) if it's placed before a singular noun.

el gran hombre
the great man

el hombre grande
the large man

la gran mujer
the great woman

la mujer grande
the large woman

Showing the Strength of an Adjective

To show the relative strength of an adjective, the adverbs **bastante** and **muy** can be used.

5'11"
Marco es alto.
Marco is tall.

6'1"
Julio es bastante alto.
Julio is quite tall.

6'5"
Carlos es muy alto.
Carlos is very tall.

5'2"
Ana es baja.
Ana is short.

5'0"
Caty es bastante baja.
Caty is quite short.

4'10"
Mercedes es muy baja.
Mercedes is very short.

Making Comparisons

We have already talked about one way to say that people are alike. Extra credit if you remember! ☺

Marco es alto.

Marco is tall.

Julio es alto también.

Julio is tall, too.

There are other ways you can say that people are alike . . . or different. The comparative forms allow you to say all those things.

■ To say that two people are exactly the same in some way, use **tan** + adjective + **como**.

Marco es tan alto como Julio.

Marco is as tall as Julio.

Ana es tan baja como Caty.

Ana is as short as Caty.

■ To say that someone has more of a characteristic, use **más** + adjective + **que**.

Marco es más alto que Ana.

Marco is taller than Ana.

Marco y Julio son más altos que Ana.

Marco and Julio are taller than Ana.

■ To say that someone has less of a characteristic, use **menos** + adjective + **que**.

Ana es menos alta que Marco.

Ana is not as tall as Marco.

Ana y Caty son menos altas que Marco.

Ana and Caty are not as tall as Marco.

Or you can also express this by saying **no tan** + adjective + **como**.

Ana no es tan alta como Marco.

Ana is not as tall as Marco.

Ana y Caty no son tan altas como Marco.

Ana and Caty are not as tall as Marco.

BTW

Por cierto... *It's easier if you remember* **tan... como   más... que   menos... que**.

Superlatives

Superlatives indicate that people have the most of a characteristic. To create a superlative, use this formula:

el/la/los/las + **más** + adjective + **del grupo**
the   most _____   of the group

Carlos es el más alto del grupo.
Carlos is the tallest of the group.

Mercedes es la más baja del grupo.
Mercedes is the shortest of the group.

Tomás y Pedro son los más divertidos de la clase.
Tomás and Pedro are the most fun people in the class.

Gertrudis y Hortensia son las más serias de todos.
Gertrudis and Hortensia are the most serious ones of all.

And—**¡claro!**—just like in English—some of the most common adjectives have irregular forms.

bueno(s)/buena(s)	**mejor(es)**	**el/la mejor**	**los/las mejores**
good	*better*	*the best*	

malo(s)/mala(s)	**peor(es)**	**el/la peor**	**los/las peores**
bad	*worse*	*the worst*	

BTW

Por cierto... *Sometimes we say* in the class, *or* in the world, *or of all with superlatives. It's still* de *in Spanish—*de la clase, del mundo, de todos.

Here is a comparison of three students' results on a math exam.

Juan tiene 85%.   **José tiene 90%.**   **Julia tiene 100%.**
Juan has 85%.   *José has 90%.*   *Julia has 100%.*

Juan es bueno en las matemáticas, pero es peor que José y Julia.
Juan is good at math, but worse than José and Julia.

José es mejor que Juan en las matemáticas, pero es peor que Julia.
José is better than Juan at math, but worse than Julia.

Julia es la mejor en las matemáticas.

Julia is the best at math.

Pero no es el peor de la clase.
But he's not the worst in the class.

Juan, José y Julia son los mejores de la clase de matemáticas.
Juan, José, and Julia are the best in math class.

In English, when you compare numbers, you use the adjectives *higher* and *lower*. It's different with people's ages—those are compared with the adjectives *older* and *younger*. In Spanish, both numbers and ages are compared with **mayor** and **menor**.

un número	**mayor**	**el/la mayor**
a number	*higher*	*the highest*
una edad	**mayor**	**el/la mayor**
an age	*older*	*the oldest*
un número	**menor**	**el/la menor**
a number	*lower*	*the lowest*
una edad	**menor**	**el/la menor**
an age	*younger*	*the youngest*

Here is a comparison of the ages of three small children.

Sara tiene dos años.	**Gloria tiene cuatro años.**	**Paca tiene seis años.**
Sara is two years old.	*Gloria is four.*	*Paca is six.*
Sara es menor que Gloria y Paca. Es la menor de las niñas.	**Gloria es mayor que Sara, pero menor que Paca.**	**Paca es mayor que Sara y Gloria. Es la mayor de todas las niñas.**
Sara is younger than Gloria and Paca. She's the youngest of the girls.	*Gloria is older than Sara, but younger than Paca.*	*Paca is older than Sara and Gloria. She's the oldest of all the girls.*

Tener, a Verb Used to Describe Parts of the Body

We use the verb **tener** to tell what we *have*. And this is how we describe most of our physical characteristics, like what color eyes or hair we have. Just like with **ser**—and all other verbs—**tener** has a different conjugated form for each person.

(yo)	**(tú)**	**(Ud./él/ella)**	**(Uds./ellos/ellas)**
tengo	**tienes**	**tiene**	**tienen**
I have	*you have*	*you have* *he has* *she has*	*you all have* *they have*

(nosotros/as)	**(vosotros/as)**
tenemos	**tenéis**
we have	*you all have*

Let's look at a few examples that use **tener**.

Pregunta	Respuesta
¿Cómo eres?	**Tengo los ojos negros / verdes / color café / grandes.**
What are you like?	*I have black/green/brown/big eyes.*
¿Cómo es tu mejor amiga?	**Tiene el pelo corto y los ojos color café.**
What's your best friend like?	*She has short hair and brown eyes.*
¿Cómo sois tú y tu primo?	**Tenemos los ojos oscuros y el pelo negro.**
What are you and your cousin like?	*We have dark eyes and black hair.*

IRL **En la vida real...** People with red hair are usually identified as **pelirrojos** or **pelirrojas**—redheads. People with blond hair are often called **rubios** or **rubias**. And in Mexico, those with light-colored hair and eyes are called **güeros** (or **gringos!**).

To describe ourselves and others in more detail, we need to know the names of the major parts and features of the human body (**las partes y los rasgos del cuerpo humano**).

Here are some of the masculine nouns you'll need to know.

el brazo	**el cuello**	**el dedo del pie**
arm	*neck*	*toe*
el codo	**el dedo**	**el diente**
elbow	*finger*	*tooth*

el estómago *stomach*	**el muslo** *thigh*	**el pelo, el cabello** *hair*
el hombro *shoulder*	**el oído** *inner ear*	**el pie** *foot*
el hueso *bone*	**el ojo** *eye*	**el tobillo** *ankle*
el labio *lip*	**el párpado** *eyelid*	
el músculo *muscle*	**el pecho** *chest*	

Here are some of the feminine nouns you'll need to know.

la boca *mouth*	**la frente** *forehead*	**la pestaña** *eyelash*
la cabeza *head*	**la mano** *hand*	**la piel** *skin*
la cadera *hip*	**la mejilla** *cheek*	**la pierna** *leg*
la cara *face*	**la muñeca** *wrist*	**la rodilla** *knee*
la ceja *eyebrow*	**la nariz** *nose*	**la uña** *nail*
la cintura *waist*	**la oreja** *outer ear*	
la espalda *back*	**la pandorilla** *calf*	

The parts of the body are nouns, and each one has its own gender, which does not change. In other words, a woman has **el pelo**, **el ojo**, **el brazo**—just like a man does; a man has **la cabeza**, **la cara**, **la pierna**—just like a woman does. Each noun that names a part of the body has its own gender—and that's completely independent of the person whose body it is!

Here are some adjectives that are often used to describe a person's hair.

blanco	**corto**	**lacio, liso**
white	*short*	*straight*
canoso	**medio largo**	**rizado**
gray	*medium length*	*curly*
castaño	**largo**	**pintado**
brown	*long*	*colored*
rubio		**teñido**
blond		*dyed*

Here are some adjectives that are often used to describe a person's eyes.

azules	**claros**	**bonitos**
blue	*light-colored*	*beautiful*
color café	**oscuros**	**expresivos**
brown	*dark*	*expressive*
negros	**grandes**	
black	*big*	
pardos	**pequeños**	
hazel	*little*	
verdes		
green		

Here are some adjectives that are often used to describe other parts of the body.

bonito/a/os/as	**flaco/a/os/as**	**corto/a/os/as**
beautiful	*skinny*	*short*
musculoso/a/os/as	**gordo/a/os/as**	**largo/a/os/as**
muscular	*fat*	*long*
débil(es)		**pequeño/a/os/as**
weak		*small, little*
fuerte(s)		**grande(s)**
strong		*big*

Now let's take a look at some examples.

¿Cómo es el chico?	**El chico tiene el pelo castaño y los ojos verdes.**
What's the boy like?	*The boy has brown hair and green eyes.*
¿Cómo es la chica?	**La chica tiene el pelo negro y los ojos oscuros.**
What's the girl like?	*The girl has black hair and dark eyes.*
¿Cómo es el señor?	**El señor tiene la frente alta y la nariz larga.**
What's the man like?	*The gentleman has a high forehead and a long nose.*
¿Cómo es la señora?	**La señora tiene la cara bonita y las manos pequeñas.**
What's the lady like?	*The lady has a pretty face and small hands.*
¿Cómo son ustedes?	**Somos altas y pelirrojas y tenemos los ojos verdes.**
What are you all like?	*We are tall and red-headed, and we have green eyes.*

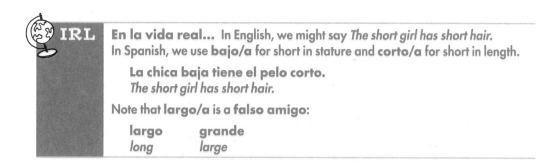

BTW

Por cierto... ¿Las manos pequeñas? *Yes—***la mano** *is feminine and has feminine adjectives! And strange as it may seem, "she has the eyes black" is the normal way of describing physical traits.*

IRL

En la vida real... In English, we might say *The short girl has short hair.* In Spanish, we use **bajo/a** for short in stature and **corto/a** for short in length.

La chica baja tiene el pelo corto.
The short girl has short hair.

Note that **largo/a** is a **falso amigo:**

largo	grande
long	large

The Numbers 0–29

Since we can also describe people by how old they are, we need to know some numbers! Let's start by learning the numbers from zero to 29.

0	cero	10	diez	20	veinte
1	uno	11	once	21	veintiuno
2	dos	12	doce	22	veintidós
3	tres	13	trece	23	veintitrés
4	cuatro	14	catorce	24	veinticuatro
5	cinco	15	quince	25	veinticinco
6	seis	16	dieciséis	26	veintiséis
7	siete	17	diecisiete	27	veintisiete
8	ocho	18	dieciocho	28	veintiocho
9	nueve	19	diecinueve	29	veintinueve

Indicating Age with *tener*

In Spanish, instead of *being* an age, we say that we *have* a certain number of years.

Pregunta	Respuesta
¿Cuántos años tienes? *How old are you?*	**Tengo dieciséis años.** *I'm sixteen.*
¿Cuántos años tiene Marta? *How old is Marta?*	**Tiene quince años.** *She's fifteen.*
¿Cuántos años tiene el niño? *How old is the little boy?*	**Tiene cinco años.** *He's five.*
¿Cuántos años tenéis? *How old are you all?*	**Los dos tenemos catorce años.** *We are both fourteen.*
¿Cuántos años tienen ustedes dos? *How old are you two?*	**Ella tiene catorce años y yo tengo trece.** *She's fourteen and I'm thirteen.*
¿Cuántos años tienen los gemelos? *How old are the twins?*	**Tienen diecisiete años.** *They are seventeen.*

BTW

Por cierto... *Don't miss the accent marks in the numbers* **dieciséis, veintidós, veintitrés,** *and* **veintiséis.** *When the number* **uno** *comes before a noun, it becomes* **un** *or* **una,** *and* **veintiuno** *before a noun becomes* **veintiún** *or* **veintiuna.**

El bebé tiene un año.
The baby is a year old.

Mariano ya es un adulto. ¡Tiene veintiún años!
Mariano is now an adult. He's twenty-one!

🔊 DIÁLOGO Vecinos nuevos

Germán	Ofelia
Oye, hermana, tenemos vecinos nuevos. Es una familia que tiene dos niños pequeños.	**Ay, ¡qué bueno! ¿Cómo son?**
Hey, sis, we have new neighbors. It's a family that has two little children.	*Great! What are they like?*
Bueno, el papá es alto, muy flaco y calvo. Tiene barba, pero no tiene bigotes.	**Sí, y la mamá, ¿cómo es?**
Well, the father is tall, really skinny, and bald. He has a beard, but not a mustache.	*Yes, and the mother—what's she like?*
La mamá es baja, gordita y tiene el pelo negro, largo y rizado. Es bastante guapa.	**Para ti, hermano, todas las mujeres son guapas. ¿Y los niños? ¿Cómo son? ¿Cuántos años tienen?**
The mother is short, a little plump, and she has long, black, curly hair. She's really attractive.	*According to you, brother, all women are attractive. What are the kids like? How old are they?*

El niño es mayor que la niña. También es más alto. Él tiene cuatro años y ella tiene dos. Los dos tienen el pelo negro y los ojos oscuros. Son preciosos, pero muy tímidos.

The boy is older than the girl. He's also taller. He's four and she's two. Both of them have black hair and dark eyes. They are adorable, but they're really shy.

Tienes razón. Parece una familia muy atractiva y muy simpática. ¡Tenemos suerte!

You're right. It seems like a very attractive, nice family. We're lucky!

 LECTURA Mi compañera de cuarto

¡Mi nueva compañera de cuarto es hispana! Su nombre es Ligia Ochoa y es de Bogotá, Colombia. Tiene dieciocho años y es estudiante de biología. Es muy simpática, lista y bonita—es una chica muy alegre. Ligia tiene los ojos oscuros, grandes y expresivos. No es alta y no es baja, más o menos como yo. Tiene el pelo negro, liso y bastante largo.

EJERCICIOS

EJERCICIO 7-1

Complete each of the following sentences with the appropriate adjective, making any necessary changes.

1. Sara es inteligente. Marco es _____ también.

2. Elena es orgullosa. David es _____ también.

3. Esteban es tonto. Jennifer y su hermana son _____ también.

4. Daniel es pesimista. Daniela es _____ también.

5. Beatriz es terca. Jaime es _____ también.

6. Carlos es pelirrojo. Jessica y Rita son _____ también.

7. Mónica es alta. Bruno y Roberto son _____ también.

8. Mauricio es responsable. Marcia es _____ también.

9. El profesor es bueno. La profesora es _____ también.

10. Luisa es bonita. Nosotras somos _____ también.

11. Paula es comilona. Pedro es _____ también.

12. Eduardo es audaz. Caty y Dora son _____ también.

13. Estela es lista. Cecilia y Ricardo son _____ también.

14. Ramón es guapo. Julia y Cintia son _____ también.

15. Pablo es popular. La hermana de Pablo es _____ también.

EJERCICIO 7-2

Write the **antónimo** *(antonym—word with the opposite meaning) of each of the following adjectives, keeping its gender and number the same as the adjective given.*

1. trabajador

2. flaca

3. grandes

4. paciente

5. quietas

6. viejo

7. generosos

8. mala

9. simpático

10. alto

EJERCICIO 7-3

Rewrite each of the following sentences to include the adjective in parentheses, making any necessary changes.

1. Mi hermano es carpintero. (bueno)

2. Alicia y Carmen son cantantes. (famoso)

3. Kevin es arquitecto. (creativo)

4. Emilia es profesora. (fantástico)

5. Guillermo es científico. (talentoso)

6. Jimena es estudiante. (responsable)

7. Luis es médico. (maravilloso)

8. Diego y su esposa son vendedores. (honesto)

9. Marcia es agente. (trabajador)

10. Susana es modelo. (exitoso)

EJERCICIO 7-4

Write a complete Spanish sentence to answer each of the following questions, stating your observations about the height of Olga, Tomás, and Víctor—and yourself! Olga = 150 centímetros. Tomás = 168 centímetros. Víctor = 185 centímetros.

1. ¿Cómo es Olga?

2. ¿Es bajo Víctor?

3. ¿Es alto Tomás?

4. ¿Cómo son Tomás y Víctor?

5. ¿Como es Olga en comparación con Tomás?

6. ¿Cómo es Tomás en comparación con Olga?

7. ¿Cómo es Víctor en comparación con Olga y Tomás?

8. ¿Cómo es Olga en comparación con Tomás y Víctor?

9. ¿Cómo eres tú?

10. ¿Como eres en comparación con Olga, Tomás y Víctor?

EJERCICIO 7-5

Write the Spanish equivalent of each of the following sentences.

1. He has big ears.

2. She has expressive eyes.

3. They have strong legs.

4. We have muscular arms.

5. She has a beautiful face.

6. They have brown eyes.

7. I have long, curly brown hair.

8. She has pretty hands.

9. He has blond hair and green eyes.

10. You have small bones.

EJERCICIO 7-6

Write a complete Spanish sentence to answer each of the following questions, stating your observations about the ages of Teresa, Patricia, and José—and yourself! Teresa = 11 años. Patricia = 16 años. José = 18 años.

1. ¿Es vieja Teresa?

2. ¿Cuántos años tiene Teresa?

3. ¿Son jóvenes Patricia y José?

4. ¿Cómo es Teresa en comparación con Patricia?

5. ¿Cómo es Patricia en comparación con Teresa y José?

6. ¿Quiénes son mayores que Teresa?

7. ¿Cómo es José en comparación con Teresa y Patricia?

8. ¿Cómo es Teresa en comparación con Patricia y José?

9. ¿Cuántos años tienes tú?

10. ¿Cómo eres en comparación con Teresa, Patricia y José?

EJERCICIO 7-7

Preguntas personales *Answer each of the following questions with a complete Spanish sentence.*

1. ¿Cómo eres?

2. ¿Cómo tiene el pelo tu mejor amigo?

3. ¿Cómo es tu profesor(a) de español?

4. ¿Cómo tienen los ojos dos personas de tu familia?

5. ¿Son responsables todos tus amigos?

EJERCICIO 7-8

Form a question in Spanish for each of the following answers.

1. Tengo 14 años.

2. Mi hermano es mayor que yo.

3. Sí, es muy buena.

4. Es una actriz muy bonita.

5. Es un beisbolista famoso.

EJERCICIO 7-9

*Answer each of the following questions about this chapter's **lectura**,*
Mi compañera de cuarto, *with a complete Spanish sentence.*

1. ¿De qué país es la compañera de cuarto de la autora?

2. ¿Cuántos años tiene?

3. ¿Es estudiante de química?

4. ¿Cómo es?

5. ¿Cómo tiene los ojos?

6. ¿Cómo tiene el pelo?

7. ¿Es alta la autora?

Identifying and Describing Things

MUST KNOW

⚡ To ask about, name, and describe the many things in our lives, we use the verb **ser** with the question words **¿Qué?** and **¿Cómo?**

⚡ To find out who something belongs to, use **ser** with the question words **¿De quién?** or **¿De quiénes?**

⚡ The verb **tener** makes it possible to ask about or say what people have.

⚡ The verb **querer** allows us to ask about or say what people want.

o far, we have been talking about people—who they are, where they're from, what they do, and what they're like. Along the way, we've learned some basic patterns, and you'll find that these patterns can be used in many different ways. This chapter is mainly about using those patterns with a lot of new vocabulary—words for the things in our environment, our cities and towns, our homes, our schools, and other places.

The verb **ser** is important for naming and describing all of those things; the verb **tener** is important for telling about the things we have; and the verb **querer** is important for naming the things we want. It's a very useful chapter for when our birthdays are coming up! ☺

Common Things in Our Lives

Things We Use on a Daily Basis

Let's start out with nouns that name things (**las cosas**) that many of us use every day. Like all nouns, each of these is either masculine or feminine and singular or plural, following the same patterns we have been practicing. Remember that it is the word—not the thing—that has a gender.

Here are some masculine nouns that name things often used on a daily basis.

el carro, el coche, el automóvil
car

el celular, el móvil
cell phone

el control remoto
remote control

el dinero
money

el lapicero, el bolígrafo
ballpoint pen

el lápiz
pencil

el libro
book

el papel
paper

el teléfono
telephone

el vaso de agua
glass of water

Here are some feminine nouns that name things often used on a daily basis.

la casa	**la mesa**	**la tarjeta de crédito**
house, home	*table*	*credit card*
la comida	**la ropa**	**la taza de café**
food	*clothing, clothes*	*cup of coffee*
la computadora	**la silla**	
computer	*chair*	

You've probably already thought of a lot more things you couldn't do without. We'll try to cover many of them in the vocabulary lists that are coming up. But how do you ask what something is, without having to run to the dictionary? Here's what you say:

¿Qué es esto?   **¿Qué son estas cosas?**
What's this?   *What are these?*

¿Qué es eso?   **¿Qué son esas cosas?**
What's that?   *What are those?*

BTW

Por cierto... *The only difference between* **esto** *and* **eso** *is the letter* **t**. *An easy way to remember what each one means is: If you can touch it (this), include the* **t**—*and if you can't touch it (that), leave the* **t** *out.*

Pregunta	Respuesta
¿Qué es esto?	**Es un lapicero.**
What's this?	*It's a pen.*
¿Qué es eso?	**Es una mesa.**
What's that?	*It's a table.*
¿Qué son estas cosas?	**Son (unos) lápices.**
What are these?	*They're pencils.*

¿Qué son esas cosas?	Son (unas) computadoras.
What are those?	*They're computers.*

In the Classroom

Now let's find out how to name things you are likely to see in a classroom (**el salón de clase**, **el aula**).

Here are some masculine nouns that name things found in most classrooms.

el aparato	**el mapa**
device	*map*
el celular	**el marcador (para la pizarra)**
cell phone	*marker (for the whiteboard)*
el cuaderno	**el pizarrón interactivo**
notebook	*Smart Board*
el diccionario	**el proyector LCD**
dictionary	*LCD projector*
el escritorio	**el pupitre**
teacher's desk	*student desk*
el estante	**el reloj**
bookcase	*clock*
el examen	**el suelo**
test	*floor*
el libro	
book	

Here are some feminine nouns that name things found in most classrooms.

la computadora portátil	**la pizarra**
laptop	*blackboard, whiteboard*
las lámparas	**la pizarra inteligente**
ceiling lights	*Smart Board*
la lección	**la pluma**
lesson	*pen*
la mochila	**la prueba**
backpack	*quiz*
la nota	**la puerta**
grade	*door*
la pantalla	**la tiza**
screen	*piece of chalk*
la pared	**la ventana**
wall	*window*

Let's look at some examples.

Pregunta	Respuesta
¿Qué aparatos electrónicos hay en tu clase de español?	**Hay una computadora y una pizarra inteligente.**
What electronic devices are there in your Spanish class?	*There is a computer and a Smart Board.*
¿Hay algo más?	**Pues, claro—hay los celulares de los estudiantes.**
Is there anything else?	*Um, of course—there are the students' cell phones.*

¿Cuántas puertas hay?
How many doors are there?

Hay una puerta. / Hay dos puertas.
There is one door. / There are two doors.

¿Cuántas ventanas hay?
How many windows are there?

Hay cuatro ventanas.
There are four windows.

¿Cuántos escritorios hay?
How many teacher's desks are there?

Hay un escritorio.
There is one teacher's desk.

¿Cuántos pupitres hay?
How many student desks are there?

Hay veintiséis pupitres.
There are twenty-six student desks.

¿Hay un estante?
Is there a bookcase?

Sí, hay uno.
Yes, there is one.

¿Qué hay en el estante?
What is on the bookcase?

Hay unos libros y un diccionario.
There are some books and a dictionary.

¿Hay algo en el suelo?

Is there anything on the floor?

Sí, hay las mochilas de los estudiantes.
Yes—there are the students' backpacks.

Y en las paredes, ¿qué hay?

And what's on the walls?

Hay un mapa de los EEUU, uno de México, uno de Centroamérica y otro de Sudamérica.
There's a map of the U.S., one of Mexico, one of Central America, and one (other) of South America.

IRL **En la vida real...** Speaking of the classroom: Maybe not on our desks, but on our minds, are our grades—**las notas** in Spanish. But **las notas** are also those little messages that we send each other when we're supposed to be paying attention. ☺ **Sin embargo** (*Nevertheless*), the *notes* we take during a lecture class are not **notas**, but **apuntes**. Here's to **una nota excelente en español!**

In the Office

Do you have an office (**el despacho**, **la oficina**) or study area in your home? Do you work in an office? It's time to find out how to name things that you use there.

Here are some masculine nouns that name things found in an office.

el archivo *file*	**el mensaje de correo electrónico** *email message*
el basurero *trash can*	**el módem** *modem*
el calendario *calendar*	**el wifi** *wifi*
el escáner *scanner*	

Here are some feminine nouns that name things found in an office.

la agenda *daily schedule*	**la carta** *letter*
la calculadora *calculator*	**la fotocopiadora** *copy machine*
la carpeta *folder*	**la impresora** *printer*

Around the House

Even though a lot of **aparatos electrónicos** are found in our homes these days, we'll focus on vocabulary for the more traditional things that are found around the house (**la casa**). Some language learners find it helpful to write the names for things on sticky notes and place them on the objects—you might find your whole family trying to say them! And, of course, then you will have to correct their pronunciation.

Here are some masculine nouns that name things around the house.

el aire acondicionado
air conditioning

el inodoro
toilet

el aparato electrónico
electronic device

el lavabo
bathroom sink

el apartamento
apartment

el lavaplatos
dishwasher

el asiento
seat

el microondas
microwave oven

el baño
bathroom

el póster
poster

el comedor
dining room

el radio
radio

el cuadro
painting, picture

el reproductor de DVDs
DVD player

el dormitorio, el cuarto
bedroom

el sillón
easy chair

el fregadero
kitchen sink

el sofá
sofa

el horno
oven

el televisor
TV set

Here are some feminine nouns that name things around the house.

el agua
water

la calefacción
heating

la alfombra
rug

la cama
bed

la cocina
kitchen

la cortina
curtain

la ducha
shower

la estufa
stove

la lámpara
lamp, light fixture

la luz
electricity, daylight

la radio
radio program

la refrigeradora
refrigerator

la sala
living room

la televisión
TV program

la tina, la bañera
bathtub

Let's take a look at some examples.

Pregunta	Respuesta
¿Qué es esto? *What's this?*	**Es un lápiz.** *It's a pencil.*
¿De quién es? *Whose is it?*	**Es mi/tu/su lápiz.** *It's my/your/his/her/your pencil.*
¿Qué es eso? *What's that?*	**Es una silla.** *It's a chair.*
¿De quién es? *Whose is it?*	**Es la silla del profesor / de ella / de él.** *It's the teacher's / her / his chair.*
¿Hay un televisor en el salón de clase? *Is there a television in the classroom?*	**No, no hay un televisor.** *No, there's no television.* **Sí, hay uno.** *Yes, there is one.*

¿Cuántas pizarras hay en el salón de clase?	**Hay tres.**
How many blackboards are there in the classroom?	*There are three.*
¿Cuántos pupitres hay en el salón de clase?	**Hay veintitrés.**
How many student desks are there in the classroom?	*There are twenty-three.*

Things Found Outside

But what about all those things we keep outside our homes? Here's a list of things typically kept outside (**afuera**). Note the use of "typically," though—in big cities, we might find **la bicicleta** stored somewhere inside the house, and it's pretty common to find **los perros** and **los gatos** inside as well.

Here are some masculine nouns that name things typically found outside.

el árbol	**el jardín**
tree	*garden*
el carro, el coche, el auto	**el perro**
car	*male dog*
el garaje	**el sendero**
garage	*path*
el gato	
male cat	

Here are some feminine nouns that name things typically found outside.

la bicicleta, la bici	**la gata**
bicycle	*female cat*
la flor	**la mascota**
flower	*pet*

la motocicleta, la moto
motorcycle

la perra
female dog

la patineta
skateboard

Now let's take a look at some examples.

Mi vecino tiene una moto nueva.
My neighbor has a new motorcycle.

Nuestro jardín tiene muchos árboles enormes.
Our garden has a lot of huge trees.

En el parque municipal hay muchas flores blancas.
There are a lot of white flowers in the city park.

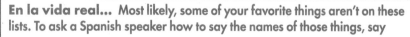

IRL   **En la vida real...** Most likely, some of your favorite things aren't on these lists. To ask a Spanish speaker how to say the names of those things, say

¿Cómo se dice *ball* en español?   **Se dice "pelota".**
How do you say "ball" in Spanish?   *You say* pelota.

Or you can find the words in your dictionary. Be sure to write down the new words to help you remember them. You already know how to make them plural. ☺

Using Long-Form Possessives

Sometimes we want to talk about our things without having to constantly repeat their names, for example, **mi casa**, **mi carro**, **mi bici**, and so on. We can use the long-form possessives—the equivalents of *mine, yours, his, hers, your-all's, theirs, ours*—to avoid this kind of repetition. Look at the following examples to see how these are used.

¿De quién es el libro?
Whose book is it?

Este es mi libro.
This is my book.
Este libro es mío.
This book is mine.
Es mío.
It's mine.

¿De quién es la mochila?
Whose backpack is it?

Esta es mi mochila.
This is my backpack.
Esta mochila es mía.
This backpack is mine.
Es mía.
It's mine.

¿De quién son los libros?
Whose books are they?

Estos son mis libros.
These are my books.
Estos libros son míos.
These books are mine.
Son míos.
They're mine.

¿De quién son las plumas?
Whose pens are they?

Estas son mis plumas.
These are my pens.
Estas plumas son mías.
These pens are mine.
Son mías.
They're mine.

These possessives can also be used to indicate things that belong to other people. Let's have a look at the full list of long-form possessives—*mine, yours, his, hers, your-all's, theirs,* and *ours.*

el carro	los carros	la casa	las casas
mío	**míos**	**mía**	**mías**
mine	*mine*	*mine*	*mine*
tuyo	**tuyos**	**tuya**	**tuyas**
yours	*yours*	*yours*	*yours*
suyo	**suyos**	**suya**	**suyas**
yours	*yours*	*yours*	*yours*
his	*his*	*his*	*his*
hers	*hers*	*hers*	*hers*
your-all's	*your-all's*	*your-all's*	*your-all's*
theirs	*theirs*	*theirs*	*theirs*
nuestro	**nuestros**	**nuestra**	**nuestras**
ours	*ours*	*ours*	*ours*
vuestro	**vuestros**	**vuestra**	**vuestras**
your-all's	*your-all's*	*your-all's*	*your-all's*

Let's take a look at these possessives in action.

¿De quién es el libro?
Whose book is it?

Este es tu libro.
This is your book.
Este libro es tuyo.
This book is yours.
Es tuyo.
It's yours.

¿De quién es la mochila?
Whose backpack is it?

Esta es la mochila de Beto.
This is Beto's backpack.
Esta mochila es suya.
This backpack is his.
Es suya.
It's his.

¿De quién son los libros?
Whose books are they?

Estos son los libros de Ana.
These are Ana's books.

Estos libros son suyos.
These books are hers.

Son suyos.
They're hers.

¿De quién son las plumas?
Whose pens are they?

Estas son las plumas de Ud.
These are your pens.

Estas plumas son suyas.
These pens are yours.

Son suyas.
They're yours.

¿De quiénes son estos carros?
Whose cars are these?

Estos son los carros de nosotros.
These are our cars.

Estos carros son nuestros.
These cars are ours.

Son nuestros.
They're ours.

¿De quiénes son estas bicicletas?
Whose bikes are these?

Estas son las bicicletas de ellos.

These are their bikes.

Estas bicicletas son suyas.
These bikes are theirs.

Son suyas.
They're theirs.

Remember to make the ending of the possessive the same gender and number as the noun.

el carro mío
my car

el carro tuyo
your car

los carros suyos
his/her/your/their cars

los carros nuestros
our cars

la bicicleta mía
my bike

la bicicleta tuya
your bike

las bicicletas suyas
his/her/your/their bikes

las bicicletas nuestras
our bikes

Describing Things with Adjectives

We often tell what things are like by specifying their size (**el tamaño**), shape (**la forma**), and color (**el color**); whether they are new or old, expensive or inexpensive, light or heavy, pretty or ugly; or what they're made of. The patterns are the same as the ones we use to describe people. And the questions are the same, too.

¿Cómo es?
What's it like?

¿Cómo son?
What are they like?

Describing Things by Size

Here are some expressions that help us describe the size of things without giving exact measurements.

¿De qué tamaño es?
What size is it?

¿De qué tamaño son?
What size are they?

Here are some adjectives that help us describe the size of things without giving exact measurements.

pequeño/a/os/as
small, little

mediano/a/os/as
medium

grande(s)
big

chico/a/os/as
small

normal(es)
average

enorme(s)
huge

corto/a/os/as
short

medio largo/a/os/as
medium length

largo/a/os/as
long

angosto/a/os/as
narrow

ancho/a/os/as
wide

Describing Things by Shape

Here are some expressions that help us describe things by their geometric shape.

¿De qué forma es?
What shape is it?

¿De qué forma son?
What shape are they?

Here are some adjectives that help us describe things by their geometric shape.

redondo/a/os/as
round

cuadrado/a/os/as
square

rectangular(es)
rectangular

triangular(es)
triangular

rómbico/a/os/as
diamond-shaped

Describing Things by Color

To ask what color something is (or some things are), use the following questions.

¿De qué color es?
What color is it?

¿De qué color son?
What color are they?

Let's take a look at the names of some common colors.

rojo/a/os/as
red

amarillo/a/os/as
yellow

azul(es)
blue

verde(s)	**morado/a/os/as**	**anaranjado/a/os/as**
green	*purple*	*orange*
negro/a/os/as	**blanco/a/os/as**	**gris(es)**
black	*white*	*gray*
rosado/a/os/as	**marrón(es)**	**multicolor(es)**
pink	*brown*	*multicolored*

IRL   **En la vida real...** To name shades of a color, add **claro** (*light*) or **oscuro** (*dark*).

La lámpara es azul claro.   **El sofá es verde oscuro.**
The lamp is light blue.   *The sofa is dark green.*

And, just like in English, modern colors are taken from nature—and you can make up your own! Just say the item, followed by **color**, and then the fruit, vegetable, or whatever. These are always masculine singular (because **color** is masculine singular).

Here are some ideas to get you started.

aguacate	**fresa**	**melón**	**papaya**
avocado	*strawberry*	*cantaloupe*	*papaya*
tomate	**banana**	**limón**	**nieve**
tomato	*banana*	*lemon*	*snow*
plata	**turquesa**	**cielo**	**mango**
silver	*turquoise*	*sky*	*mango*
oro	**rosa**	**zafiro**	
gold	*pink*	*sapphire*	

Here are a few examples.

Ella tiene los ojos color café.
She has coffee-colored eyes.

Mi hermana tiene un suéter color tomate.
My sister has a tomato-colored sweater.

Describing Things by Other Qualities

Of course, there are many other qualities of things besides size, shape, and color. Let's look at some of the adjectives for these words. Where two words are listed, they are **sinónimos**—words that have the same (or nearly the same) meaning. The **antónimos** in the right column have the opposite meaning of the adjectives in the left column.

Here are some adjectives that describe other qualities of things.

bonito/a/os/as	**feo/a/os/as**
pretty	*ugly*
caro/a/os/as, costoso/a/os/as	**barato/a/os/as**
expensive	*inexpensive, cheap*
complicado/a/os/as	**sencillo/a/os/as**
complicated	*simple*
correcto/a/os/as	**incorrecto/a/os/as, equivocado/a/os/as**
correct, right	*incorrect, wrong*
difícil(es)	**fácil(es)**
difficult	*easy*
elegante(s)	**informal(es)**
elegant, fancy	*informal*
interesante(s), intrigante(s)	**aburrido/a/os/as**
interesting, intriguing	*boring*
moderno/a/os/as	**anticuado/a/os/as**
modern	*old-fashioned, out-of-date*
nuevo/a/os/as	**viejo/a/os/as, antiguo/a/os/as**
new	*old*

pesado/a/os/as
heavy

ligero/a/os/as
light, lightweight

raro/a/os/as
strange, unusual

común(es), corriente(s)
common, ordinary

Describing Things with Nouns

You've gotten used to describing things with adjectives, but sometimes we use other words—like nouns—to describe things!

Describing What Things Are Made Of

To ask and tell what things are made of, we use this formula in Spanish, which indicates that things are made "of a certain material"—and those materials are nouns.

¿De qué material es?
What's it made of?

Es de madera.
It's (made) of wood.

Here are some nouns that name other materials.

de algodón *of cotton*	**de lana** *of wool*	**de piedra** *of stone*	**de tela** *of fabric*
de cobre *of copper*	**de metal** *of metal*	**de plástico** *of plastic*	**de vidrio** *of glass*
de cuero *of leather*	**de oro** *of gold*	**de plata** *of silver*	
de hierro *of iron*	**de papel** *of paper*	**de seda** *of silk*	

Describing Things by Category

To ask and tell what category things belong to, we'll use this formula, which asks "of what type" something is.

¿De qué clase es el carro?
What kind of car is it?

Es un convertible.
It's a convertible.

¿De qué marca es el carro?
What make is the car?

Es un Jaguar.
It's a Jaguar.

¿De qué tipo es la escuela?
What kind of school is it?

Es una escuela pública.
It's a public school.

Let's first look at the nouns that name different types of clothing (**las prendas de vestir, la ropa**) and talk about what we have in our closets, what clothes we want—and what we don't want!

Here are some masculine nouns that name types of clothing.

el abrigo *coat*	**el sombrero** *hat*	**los calcetines** *socks*
el cinturón *belt*	**el suéter** *sweater*	**los guantes** *gloves*
el conjunto *outfit*	**el traje** *suit*	**los pantalones** *pants*
el pijama *pajamas*	**el traje de baño** *bathing suit*	**los zapatos** *shoes*
el saco *suit jacket*	**el vestido** *dress*	

Here are some feminine nouns that name types of clothing.

la bata	**la chaqueta**	**la ropa interior**
bathrobe	*jacket*	*underwear*
la blusa	**la corbata**	**las medias**
blouse	*necktie*	*tights, stockings*
la bufanda	**la falda**	**las pantuflas**
scarf	*skirt*	*slippers*
la camiseta	**la gorra**	
T-shirt	*cap*	

 **IRL** **En la vida real...** Did you know that people all over the world wear **sombreros**? LOL. **Sombrero** means *hat*—but not necessarily a big straw Mexican hat! Of course, in the United States, the word has been borrowed, and the meaning in English has been narrowed to mean only the big Mexican hats worn by **charros** and **mariachis** for folkloric entertainment, as well as by many a **turista**.

 DIÁLOGO **Regalos**

Alejandro	Julia
Oye, Julia, ¿qué son estas cosas?	**Son unos regalos para los niños de mi familia. Ven y te los enseño.**
Say, Julia, what are these things?	*They're a few presents for the children in my family. Come here and I'll show them to you.*

Estas gorras son muy bonitas. ¿Para quiénes son?

These caps are very pretty. Who are they for?

¿Y estos guantes?

And these gloves?

Bien. ¿Para quiénes son los juguetes?
Okay, who are the toys for?

¡Pero si ya tienen cantidad de juguetes!

But they already have tons of toys!

Hay otra caja en el rincón. ¿Qué es eso?

There's another box in the corner. What's that?

A ver. La gorra blanca es para mi sobrina, Anita. La azul es para Paquito y la roja, para Sonia.
Let's see. The white cap is for my niece, Anita. The blue one is for Paquito, and the red one is for Sonia.

Esos son para los mismos niños, pues hacen juego con las gorras.
Those are for the same children— they match the caps.

Bueno, hay un juguete pequeño para cada niño.
Well, there's a small toy for each child.

No importa. Mira, estos cochecitos son para Paquito y las muñecas son para las niñas.
That doesn't matter. Look, these little cars are for Paquito, and the dolls are for the girls.

Mi amor, lo que está en esa caja es un regalo para ti, y es un secreto.
Sweetheart, what's in that box is a present for you, and it's a secret.

Now, let's use the verb **tener** again—this time to tell what things we have. And we'll learn a new verb—**querer**—to tell what things we want.

	tener	querer
(yo)	**tengo** *I have*	**quiero** *I want*
(tú)	**tienes** *you have*	**quieres** *you want*
(Ud.) **(él)** **(ella)**	**tiene** *you have* *he has* *she has*	**quiere** *you want* *he wants* *she wants*
(Uds.) **(ellos)** **(ellas)**	**tienen** *you all have* *they have* *they have*	**quieren** *you all want* *they want* *they want*
(nosotros) **(nosotras)**	**tenemos** *we have* *we have*	**queremos** *we want* *we want*
(vosotros) **(vosotras)**	**tenéis** *you all have* *you all have*	**queréis** *you all want* *you all want*

Just as with all verbs, an indicator of the subject is included in the ending of the conjugated forms, so you only use the subject pronouns—**yo, tú, usted, él, ella, ustedes, ellos, ellas, nosotros/as, vosotros/as**—when you want to emphasize who the sentence is about.

Have you noticed some recurring patterns in these verb conjugations?

- Many **yo** forms end in **-o**.

- All **tú** forms are the **Ud./él/ella** form + **-s**.

- All **Uds./ellos/ellas** forms are the **Ud./él/ella** form + **-n**.

- All **nosotros/nosotras** forms end in **-mos**.

- All **vosotros/vosotras** forms end in **-is**.

Let's look at some examples.

- **yo** as the subject

  Tengo el pelo negro.   **Quiero un carro nuevo.**
  I have black hair.   *I want a new car.*

- **tú** as the subject

  Tienes buenos amigos.   **¿Quieres un refresco?**
  You have good friends.   *Do you want a soft drink?*

- **usted**, **él**, or **ella** as the subject

  Tiene mi pluma.   **Quiere esos zapatos.**
  You have my pen.   *You want those shoes.*
  He has my pen.   *He wants those shoes.*
  She has my pen.   *She wants those shoes.*

- **ustedes**, **ellos**, or **ellas** as subject

  Tienen un papá simpático.   **Quieren pantalones largos.**
  You all have a nice dad.   *You all want long pants.*
  They have a nice dad.   *They want long pants.*

- **nosotros** or **nosotras** as the subject

  Tenemos clase ahora.   **Queremos una pizza.**
  We have class now.   *We want a pizza.*

- **vosotros** or **vosotras** as the subject

  Tenéis tarea.   **¿Queréis helado?**
  You all have homework.   *Do you all want ice cream?*

How about a little practice with some sample questions and answers? Someone might ask you one of the following **preguntas**, and you might give a **respuesta** with, **por ejemplo** (*for example*), the answer provided.

Pregunta	Respuesta
¿Cuál es tu ropa favorita? *What's your favorite piece of clothing?*	**Mi ropa favorita es una camiseta.** *My favorite clothing is a T-shirt.*
¿Cómo es? *What's it like?*	**Es una camiseta tipo béisbol.** *It's a baseball shirt.*
¿Cómo son? *What are they like?*	**Son unas camisetas tipo béisbol.** *They're baseball shirts.*
¿De qué color es? *What color is it?*	**Es negra con mangas grises.** *It's black with gray sleeves.*
¿De qué color son? *What color are they?*	**Son negras con mangas grises.** *They're black with gray sleeves.*
¿De qué material es? *What is it made of?*	**Es de algodón.** *It's made of cotton.*
¿De qué material son? *What are they made of?*	**Son de algodón.** *They're made of cotton.*
¿De que color son tus zapatos? *What color are your shoes?*	**Son rojos.** *They're red.*
¿Cuántos sombreros tienes? *How many hats do you have?*	**Tengo uno.** *I have one.* **No tengo un sombrero.** *I don't have a hat.*

¿Cuántas gorras tiene tu mejor amigo?

How many caps does your best friend have?

¡Tiene más o menos trece!

He has about thirteen!

¿Tus amigas tienen faldas largas o faldas cortas?

Do your (female) friends have long skirts or short skirts?

Tienen faldas cortas.

They have short skirts.

¿Los estudiantes de tu escuela tienen uniformes?

Do the students at your school have uniforms?

Sí, tenemos uniformes.
Yes, we have uniforms.
No, no tenemos uniformes.
No, we don't have uniforms.

¿Quieres ropa nueva?
Do you want new clothes?

Sí, quiero ropa nueva.
Yes, I want new clothes.
No, no quiero ropa nueva.
No, I don't want new clothes.

¿Qué clase de ropa quieres?

What kind of clothes do you want?

Quiero un vestido largo y elegante, rojo, de seda.
I want a long, elegant, red silk dress.

¿Qué tipo de ropa quieres?

What kind of clothes do you want?

Quiero un abrigo color azul marino, una bufanda amarilla, de lana, y unos guantes verdes, también de lana.
I want a navy blue coat, a yellow wool scarf, and green wool gloves.

🔊 LECTURA **Modos de transporte**

Cecilia tiene un carro nuevo. Es grande y tiene espacio para seis personas. Su carro es de color gris oscuro. Los asientos son de cuero, también de color gris. Es muy elegante. Paco tiene una motocicleta negra. Es grande y pesada, pero claro, no tan grande como el carro de Cecilia. Jorge tiene una bicicleta azul, que es pequeña y ligera, pero muy bonita.

🔊 DIÁLOGO **En una tienda de ropa**

Señora	Dependiente
Buenos días, señorita. Mi hija no tiene su uniforme para la escuela. ¿Tienen ustedes los uniformes para el colegio Santa Ana?	**Sí, señora, los tenemos para todas las escuelas de la ciudad. ¿De qué talla es su hija?**
Good morning. My daughter doesn't have her school uniform. Do you have uniforms for St. Ann's?	*Yes, we have them for all the schools in the city. What size is your daughter?*
Ella quiere una blusa y una falda de talla 6, y la chaqueta de talla 8.	**Muy bien, a ver... sí, tengo aquí la blusa y la falda y la chaqueta de talla 6, pero la chaqueta de talla 8, no tengo.**
She wants a blouse and skirt in size 6 and the jacket in size 8.	*Okay, let's see . . . yes, I have here the blouse, skirt, and jacket in size 6, but I don't have the jacket in size 8.*

Entonces, queremos la blusa y la falda. ¿Cuánto es?

Then we want the blouse and skirt. How much are they?

Son 50 dólares.

They're $50.

Bueno, aquí tiene usted los 50 dólares. ¿En qué tienda tienen las chaquetas más grandes?

Okay, here's the $50. What store has bigger jackets?

Gracias, señora. Las tienen en la tienda Estrella, aquí enfrente. A propósito, ¿quiere su hija los zapatos?

Thank you, ma'am. They have them in the store called Estrella across the street. By the way, does your daughter want shoes?

No, gracias, no queremos más. Muchísimas gracias. Hasta luego.

No, thank you. We don't want anything else. Thanks very much. Bye.

Hasta luego, señora.

Goodbye, ma'am.

EJERCICIOS

EJERCICIO 8-1

¿Qué son estas cosas? *Match each Spanish word in the left column with its English equivalent in the right column. Write the correct letter for each English equivalent.*

1. los apuntes
2. el basurero
3. la carpeta
4. la carta
5. la tarjeta
6. el cuaderno
7. el dinero
8. el escritorio
9. el archivo
10. la impresora
11. el lapicero
12. el lápiz
13. la mochila
14. la nota
15. la pantalla
16. el papel
17. la pared
18. la pizarra
19. la prueba
20. la ventana

a. money
b. ballpoint pen
c. pencil
d. paper
e. quiz
f. class notes
g. folder
h. printer
i. card
j. notebook
k. desk
l. backpack
m. screen
n. wall
o. blackboard or whiteboard
p. window
q. grade
r. trash can
s. letter
t. file

EJERCICIO 8-2

Rewrite each of the following sentences to use a long-form possessive.
Follow the example.

EXAMPLE Este es mi libro. → Este libro es mío.

1. Estas son mis notas.

2. Ese carro es de mi tío.

3. Esta es nuestra casa.

4. Esas son las mochilas de las chicas.

5. Este es nuestro salón de clase.

6. Estas no son las computadoras de la escuela.

7. Esos lápices son del profesor.

8. Esta película es de ustedes.

9. Estas notas son de vosotros.

10. Este no es mi dinero.

EJERCICIO 8-3

Answer each of the following questions about this chapter's **diálogo, En una tienda de ropa,** *with a complete Spanish sentence.*

1. ¿Qué quiere la señora para su hija?

2. ¿De qué talla quiere la blusa y la falda?

3. ¿De qué talla quiere la chaqueta?

4. ¿Dónde tienen la chaqueta?

5. ¿La señora quiere zapatos para su hija?

EJERCICIO 8-4

Write five sentences that answer the question ¿Qué tienes en tu cuarto?

EJERCICIO 8-5

Write five sentences that answer the question ¿Qué regalos quieres—o no quieres—para tu cumpleaños?

EJERCICIO 8-6

Answer each of the following questions about this chapter's lectura, Modos de transporte, with a complete Spanish sentence.

1. ¿Qué tiene Cecilia?

2. ¿Cómo es?

3. ¿Para cuántas personas tiene espacio?

4. ¿De qué color es?

5. ¿De qué material son los asientos?

6. ¿Quién tiene motocicleta?

7. ¿Cómo es la moto en comparación con el carro?

8. ¿Qué tiene Jorge?

9. ¿Cómo es?

Flashcard App

9 "It," Counting to Infinity, and Abstract Nouns

MUST⚡KNOW

⚡ The direct object pronouns—**lo**, **la**, **los**, **las**—make sentences more efficient and allow us to avoid repeating nouns we have already mentioned.

⚡ The Spanish numbers from 30 to 99 are written as three words, for example, **treinta y uno** (*thirty and one*, or *thirty-one*).

⚡ The numbers for hundreds, thousands, millions, and so on are sometimes used as nouns. As adjectives, they need to agree in number and gender with the nouns they describe.

⚡ Many Spanish nouns that describe the positive and negative aspects in life, such as **tranquilidad** (*tranquility, peacefulness*) and **preocupación** (*preoccupation, worry*), have English cognates.

n this chapter, we'll practice using the Spanish equivalents of *it* and *them* as direct objects, learn how to express all possible numbers, and talk about some abstract nouns that are important in our lives.

Using Direct Object Pronouns

Now that you have learned long lists of nouns, let's look at some ways to avoid saying them more than one time.

Remember that when *it* and *they* replace the subject of a sentence, they are usually not mentioned in Spanish, because the subject is already included in the verb form.

El vestido es verde.	**Es muy bonito.**
The dress is green.	*It's very pretty.*
La pelota es mía.	**No es tuya.**
The ball is mine.	*It's not yours.*
Los carros son viejos.	**Son grandes.**
The cars are old.	*They're big.*
Las bicicletas son caras.	**Son de mi amigo.**
The bikes are expensive.	*They're my friend's.*

But when *it* and *them* replace the object of the sentence, they are direct object pronouns—and they do get mentioned in Spanish. They replace the noun that names the object, so you don't have to keep repeating the noun itself.

So what exactly are direct objects? This is not a mystery: The direct object of a sentence is the thing that the subject has, wants, sees, hears, and so on. It completes the meaning of the verb. For example, if someone says *I have* or *I want*, you are waiting to hear *what* it is that she or he has or wants. That *what* is the direct object.

Let's look at the direct object pronouns for things. In English, these pronouns are *it* and *them*. (There are also direct object pronouns that refer to people, and we'll look at those in Chapter 14.)

Here are the direct object pronouns for things in Spanish.

	Masculine	Feminine
Singular	lo (*it*)	la (*it*)
Plural	los (*them*)	las (*them*)

Quiero el vestido.
I want the dress.

Lo quiero.
I want it.

¿Tienes la pelota?
Do you have the ball?

¿La tienes?
Do you have it?

No queremos los carros.
We don't want the cars.

No los queremos.
We don't want them.

Mi amigo no tiene las bicicletas.
My friend doesn't have the bikes.

No las tiene.
He doesn't have them.

Did you notice that these direct object pronouns are placed before the verb? The word order is very different from English!

¿Tienes el control remoto?
Do you have the remote control?

Sí, lo tengo.
Yes, I have it. (Yes, it I have.) ☺

¿Tiene Carlos la tarjeta de crédito?
Does Carlos have the credit card?

No, no la tiene.
No, he doesn't have it.

¿Tienen ustedes los exámenes finales?
Do you all have the final exams?

Sí, los tenemos.
Yes, we have them.

¿Tienen los profesores las computadoras nuevas?	**No, no las tienen.**
Do the teachers have the new computers?	*No, they don't have them.*

When you put the subject after the verb, it emphasizes the subject.

Tú tienes el control remoto. ¡Lo quiero yo!
*You have the remote control. **I** want it!*

Carlos quiere la tarjeta de crédito. La quiere también José.
*Carlos wants the credit card. **José** wants it, too.*

Uds. tienen exámenes finales. También los tienen ellos.
*You all have final exams. **They** have them, too.*

Los profesores quieren computadoras nuevas. Las queremos también nosotros.
*The teachers want new computers. **We** want them, too.*

BTW

Por cierto... *At the beginning of each chapter, there is a box named MUST KNOW* (**lo imprescindible**, *or the indispensable thing, what's indispensable*). **Lo** *here is a neutral pronoun followed by an adjective, and that turns the adjective into a noun. Here are some more examples.*

lo bueno	**lo esencial**	**lo importante**	**lo necesario**
the good thing	*the essential thing*	*the important thing*	*the necessary thing*
what's good	*what's essential*	*what's important*	*what's necessary*

Numbers from 30 Up

Not a single day goes by that we don't use numbers in a meaningful way. It's hard to even imagine living without them. I mean, what would you do if you couldn't call or text your friends! Or understand **tu nota en un examen**—or figure out your GPA?

Spend some time familiarizing yourself with these numbers.

30	**treinta**	60	**sesenta**
31	**treinta y uno**	61	**sesenta y uno**
32	**treinta y dos**	62	**sesenta y dos**
33	**treinta y tres**	63	**sesenta y tres**
34	**treinta y cuatro**	64	**sesenta y cuatro**
35	**treinta y cinco**	65	**sesenta y cinco**
36	**treinta y seis**	66	**sesenta y seis**
37	**treinta y siete**	67	**sesenta y siete**
38	**treinta y ocho**	68	**sesenta y ocho**
39	**treinta y nueve**	69	**sesenta y nueve**
40	**cuarenta**	70	**setenta**
41	**cuarenta y uno**	71	**setenta y uno**
42	**cuarenta y dos**	72	**setenta y dos**
43	**cuarenta y tres**	73	**setenta y tres**
44	**cuarenta y cuatro**	74	**setenta y cuatro**
45	**cuarenta y cinco**	75	**setenta y cinco**
46	**cuarenta y seis**	76	**setenta y seis**
47	**cuarenta y siete**	77	**setenta y siete**
48	**cuarenta y ocho**	78	**setenta y ocho**
49	**cuarenta y nueve**	79	**setenta y nueve**
50	**cincuenta**	80	**ochenta**
51	**cincuenta y uno**	81	**ochenta y uno**
52	**cincuenta y dos**	82	**ochenta y dos**
53	**cincuenta y tres**	83	**ochenta y tres**
54	**cincuenta y cuatro**	84	**ochenta y cuatro**
55	**cincuenta y cinco**	85	**ochenta y cinco**
56	**cincuenta y seis**	86	**ochenta y seis**
57	**cincuenta y siete**	87	**ochenta y siete**
58	**cincuenta y ocho**	88	**ochenta y ocho**
59	**cincuenta y nueve**	89	**ochenta y nueve**

90	noventa	95	noventa y cinco
91	noventa y uno	96	noventa y seis
92	noventa y dos	97	noventa y siete
93	noventa y tres	98	noventa y ocho
94	noventa y cuatro	99	noventa y nueve

100	cien
101	ciento uno
102	ciento dos
113	ciento trece
154	ciento cincuenta y cuatro
165	ciento sesenta y cinco
176	ciento setenta y seis
188	ciento ochenta y ocho
197	ciento noventa y siete
200	doscientos
201	doscientos uno
212	doscientos doce
256	doscientos cincuenta y seis
293	doscientos noventa y tres
300	trescientos
400	cuatrocientos
500	quinientos
600	seiscientos
700	setecientos
800	ochocientos
900	novecientos

1000	mil
1492	mil cuatrocientos noventa y dos
1776	mil setecientos setenta y seis
1999	mil novecientos noventa y nueve
2000	dos mil
2003	dos mil tres

1.000.000 **un millón**

2.472.683 **dos millones, cuatrocientos setenta y dos mil, seiscientos ochenta y tres**

A good way to practice numbers is to get all your friends' addresses and telephone numbers and say them aloud. Here are some formulas to get you started.

¿Cuál es tu dirección?	**Mi dirección es C/ Bolívar 21 28014 Madrid (Calle Bolívar veintiuno, veintiocho cero catorce Madrid).**
What's your address?	*My address is Bolívar Street, #21, 2-8-0-1-4 Madrid.*
¿Cuál es tu número de teléfono?	**Mi número es 202 4 56 78 90. (dos-cero-dos, cuatro, cincuenta y seis, setenta y ocho, noventa)**
What's your telephone number?	*My number is two zero two, four, five, six, seven, eight, nine, zero.*

IRL **En la vida real...** In English, we often use the word *and* after the hundreds, as in *a hundred and thirty-nine.*

In Spanish, **y** (*and*) never goes after the hundreds—but always goes with the tens, as in **ciento treinta y nueve** (139).

In English, a comma is used to indicate thousands, and a period is used as a decimal point. In Spanish, it is just the opposite.

English	*4,562.50*	*4,578,320.75*
Spanish	**4.562,50**	**4.578.320,75**

BTW

Por cierto... *The ones—uno, veintiuno, treinta y uno, and so on—drop the o when they occur before a masculine noun.*

Celia tiene veintiún años.
Celia is twenty-one.

¿Tienes un lapicero?
Do you have a pen?

Hay cincuenta y un carros en la calle.
There are fifty-one cars on the street.

To ask about a quantity, try out these example sentences.

¿Cuántos libros tienes?	**Tengo treinta y cinco.**
How many books do you have?	*I have thirty-five.*
¿Cuántas calorías tiene la soda?	**Tiene doscientas calorías.**
How many calories does the soda have?	*It has two hundred calories.*

To answer a question in the negative, always put **no** before the verb, even if there are other negative words in the response. This results in a double negative—incorrect in English, but **imprescindible** in Spanish!

¿Cuántas calorías tiene el agua?	**No tiene ninguna.**
How many calories does water have?	*It doesn't have any.*
¿Hay algo en el carro?	**No, no hay nada.**
Is there anything in the car?	*No, there's nothing.*
¿Hay alguien en la casa?	**No, no hay nadie.**
Is there anyone in the house?	*No, there's no one.*

IRL **En la vida real...** Here are some ways to express typical math problems.

2 + 2 = 4	**dos más dos son cuatro**
10 − 7 = 3	**diez menos siete son tres**
3 × 5 = 15	**tres por cinco son quince**
30 ÷ 5 = 6	**treinta dividido por cinco son seis**

🔊 DIÁLOGO Conversación entre un maestro y la directora de la escuela

Guillermo (el maestro de español)	Elena (la directora de la escuela)
Oye, Elena, ¿cuántas clases del primer nivel hay en la próxima sesión?	**Mira, Guillermo, hay cinco clases del primer nivel.**
Say, Elena, how many first-level classes are there in the upcoming session?	*Look, Guillermo, there are five level one classes.*
¿Y cuántas tengo yo?	**Tú tienes tres.**
And how many do I have?	*You have three.*
Ay, ¡qué bueno! ¿Cuántos estudiantes hay en cada clase?	**Fíjate que hay treinta y dos estudiantes en cada grupo.**
Great! How many students are there in each class?	*Actually, there are thirty-two students in each group.*
¡Treinta y dos! ¡Qué malo está eso!	**Sí. Las clases son demasiado grandes.**
Thirty-two! That's really bad.	*Yes. The classes are too big.*
Esto no es bueno ni para los maestros ni para los estudiantes.	**Tienes razón. Es un problema muy grande para todos.**
This isn't good for the teachers or the students.	*You're right. It's a big problem for everybody.*

Abstract Nouns

We can't touch them, but abstract nouns are important to our lives. The great thing (**lo maravilloso**) about these words is that most of them have **cognados** in English, so they're easy to learn. Also, sometimes the suffix—the final part of the word—helps us know if it is masculine or feminine. For example: **-miento** is a masculine ending, and **-dad**, **-idad**, **-ud**, **-tud**, **-ía**, and **-ión** are all feminine endings.

Here are some masculine abstract nouns that represent positive aspects of life.

el agradecimiento *appreciation*	**el dinero** *money*	**el perdón** *forgiveness*
el amor *love*	**el éxito** *success*	**el reconocimiento** *recognition*
el conocimiento *knowledge*	**el interés** *interest*	**el trabajo** *work*

Here are some feminine abstract nouns that represent positive aspects of life.

la amistad *friendship*	**la confianza** *confidence*	**la gratitud** *gratitude*
la belleza *beauty*	**la emoción** *excitement*	**la pasión** *passion*
la bondad *goodness*	**la energía** *energy*	**la paz** *peace*
la compasión *compassion*	**la felicidad** *happiness*	**la perfección** *perfection*
la comprensión *understanding*	**la fuerza** *strength*	**la responsabilidad** *responsibility*

la riqueza *wealth*	**la satisfacción** *satisfaction*	**la tranquilidad** *calm, peacefulness*
la sabiduría *wisdom*	**la seguridad** *security*	**la virtud** *virtue*
la salud *health*	**la suerte** *luck*	

Here are some masculine abstract nouns that are more negative.

el enojo *anger*	**el odio** *hatred*	**el rencor** *resentment*
el estrés *stress*	**el pesimismo** *pessimism*	**el temor** *fear*
el fracaso *failure*	**el prejuicio** *prejudice*	

Here are some feminine abstract nouns that are more negative.

la desdicha *misfortune*	**el hambre** *hunger*	**la maldad** *evil*
la enemistad *enmity*	**la ignorancia** *ignorance*	**la pobreza** *poverty*
la enfermedad *illness, disease*	**la incomprensión** *lack of understanding*	**la preocupación** *worry*
la estupidez *stupidity*	**la indiferencia** *indifference*	**la sed** *thirst*
la fealdad *ugliness*	**la inseguridad** *insecurity*	**la tensión** *stress*
la guerra *war*	**la irresponsabilidad** *lack of responsibility*	**la tristeza** *sadness*

BTW

Por cierto... *Did you notice something unusual about one of the nouns in the preceding list? A feminine noun preceded by* **el**? *This is totally for pronunciation purposes: Feminine nouns that begin with* **a** *or* **ha** *and are stressed on their first syllable use* **el** *instead of* **la**—*but only for the singular form.*

| **el agua** | **las aguas** | **el aula** | **las aulas** |
| water | waters, rains | classroom | classrooms |

| **el águila** | **las águilas** | **el hambre** | |
| eagle | eagles | hunger | |

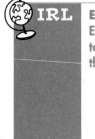

IRL

En la vida real... Try to list as many *-ity* and *-ion/-sion/-tion* words in English as you can—and then translate them into Spanish. This is a great way to increase your vocabulary! **¡Ojo!** When the **-ión** words are made plural, they lose their written accent mark.

| **la preocupación** | **las preocupaciones** |
| worry | worries |

| **la satisfacción** | **las satisfacciones** |
| satisfaction | satisfactions |

LECTURA Lo más importante en la vida

    ¿Qué es realmente lo más importante en la vida? Para algunos, es el dinero. Con mucho dinero, uno tiene muchas cosas fabulosas: casas, carros, viajes, joyas, etc.—pero no necesariamente la felicidad. Para otros, es el éxito en el trabajo. Con éxito, uno tiene satisfacción y—posiblemente—fama y dinero. Pero la fama también tiene desventajas. Muchas veces no hay privacidad y siempre hay personas que tienen envidia. Claro, la suerte es importante—y buena salud, suficiente dinero, amor—¡y buenos amigos y buenos libros!

EJERCICIOS

EJERCICIO 9-1

Write the direct object in each of the following sentences.

1. Tengo los libros.

2. Marta quiere dos cuadernos.

3. No queremos los exámenes.

4. ¿Tiene David tu lapicero?

5. Mi hermano quiere la computadora nueva.

6. Mis hermanas tienen bicicletas nuevas.

7. Quiero la mochila azul.

8. Esa familia tiene cinco mascotas.

9. Mis padres quieren la casa grande.

EJERCICIO 9-2

Rewrite each of the sentences in **Ejercicio 9-1**, *changing the direct object nouns to direct object pronouns.*

EJERCICIO 9-3

Write an affirmative response—in Spanish—to each of the following questions. Change the direct object nouns to direct object pronouns.

1. ¿Quieres este sombrero?

2. ¿Tienen ustedes sus notas?

3. ¿Quieren tus amigos las pizzas?

4. ¿Tiene usted su abrigo?

5. ¿Quiere el profesor el dinero?

EJERCICIO 9-4

Write a negative response—in Spanish—to each of the following questions.
Change the direct object nouns to direct object pronouns.

1. ¿Tienes tu celular?

2. ¿Quieren ustedes las flores?

3. ¿Tienen los niños los dulces?

4. ¿Quieres la manzana?

5. ¿Tiene la chica su mochila?

EJERCICIO 9-5

Write the Spanish equivalent of each of the following sentences.

1. José has the ball. I want it.

2. Sara wants the candies. Marta has them.

3. My parents have the money. My brother wants it.

4. Do you all want the dessert? I don't want it either.

5. Do you have your grades? I don't have mine either.

EJERCICIO 9-6

Express each of the following phone numbers in Spanish, using words instead of numbers.

1. 703-596-8421
2. 571-346-8990
3. 301-462-8771
4. 804-573-6622
5. 601-947-8329

EJERCICIO 9-7

Express each of the following equations in Spanish, using words instead of numbers.

1. $12 + 12 = 24$
2. $11 \times 11 = 121$
3. $15 \times 500 = 7.500$
4. $32 \div 4 = 8$
5. $6.832 \times 9.450 = 64.562.400$

EJERCICIO 9-8

Write the Spanish equivalent of each of the following sentences.

1. I have seven thousand nine hundred dollars.
2. My cousin wants eight thousand euros.
3. She has $432.56.
4. We have 200 **pesos** and 64 **centavos**.
5. How much is 8,000 **quetzales** in dollars?

EJERCICIO 9-9

Answer each of the following questions with a complete Spanish sentence.

1. ¿Cuál es mejor, la riqueza o la pobreza?

2. ¿Cuál es más importante, la riqueza o la tranquilidad?

3. ¿Cuál es mejor, la guerra o la paz?

4. ¿Cuál es mejor, el amor o el odio?

5. ¿Cuál es mejor, la amistad o la enemistad?

6. ¿Cuál es más importante, el dinero o la salud?

7. En tu vida, ¿quieres la felicidad o la tristeza?

EJERCICIO 9-10

Answer each of the following questions about this chapter's **lectura, Lo más importante en la vida,** *with a complete Spanish sentence.*

1. ¿Qué tiene una persona con mucho dinero?

2. ¿Qué tiene una persona con éxito en el trabajo?

3. ¿Qué desventajas tiene la fama?

4. Para ti, ¿qué es lo más importante en la vida?

Flashcard App

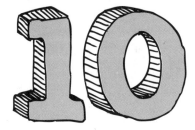 

10 Times, Dates, and Events

MUST ⚡ KNOW

⚡ To tell time in Spanish, you say **es la una** (*it's one o'clock*) or **son las dos/tres/cuatro...** (*it's two/three/four . . . o'clock*).

⚡ Days and months are written with lowercase letters. Because the prepositions and articles used with days and months in Spanish are different from those used in English, it's best to memorize their usage in phrases.

⚡ Times, dates, and locations of the events in our lives are expressed with prepositions and articles that are different from those used in English, so it's best to learn them as distinct phrases.

⚡ Use the verb **ir** to ask people where they're going—and to tell them where you're going.

Our days involve telling the time—both present time and the times for all the events in our lives. So let's talk about all the fun (**¡fiestas!**) and not-so-fun (**¡exámenes!**) events on our calendars—and we'll also practice using all that calendar info in Spanish.

Telling Time

Even though almost everything is digital these days, old-fashioned clocks still exist—and lend a certain charm to life. Just imagine not being able to read them! ☺

Este es un reloj.
This is a watch.

Este es un reloj.
This is a clock.

Now let's learn to use our **relojes**!

¿Qué hora es?
What time is it?

Es la una.
It's one o'clock.

Son las dos.
It's two o'clock.

Son las tres.
It's three o'clock.

Son las cuatro.
It's four o'clock.

Son las cinco. **Son las seis.** **Son las siete.** **Son las ocho.**
It's five o'clock. *It's six o'clock.* *It's seven o'clock.* *It's eight o'clock.*

Son las nueve. **Son las diez.** **Son las once.** **Son las doce.**
It's nine o'clock. *It's ten o'clock.* *It's eleven o'clock.* *It's twelve o'clock.*

When it's 12 o'clock, you can say

> **Es mediodía.** (if you're already up) **Es medianoche.** (if you're still up)
> *It's noon.* *It's midnight.*

 IRL **En la vida real...** In Mexico, they say **¿Qué horas son?** They don't say this in any other country—but it makes sense, since the answer is **Son las...** eleven times out of twelve. **¿Verdad?** (*Isn't that so?*)

There's no *a.m.* or *p.m.* in Spanish. But here's how you can express those parts of the day.

- Between **medianoche** and the rising of the sun: **de la madrugada**

  Son las cuatro de la madrugada.
  It's four a.m.

- From sunrise to **mediodía**: **de la mañana**

  Son las diez de la mañana.
  It's ten a.m.

- From **mediodía** to darkness: **de la tarde**

    Son las tres de la tarde.
    It's three p.m.

- From nightfall to **medianoche**: **de la noche**

    Son las once de la noche.
    It's eleven p.m.

IRL **En la vida real...** Practice saying these times so that **de la** becomes automatic. **¿Por qué?** Because in English we say "The class is at 10 o'clock *in* the morning," whereas in Spanish we say **"La clase es a las diez *de* la mañana"** (*of* the morning).

Now let's look at the "in between" times.

- To tell the minutes after the hour, add **y** + the number of minutes.

    Son las seis y cinco.
    It's five after six.

    Son las siete y quince.   OR   **Son las siete y cuarto.**
    It's seven fifteen.   *It's a quarter after seven.*

- To tell the minutes before the hour, add **menos** + the number of minutes.

    Son las ocho menos diez.
    It's ten to eight.

    Son las nueve menos quince.   OR   **Son las nueve menos cuarto.**
    It's fifteen to nine.   *It's a quarter to nine.*

■ To tell the half-hour, add **y media**.

Es la una y media.
It's one thirty.

Son las dos y media.
It's two thirty.

BTW

Por cierto... *Remember that* **es** *is only for* **la una**—*all other hours use* **son**.

IRL **En la vida real...** The 24-hour clock is commonly used for written schedules—TV listings, museum hours, and bus, train, and airplane departures. Here are a few examples.

6:00	**las seis de la mañana**
18:00	**las seis de la tarde**
11:30	**las once y media de la mañana**
23:30	**las once y media de la noche**

The Days of the Week

The Spanish week has seven days—but the first day of the week is *Monday* (**el lunes**), and the names of the days are written with lowercase letters. There are several differences between Spanish and English in the use of prepositions and the presence—or absence—of articles, so it is really important to learn to use the days of the week in context instead of just learning their names.

el lunes	**el martes**	**el miércoles**	**el jueves**
Monday	*Tuesday*	*Wednesday*	*Thursday*
el viernes	**el sábado**	**el domingo**	
Friday	*Saturday*	*Sunday*	

Let's look at some examples.

Pregunta	Respuesta
¿Cuál es el primer día de la semana?	**Es el lunes.**
What is the first day of the week?	*It's Monday.*
¿Qué día es después del lunes?	**Es el martes.**
What day is after Monday?	*It's Tuesday.*
¿Qué día es antes del jueves?	**Es el miércoles.**
What day is before Thursday?	*It's Wednesday.*
¿Cuántos días hay en una semana?	**Hay siete días.**
How many days are there in a week?	*There are seven days.*
¿Cuáles son los días del fin de semana?	**Son el sábado y el domingo.**
What are the days of the weekend?	*They are Saturday and Sunday.*
¿Qué día es hoy?	**Hoy es lunes.**
What day is today?	*Today is Monday.*

BTW

Por cierto... *The names of the days of the week are preceded by* **el**— *except when saying what the current day is.*

IRL **En la vida real...** In Spain, a long weekend caused by a holiday that falls next to a Saturday or Sunday is called **un puente** (*a bridge*).

¡En España los puentes son fenomenales!
In Spain, the long weekends are fantastic!

The Calendar

The Spanish calendar has twelve months—just like in English—and the first month is the equivalent of January. But like the days of the week, the months in Spanish are written with lowercase letters.

enero	**febrero**	**marzo**	**abril**
January	*February*	*March*	*April*

mayo	**junio**	**julio**	**agosto**
May	*June*	*July*	*August*

septiembre	**octubre**	**noviembre**	**diciembre**
September	*October*	*November*	*December*

Let's take a look at some examples.

Pregunta	Respuesta
¿Cuántos meses hay en un año?	**Hay doce meses en un año.**
How many months are there in a year?	*There are twelve months in a year.*
¿Cuál es el primer mes del año?	**Es enero.**
What's the first month of the year?	*It's January.*
¿Qué mes es después de enero?	**Es febrero.**
What month is after January?	*It's February.*
¿Qué mes es antes de abril?	**Es marzo.**
What month is before April?	*It's March.*

To find out the date, we can ask either of these questions:

¿Qué fecha es?	**¿Cuál es la fecha de hoy?**
What's the date?	*What's today's date?*

In Spanish, to talk about the first day of the month—**el primer día del mes**—you say **el primero de** [*name of the month*]. Kind of like English, **¿verdad?**

> **Es el primero de junio.**
> *It's the first of June.*

But, unlike English, the rest of the dates are given in cardinal numbers— the ones we've already learned! Here are a few examples.

> **Es el dos de febrero.**
> *It's the second of February.*

> **Es el dieciocho de octubre.**
> *It's the eighteenth of October.*

> **Es el veintitrés de noviembre.**
> *It's the twenty-third of November.*

> **Entonces, ¿cuál es la fecha de tu cumpleaños?**
> *So, what's the date of your birthday?*

> **La fecha de mi cumpleaños es el quince de septiembre.**
> *The date of my birthday is the fifteenth of September.*

When a date is written using numbers, the day comes first, then the month, then the year.

02/10/1977	09/05/2012	15/01/2019
el dos de octubre de mil novecientos setenta y siete	el nueve de mayo de dos mil doce	el quince de enero de dos mil diez y nueve
10/2/1977	*5/9/2012*	*1/15/2019*
October 2, 1977	*May 9, 2012*	*January 15, 2019*

Bueno, we are going to need a few of the ordinal numbers so we can talk about holidays that are determined by when they occur in a month. Have a look at the following examples.

el primero / la primera
the first one

el segundo / la segunda
the second one

el tercero / la tercera
the third one

el cuarto / la cuarta
the fourth one

When **primero** or **tercero** occurs before a noun, it is shortened in the masculine singular (though not in the feminine singular).

el primer lunes
the first Monday

la primera semana
the first week

el tercer día
the third day

la tercera ocasión
the third occasion

Let's see how we write other important dates.

El Año Nuevo es el primero de enero.
New Year's Day is the first of January.

El Día de la Independencia de los Estados Unidos es el cuatro de julio.
Independence Day in the United States is the fourth of July.

El Día del Trabajo es el primer lunes de septiembre en los Estados Unidos.
Labor Day is the first Monday in September in the United States.

El Día del Trabajo es el primero de mayo en otros países.
Labor Day is the first of May in other countries.

El Día de los Enamorados es el catorce de febrero.
Valentine's Day is the fourteenth of February.

El Día de los Inocentes es el primero de abril en los Estados Unidos.

April Fool's Day is the first of April in the United States.

El Día de los Inocentes es el veintiocho de diciembre en los países hispanos.

The Day of the Innocents (naïve ones) is the twenty-eighth of December in Spanish-speaking countries.

IRL **En la vida real...** The word **inocente** has the cognate *innocent,* as in "not guilty" in English. But it can also be a **falso amigo,** as it can mean *naïve* or *easy to fool.* So **El Día de los Inocentes** in the Hispanic world is a bit like April Fool's Day in the United States! ☺

LECTURA ¿De qué signo eres?

Si tu cumpleaños es entre el 20 de enero y el 18 de febrero, tu signo es Acuario. Los acuarios son profundos, imaginativos, auténticos e intransigentes.

Si tu cumpleaños es entre el 19 de febrero y el 20 de marzo, tu signo es Piscis. Los piscis son cariñosos, comprensivos, sabios y artísticos.

Si tu cumpleaños es entre el 21 de marzo y el 19 de abril, tu signo es Aries. Los aries son entusiásticos, dinámicos, listos y competitivos.

Si tu cumpleaños es entre el 20 de abril y el 20 de mayo, tu signo es Tauro. Los tauros son fuertes, confiables, sensuales y creativos.

Si tu cumpleaños es entre el 21 de mayo y el 20 de junio, tu signo es Géminis. Los géminis son versátiles, expresivos, inquisitivos y amables.

Si tu cumpleaños es entre el 21 de junio y el 22 de julio, tu signo es Cáncer. Los cánceres son intuitivos, sentimentales, compasivos y protectivos.

Si tu cumpleaños es entre el 23 de julio y el 22 de agosto, tu signo es Leo. Los leos son dramáticos, extrovertidos, ardientes y seguros de sí mismos.

Si tu cumpleaños es entre el 23 de agosto y el 22 de septiembre, tu signo es Virgo. Los virgos son prácticos, leales, suaves y analíticos.

Si tu cumpleaños es entre el 23 de septiembre y el 22 de octubre, tu signo es Libra. Los libras son sociables, imparciales, diplomáticos y afables.

Si tu cumpleaños es entre el 23 de octubre y el 21 de noviembre, tu signo es Escorpión. Los escorpiones son apasionados, tercos, ingeniosos y valientes.

Si tu cumpleaños es entre el 22 de noviembre y el 21 de diciembre, tu signo es Sagitario. Los sagitarios son extrovertidos, optimísticos, graciosos y generosos.

Si tu cumpleaños es entre el 22 de diciembre y el 19 de enero, tu signo es Capricornio. Los capricornios son serios, independientes, disciplinados y tenaces.

¿Eres tú como los "típicos" de tu signo, según este horóscopo?

Events—What, When, and Where

What are two Spanish words (not counting **sombrero**) that all English speakers know—and love? **¡Sí! ¡Fiesta y siesta!**

Events (**los eventos, los acontecimientos**) are all the things we do or that happen to us. Here are some masculine nouns that name events.

el almuerzo *lunch*	**el concurso** *contest*	**el discurso** *speech*
el campeonato *championship*	**el debate** *debate*	**el drama** *drama*
el compromiso *commitment, appointment, date*	**el desayuno** *breakfast*	**el ensayo** *rehearsal, tryout*
el concierto *concert*	**el desfile** *parade*	**el espectáculo** *show*

el examen
exam, test

el partido
game

el servicio
service

el festival
festival

el programa
program

el funeral
funeral

el recital
recital

Here are some feminine nouns that name events.

la boda
wedding

la comida
main meal

la manifestación
protest march,
demonstration

la cena
dinner

la conferencia
lecture, talk

la merienda
afternoon tea

la charla
conversation

la demostración
informative show

la película
movie

la cita (con el médico,
por ejemplo)
appointment

la exposición
exhibit

la pieza de teatro
play

la feria
fair

la cita (con un amigo,
por ejemplo)
date

la fiesta
party

la reunión
meeting

la clase
class

la junta
meeting

la tertulia
social event,
cultural event

la comedia
comedy

las rebajas
sales

Now let's take a look at some examples.

**Esta semana es difícil porque tengo exámenes en mis dos clases
más aburridas.**
This week is hard because I have exams in my two most boring classes.

Este fin de semana es fantástico porque tenemos el campeonato de fútbol y una fiesta con todos mis amigos.
This weekend is fantastic because we have the soccer championship and a party with all my friends.

También hay una película nueva en la tele.
There's also a new movie on TV.

Let's compare giving the present time with giving the time of an event.

Ahora (*now*)	Otra hora (*a different time*)
¿Qué día es hoy? *What day is today?*	**¿Qué día es la fiesta?** *What day is the party?*
Es jueves. *It's Thursday.*	**Es el viernes.** *It's (on) Friday.*
¿Qué hora es? *What time is it?*	**¿A qué hora es?** *(At) what time is it?*
Son las cinco y media de la tarde. *It's 5:30 p.m.*	**Es a las cinco y media de la tarde.** *It's at 5:30 p.m.*

If you just want to say a part of the day without mentioning the time, use **en** or **por**.

en/por la mañana   **en/por la tarde**   **en/por la noche**
in the morning   *in the afternoon or evening*   *at night*

Here are some examples that show this comparison.

Hora no específica	Hora específica
La reunión es el martes por la mañana. *The meeting is on Tuesday morning.*	**La reunión es el martes a las 10 de la mañana.** *The meeting is on Tuesday at 10 a.m.*

El partido es el sábado en la tarde.
The game is on Saturday afternoon.

El partido es el sábado a las 3 de la tarde.
The game is on Saturday at 3 p.m.

La película es el miércoles por la noche.
The movie is on Wednesday night.

La película es el miércoles a las 8 de la noche.
The movie is on Wednesday at 8 p.m.

Have you ever received a notice about a meeting, or heard about a concert—but couldn't find out where these events were going to take place? **¡Qué frustrante!** Let's learn some nouns that name places where events commonly occur.

Here are some masculine nouns that name places.

el auditorio
auditorium

el centro
downtown

el centro comercial
shopping center

el centro de recreo
recreation center

el cine
movie theater

el consultorio del médico
doctor's office

el estadio
stadium

el gimnasio
gym

el hospital
hospital

el jardín
garden

el museo
museum

el restaurante
restaurant

el salón de clase
classroom

el teatro
theater

Here are some feminine nouns that name places.

la biblioteca
library

la cafetería
cafeteria

la calle
street

la cancha de fútbol/ básquetbol/tenis
soccer field, basketball court, tennis court

la casa de _____
_____'s house

la discoteca
discotheque

la escuela	**la oficina**	**la playa**
school	*office*	*beach*

la iglesia	**la piscina**	**la plaza**
church	*swimming pool*	*plaza* (open area in a city or town)

la librería	**la pista de baile**	
bookstore	*dance floor*	

To say where an event is being held—or is going to be held—use the verb **ser** followed by the preposition **en**.

La fiesta es a las ocho.	**La fiesta es en el restaurante.**
The party is at eight o'clock.	*The party is at the restaurant.*

BTW

Por cierto... *Prepositions can be a real pain in the neck, but only if you look for exact matches with English ones—which don't exist. The easiest way to remember Spanish prepositions is to learn them in context, as in the examples immediately above.*

To ask about the location of an event, use the question word **¿Dónde?**

Pregunta	Respuesta
¿Dónde es la película?	**Es en el cine.**
Where is the movie?	*It's at the movie theater.*
¿Dónde es el concierto?	**Es en el estadio.**
Where is the concert?	*It's at the stadium.*
¿Dónde son los partidos de básquetbol?	**Son en el gimnasio.**
Where are the basketball games?	*They're at the gym.*

🔊 DIÁLOGO **Invitación**

Fiesta

este viernes
el 10 de marzo
a las ocho de la tarde
en la casa de Luisa
para celebrar el cumpleaños de Silvia

Sara	Benjamín
¿Qué es eso?	**Mira, es una invitación a una fiesta.**
What's that?	*Look, it's an invitation to a party.*
¿Ah, sí? ¿Cuándo es?	**Es el próximo viernes.**
Really? When is it?	*It's next Friday.*
¿Dónde es—y a qué hora?	**Pues, es en la casa de Luisa, a las ocho.**
Where is it—and at what time?	*Um, it's at Luisa's, at eight o'clock.*
¡Qué bueno! ¿Cuál es el motivo?	**Es el cumpleaños de Silvia.**
Great! What's the occasion?	*It's Silvia's birthday.*
¿La fiesta es una sorpresa?	**La verdad, no sé.**
Is the party a surprise?	*I really don't know.*

Using *ir*: Going to an Event

Ir is an important verb—it enables us to say where we are going.

voy	**vas**	**va**
I'm going	*you're going*	*you're going*
		he's going
		she's going
		it's going
vamos	**vais**	**van**
we're going	*you all are going*	*you all are going*
		they're going

Keep the following in mind about using the verb **ir**:

- The verb **ir** is followed by the preposition **a**, which means *to* in this case.

- When **a** comes before **el**, it is always contracted to **al**.

- **A** is also attached to **dónde** to form the question **¿adónde?** (*to where?*).

Here are some examples.

Pregunta	Respuesta
¿Adónde vas? / ¿Adónde va Ud.? *Where are you going?*	**Voy al cine.** *I'm going to the movies.*
¿Adónde va él? *Where is he going?*	**Va a la reunión.** *He's going to the meeting.*
¿Adónde va ella? *Where is she going?*	**Va al centro.** *She's going downtown.*
¿Adónde vais? / ¿Adónde van Uds.? *Where are you all going?*	**Vamos al partido de básquetbol.** *We're going to the basketball game.*

¿Adónde van ellos?	**No van a ninguna parte.**
Where are they going?	*They're not going anywhere.*

To ask people who they are going somewhere with, use **¿Con quién?** (*With whom?*) or, if you think more than one person is going along, **¿Con quiénes?**

Let's take a look at some examples.

Pregunta	Respuesta
¿Con quién vas al cine?	**Voy con un amigo.**
Who are you going to the movies with?	*I'm going with a friend.*
¿Con quién va Ud. al cine?	**Voy solo/sola. No voy con nadie.**
Who are you going to the movies with?	*I'm going by myself. I'm not going with anybody.*
¿Con quiénes va Carlos al concierto?	**Va con Emilia y su hermano.**
Who is Carlos going to the concert with?	*He's going with Emilia and her brother.*
¿Con quiénes vais al partido?	**Vamos con nuestros amigos.**
Who are you all going to the game with?	*We're going with our friends.*
¿Con quiénes van Uds. al partido?	**Vamos con Esteban y Julia.**
Who are you all going to the game with?	*We're going with Esteban and Julia.*
¿Con quién van ellos/ellas a la cena?	**Van con la mamá de Anita.**
Who are they going to the dinner with?	*They're going with Anita's mom.*

EJERCICIOS

EJERCICIO 10-1

Express each of the following times in Spanish, using words instead of numbers.

1. 2:10 a.m.

2. 3:30 p.m.

3. 4:15 a.m.

4. 5:50 p.m.

5. 12:00 a.m.

6. 12:00 p.m.

7. 1:00 p.m.

8. 7:45 a.m.

9. 6:35 p.m.

10. 20:30

11. 14:40

12. 22:00

EJERCICIO 10-2

Write the Spanish equivalent of each of the following expressions.

1. in the morning

2. at 10 a.m.

3. in the afternoon

4. at 2 p.m.

5. in the evening

6. at 5 p.m.

7. at night

8. at 9 p.m.

9. in the wee hours of the morning

10. at 3 a.m.

EJERCICIO 10-3

Answer each of the following questions with a complete Spanish sentence.

1. ¿Qué día es antes del domingo?

2. ¿Qué día es después del martes?

3. ¿Cuándo es el viernes?

4. ¿Cuál es el primer día de la semana?

5. ¿Cuántos días hay en una semana?

6. ¿Cuántos meses hay en un año?

7. ¿Cuál es el primer mes del año?

8. ¿Qué mes es antes de marzo?

9. ¿Qué mes es después de junio?

10. ¿Cuál es la fecha de tu cumpleaños?

EJERCICIO 10-4

Express each of the following dates in Spanish, using words instead of numbers.

1. 02/03/2020

2. 07/09/2025

3. 11/05/2000

4. 15/04/1999

5. 04/07/1776

6. 12/10/1492

7. 05/08/2021

8. 03/01/2022

EJERCICIO 10-5

Match each event in the left column with its English equivalent in the right column. Write the correct letter for each answer.

1. el almuerzo   a. appointment

2. la boda   b. breakfast

3. el desayuno   c. contest

4. la cena   d. dinner

5. el desfile   e. informative show

6. el ensayo   f. lunch

7. la manifestación   g. parade

8. la demostración   h. protest march

9. el concurso   i. rehearsal

10. la cita   j. wedding

EJERCICIO 10-6

Match each place in the left column with its English equivalent in the right column.
Write the correct letter for each answer.

1. el aula	**a.** bookstore
2. la biblioteca	**b.** stadium
3. el despacho	**c.** beach
4. la escuela	**d.** library
5. el estadio	**e.** office
6. la librería	**f.** classroom
7. la piscina	**g.** school
8. la playa	**h.** swimming pool

EJERCICIO 10-7

Answer each of the following questions with a complete Spanish sentence.

1. ¿Cuál es la fecha de hoy?

2. ¿Qué día es hoy?

3. ¿Cuál es la fecha de tu cumpleaños?

4. ¿De qué signo eres?

5. ¿Cuál es la fecha del cumpleaños de tu mejor amigo?

6. ¿De qué signo es él/ella?

7. ¿Cuál es tu festivo favorito? ¿Qué fecha es?

EJERCICIO 10-8

Answer each of the following questions with a complete Spanish sentence.

1. ¿Qué evento importante tienes este mes?

2. ¿Qué fecha es?

3. ¿Qué día es?

4. ¿A qué hora es?

5. ¿Dónde es?

EJERCICIO 10-9

Form a question in Spanish for each of the following answers.

1. Tenemos un partido de fútbol.

2. Es en la universidad.

3. Es el viernes por la noche.

4. Es a las siete y media.

5. Es el 20 de noviembre.

EJERCICIO 10-10

Answer each of the following questions with a complete Spanish sentence.

1. ¿A qué evento vas este fin de semana?

2. ¿Qué día es?

3. ¿A qué hora es?

4. ¿Dónde es?

5. ¿Con quién vas?

EJERCICIO 10-11

Answer each of the following questions about this chapter's **lectura, ¿De qué signo eres?,** *with a complete Spanish sentence.*

1. ¿Cómo son los piscis?

2. ¿De qué signo son las personas que tienen cumpleaños entre el 23 de octubre y el 21 de noviembre?

3. ¿Cómo son las personas del signo Virgo?

4. ¿Eres tú como los típicos de tu signo?

Flashcard App

11 How People Feel, the State of Things, and the Weather

MUST KNOW

 The verb **estar** typically means *to be* in English, but it is not the same as the verb **ser**.

 Use **estar** to ask about or state a person's condition, as well as the condition of a place or thing.

 The verb **tener** is used in Spanish to ask about or state what people *have*—often when referring to sickness.

hen we pass people on the street or in the hallway, we often say, "Hi, how are you?"—and only expect a "Fine, thanks, and you?" answer. It's the same in Spanish—you're not really expected to give any details. Two popular ways to offer this greeting are

Hola, ¿qué tal?   OR   **Hola, ¿cómo estás? /**
                                   Hola, ¿cómo está?

Hi, how are you?   *Hi, how are you?*

And the answer is usually

Estoy bien, gracias—¿y tú? /   OR   **Bien—¡gracias!**
Estoy bien, gracias—¿y Ud.?

I'm fine, thanks, and you?   *Fine, thanks!*

When you stop to chat, however, there are many more ways to say how you really feel.

Talking About How Someone Feels

Estar is an important verb because it enables us to describe a person's condition. Following is the conjugation of **estar**, followed by some examples of questions and answers using this verb.

estoy	**estás**	**está**	**estamos**	**estáis**	**están**
I am	*you are*	*you are*	*we are*	*you all are*	*you all are*
		he is			*they are*
		she is			
		it is			

Pregunta	Respuesta
¿Cómo estás? / ¿Cómo está Ud.?	**Estoy bien.**
How are you?	*I'm fine.*

¿Cómo está tu hermano?	**Está mal.**
How is your brother?	*He's in bad shape.*
¿Cómo está tu hermana?	**Está enferma.**
How is your sister?	*She's sick.*
¿Cómo estáis? / ¿Cómo están Uds.?	**Estamos bien.**
How are you all?	*We're fine.*
¿Cómo están tus hermanos?	**No están bien. Están mal.**
How are your brothers (and sisters)?	*They're not well. They're sick.*

Adverbs That Describe Conditions

A few of the words used to describe conditions are adverbs. These adverbs—unlike adjectives—do not change for number (singular or plural) or gender (masculine or feminine). There's only one form to learn!

bien	**mal**
fine	*not well*
más o menos	**regular**
so-so	*so-so*
mejor	**peor**
better	*worse*

Here are some examples, so you can see how they're used.

Yo estoy bien, tú estás bien, mis padres están bien—todos estamos bien!	**¡Qué bueno!**
I'm fine, you're fine, my parents are fine—we're all fine!	*That's great!*

Mi abuela está mal, pero hoy está un poco mejor.
My grandmother isn't very well, but today she's a little better.

Adjectives That Describe Conditions

Most of the time, though, the words we use to tell how people feel are adjectives, and they do change to agree with the number and gender of the nouns they describe.

Here are some common groups of adjectives.

- Adjectives that end in **-e** or a consonant are the same for masculine and feminine nouns. When they describe plural nouns, add **-s** or **-es**.

alegre(s)
in a happy mood

triste(s)
sad

débil(es)
weak

grave(s)
seriously ill

- Most adjectives that describe people's conditions end in **-o** for a male, **-a** for a female, **-os** for more than one male or a mixed group, and **-as** for more than one female.

agitado/a/os/as
upset, anxious

enamorado/a/os/as
in love

animado/a/os/as
interested, energized

enfermo/a/os/as
sick

cansado/a/os/as
tired

enojado/a/os/as
angry, mad

confundido/a/os/as
confused

entusiasmado/a/os/as
enthusiastic

contento/a/os/as
happy

harto/a/os/as + **de**
sick and tired of

emocionado/a/os/as
excited

listo/a/os/as
ready

loco/a/os/as
crazy-acting

muerto/a/os/as
dead

nervioso/a/os/as
nervous

ocupado/a/os/as
busy

perdido/a/os/as
lost

preocupado/a/os/as
worried

sano/a/os/as
in good health

satisfecho/a/os/as
satisfied

tranquilo/a/os/as
quiet, at peace

vivo/a/os/as
alive

Here are some examples.

Estoy preocupado porque no estoy listo para el examen.
I'm worried because I'm not ready for the test.

La profesora está enojada y nosotros estamos confundidos.
The teacher is mad, and we're confused.

Julio está muy contento con sus clases, pero está harto de tantas lecturas.
Julio is very happy with his classes, but he's sick and tired of so many reading assignments.

BTW

Por cierto... *One of the most common* **falsos amigos** *is* **estar embarazada**—*which looks like it should mean to be embarrassed, right? Wrong! It really means to be pregnant! To say you're embarrassed, you would say,* **Estoy avergonzado / Estoy avergonzada, Tengo pena,** *or* **Tengo vergüenza.**

Making Adjectives Weaker or Stronger

To vary the strength of an adjective, just add one of the following adverbs before it.

un poco	**medio**	**bastante**	**muy**	**demasiado**
a little	*somewhat*	*quite*	*very*	*excessively*

Since these modifiers are adverbs, they don't change for number or gender.

Mi papá está un poco enfermo.
My dad is a little sick.

Mi mamá está un poco enferma.
My mom is a little sick.

Ese chico está medio confundido.
That boy is somewhat confused.

Esa chica está medio confundida.
That girl is somewhat confused.

Tu hermano está bastante alegre.
Your brother is quite cheerful.

Tus hermanos están bastante alegres.
Your brothers are quite cheerful.

Su tía está muy contenta.
His aunt is very happy.

Sus tías están muy contentas.
His aunts are very happy.

Do you want to indicate that the adjective is *extremely* so? Just use the ending **-ísimo/-ísima/-ísimos/-ísimas** for the adjective, keeping it in agreement with the noun it modifies.

El profesor está preocupadísimo.
The teacher is extremely worried.

La profesora está contentísima.
The teacher is extremely happy.

Los chicos están cansadísimos.
The boys are extremely tired.

Las chicas están ocupadísimas.
The girls are extremely busy.

Using *tener*: When Something Is Wrong with Someone

When there's something wrong with us, people ask, "What's wrong?"
In Spanish, they ask, "What do you have?"

¿Qué tienes?	**No tengo nada. Estoy bien, sólo un poco ocupado.**
What's wrong?	*Nothing. I'm okay, just a little busy.*
¿Qué tienes?	**Tengo fiebre, escalofríos y tos.**
What do you have?	*I have a fever, chills, and a cough.*

Here are more maladies a person could have, all expressed with **tener**.

■ **Síntomas** (*symptoms*)

calor	**frío**	**nauseas**
heat	*cold*	*nausea*
dolor	**hambre**	**presión alta/baja**
pain	*hunger*	*high/low blood pressure*
escalofríos	**miedo**	**sed**
chills	*fear*	*thirst*
fiebre	**moretones**	**tos**
a fever	*bruises*	*a cough*

■ **Ocurrencias** (*happenings*)

un hueso roto	**la pierna rota**
a broken bone	*a broken leg*
un infarto	**el tobillo torcido**
a heart attack	*a twisted ankle*

■ **Enfermedades** (*diseases, illnesses*)

amigdalitis	**cáncer**	**un resfriado**
tonsillitis	*cancer*	*a cold*
apendicitis	**depresión**	**SIDA**
appendicitis	*depression*	*AIDS*
artritis	**gripe**	**VIH**
arthritis	*flu*	*HIV*
bronquitis	**pulmonía**	
bronchitis	*pneumonia*	

Now let's use this new vocabulary in a few examples.

No estoy enfermo, pero tengo muchos dolores.
I'm not sick, but I have a lot of pains.

Mi abuelo tiene artritis y presión alta. Pobrecito.
My grandfather has arthritis and high blood pressure. Poor thing.

No tienes fiebre; tienes escalofríos y tos, así que no tienes gripe, sino un resfriado.
You don't have a fever; you have chills and a cough, so you don't have the flu—you have a cold.

In a few very common cases, what we *are* in English is what we *have* in Spanish. Note especially these expressions.

tener calor	**tener frío**
to be hot	*to be cold*
tener hambre	**tener sed**
to be hungry	*to be thirsty*
tener miedo	
to be afraid	

And in Spanish, being lucky or unlucky is a matter of *having* good luck or bad luck.

tener (buena) suerte	**no tener suerte**	**tener mala suerte**
to be lucky	*to not be lucky*	*to be unlucky*

Being in a hurry is *having urgency*—and being right is *having reason*.

tener prisa	**tener razón**
to be in a hurry, be rushed	*to be right*

Here are some examples that show how to use these expressions.

Pregunta	Respuesta
¿Cómo estás?	**Bien, pero tengo mucho calor.**
How are you?	*Okay, but I'm very hot.*
¿Cómo está tu mamá?	**Mal. Tiene mucho frío.**
How is your mom?	*Not good. She's very cold.*
¿Cómo está tu hijo?	**Tiene miedo.**
How is your son?	*He's afraid.*
¿Tienes hambre?	**Sí, tengo mucha hambre.**
Are you hungry?	*Yes, I'm really hungry.*

BTW

Por cierto... *Remember that, while* **hambre** *is feminine, it is preceded by* **el** *instead of* **la** *for pronunciation reasons.*

Above, we used **mucha**—*with the feminine* **-a** *ending—with* **hambre**, *since the feminine* **hambre** *takes a feminine adjective.*

When you *are* (in English) hungry, thirsty, lucky, and so on, you use an adjective, but when you *have* (in Spanish) hunger, thirst, luck, and so on, you use a noun. These words are modified in different ways, **naturalmente**. Here are some examples for you to practice.

Pregunta	Respuestas	
¿Cómo estás? *How are you?*	**Estoy muy cansado.** *I'm very tired.*	**Tengo mucho frío.** *I'm very cold.*
¿Cómo está ella? *How is she?*	**Está muy cansada.** *She's very tired.*	**Tiene mucho calor.** *She's very hot.*
¿Cómo están ustedes? *How are you all?*	**Estamos muy cansados.** *We're very tired.*	**Tenemos mucha hambre.** *We're very hungry.*
¿Cómo están ellas? *How are they?*	**Están muy cansadas.** *They're very tired.*	**Tienen mucha sed.** *They're very thirsty.*

DIÁLOGO ¡Mi pobre mamá!

Verónica	Rubén
Hola, amigo, ¿cómo estás?	**Estoy muy bien, gracias. Y tú, ¿cómo estás?**
Hello, my friend—how are you?	*I'm fine, thanks— how are you?*
Bien, pero un poquito preocupada porque mi mamá está mal.	**¿Sí? ¿Qué tiene?**
Fine, but a little worried because my mother is doing badly.	*Really? What's wrong with her?*

No sé qué tiene—y por eso estoy preocupada.

I don't know what's wrong with her—and that's why I'm worried.

¿Qué síntomas tiene?

What are her symptoms?

Tiene dolor de cabeza. No tiene energía ni apetito, y está de muy mal humor. Lo bueno es que no tiene fiebre.

She has a headache. She has no energy or appetite, and she's in a foul mood. The good thing is that she doesn't have any fever.

Parece que está deprimida. ¿Tiene amigos aquí?

It sounds like she's depressed. Does she have any friends here?

La verdad, no. En esta ciudad no tiene ningún amigo.

Actually, no. She doesn't have a single friend in this city.

¡Con razón está mal! Exactamente como mi mamá hace unos meses. Pero ahora que tiene amigos, mi mamá está muy ocupada y contenta.

No wonder she's down—just like my mother a few months ago. But now that she has friends, my mother is busy and happy.

Describing the Condition of Places and Things

We often ask if places and things are dirty or clean, neat or messy, broken or fixed—and Spanish expresses these states using **estar** followed by an adjective. Have you ever had a conversation like the one that follows?

Mamá	Tú
Tu cuarto está muy sucio.	**Sí, tienes razón. No está limpio.**
Your room is very dirty.	*Yeah, you're right. It's not clean.*
¿Por qué no está arreglada la cama?	**No sé. Estoy muy cansado.**
Why isn't the bed made up?	*I don't know. I'm really tired.*

Here are more words to describe the condition or state of things and places.

ajetreado	**desierto**
crowded, busy	*deserted*
arreglado	**roto**
orderly; fixed	*broken*
caliente	**frío**
hot	*cold*
limpio	**sucio**
clean	*dirty*
lleno	**vacío**
full	*empty*
ordenado	**desordenado**
neat	*messy*
no muy bueno	**rico, sabroso, delicioso**
not very good	*delicious*

You can see how they're used in these example sentences.

La ciudad está llena de gente. Está ajetreada.	**Yo estoy ocupada.**
The city is full of people. It's busy.	*I'm busy.*

Las calles están desiertas.
The streets are deserted.

El agua está muy caliente.	**Mi amigo tiene calor. Quiere agua fría.**
The water is hot.	*My friend is hot. He wants cold water.*
El café está frío.	**Mi amiga tiene frío. Quiere café caliente.**
The coffee is cold.	*My friend is cold. She wants hot coffee.*

La casa está sucia.
The house is dirty.

Por fin, mi carro está arreglado.
Finally, my car is fixed.

El vaso está medio vacío.	**¡No! Está medio lleno.**
The glass is half empty.	*No! It's half full.*

Let's look carefully at the differences between **estar** and **ser**: **Estar** tells how someone looks or feels right now—what condition he or she is in. **Ser** describes someone—tells what he or she is like. A medical doctor might ask you, **"¿Cómo estás?"** while a psychologist might ask you, **"¿Cómo eres?"**

There is an urban legend that **ser** indicates permanent and **estar** indicates temporary. Don't believe this! If someone's condition is *dead* (**está muerto**), there's nothing temporary about that. And if you're *young* (**eres joven**), there's nothing permanent about that either. As you will see in Chapter 12, there are also uses of **ser** and **estar** for location that have nothing to do with temporary and permanent.

The chart on the following page has examples that show two real differences between these two verbs.

Ser (characteristics)	Estar (conditions)
¿Cómo es?	**¿Cómo está?**
What is he/she/it like?	*How is he/she/it?*
Luisa es bonita.	**Luisa está bonita.**
Luisa is beautiful.	*Luisa looks beautiful today.*
Alberto es tranquilo.	**Alberto está tranquilo.**
Alberto is a quiet boy.	*Alberto is quiet today.*
Evita es débil.	**Evita está débil.**
Evita is a weakling.	*Evita is in a weak condition.*
Ramón es gordo.	**Ramón está gordo.**
Ramón is plump.	*Ramón has gained weight.*
Sarita es vieja.	**Sarita está vieja.**
Sarita is old.	*Sarita looks old.*
Pepe es listo.	**Pepe está listo para el examen.**
Pepe is bright.	*Pepe is ready for the test.*
El profesor es aburrido.	**El profesor está aburrido.**
The professor is boring.	*The professor is bored.*
Pilar es nerviosa.	**Pilar está nerviosa—tiene un examen.**
Pilar is a nervous person.	*Pilar is nervous—she has a test.*
Ese chico es malo.	**Ese chico está mal.**
That boy is evil.	*That kid is in bad shape.*
La profesora es buena.	**La profesora está bien.**
She's a good professor.	*The professor is fine. / The professor is not sick.*
La comida mexicana es muy buena.	**Esta comida no está buena.**
Mexican food is delicious.	*This food (in front of me) isn't good.*

Sometimes we react to the basic characteristics of a person or occurrence. While **ser** is used to describe that basic characteristic, **estar** is used to tell how it affects us.

Here are some examples that illustrate this.

La noticia es sorprendente.
The news is surprising.

La gente está sorprendida.
The people are surprised.

El partido es emocionante.

The game is exciting.

Los espectadores están emocionados.
The spectators are excited.

La conversación es interesante.
The conversation is interesting.

Estamos interesados.

We are interested.

El ensayo es impresionante.

The essay is impressive.

Los profesores están impresionados.
The teachers are impressed.

La película es fascinante.
The movie is fascinating.

La audiencia está fascinada.
The audience is fascinated.

El profesor es aburrido.
The professor is boring.

Los estudiantes están aburridos.
The students are bored.

🔊 LECTURA **Estamos nerviosos**

BENJAMÍN Todos los estudiantes estamos un poco nerviosos hoy, porque tenemos exámenes. Yo tengo tres exámenes: un examen largo para la clase de español, otro para la clase de álgebra y otro para la clase de biología. En la clase de español, soy muy listo y soy el mejor de la clase, así que no estoy preocupado. El profesor de álgebra es buenísimo, así que estoy preparado para ese examen también. Pero estoy bastante preocupado por el tercer examen, el de biología, porque no estoy preparado. La profesora de biología es muy aburrida y no soy muy bueno en esa clase. Tengo miedo.

Reporting the Weather

Three little words—**hace**, **hay**, and **está**—are all we need to tell the condition of the atmosphere—or "what the **tiempo** is doing."

To ask about the weather, say

¿Qué tiempo hace? OR **¿Cómo está el tiempo hoy?**
How's the weather? *How's the weather today?*

Here are some typical answers.

Hace buen tiempo.	**Hace calor.**	**Hace sol.**
It's a nice day.	*It's hot.*	*It's sunny.*
Hace mal tiempo.	**Hace frío.**	**Hace viento.**
It's lousy weather.	*It's cold.*	*It's windy.*
Hace fresco.	**Hace 20 grados.**	
It's cool.	*It's 20 degrees.*	
Hay chubascos.	**Hay una tormenta.**	**Hay truenos.**
There are showers.	*There's a storm.*	*There's thunder.*
Hay relámpagos.	**Hay un tornado.**	**Hay un huracán.**
There's lightning.	*There's a tornado.*	*There's a hurricane.*
Hay un ciclón.	**Hay un diluvio.**	**Hay un terremoto.**
There's a cyclone.	*There's a flood.*	*There's an earthquake.*
Hay una sequía.	**Hay un maremoto.**	
There's a drought.	*There's a tsunami.*	

Está despejado.	**Está bonito.**	**Está nublado.**
It's clear.	*It's beautiful.*	*It's cloudy.*
Está húmedo.	**Está brumoso.**	**Está lloviendo.**
It's humid.	*It's foggy.*	*It's raining.*
Está cellisqueando.	**Está granizando.**	**Está nevando.**
It's sleeting.	*It's hailing.*	*It's snowing.*

The Spanish-speaking world encompasses just about every possible type of climate—including zones where there are four seasons, temperate zones, tropical regions, desert areas, mountainous and other elevated areas, and coastal regions.

Here are the nouns that name the major seasons (**las estaciones**).

la primavera	**la temporada lluviosa**
spring	*the rainy season*
el verano	**la temporada de sequía**
summer	*the dry season*
el otoño	
fall	
el invierno	
winter	

 DIÁLOGO **Visita a Argentina**

María	El tío de María
Hola, tío Pedro.	**Hola, María. Bienvenida a Argentina y a nuestra casa.**
Hello, Uncle Pedro.	*Hello, María. Welcome to Argentina and to our house.*

Hace mucho frío, ¡y estamos en pleno junio!

It's so cold—and it's the middle of June!

Y eso—¿qué?

So what?

Entonces, el verano es en...
Then summer is in . . .

Pero, ¡qué raro! La Navidad y el Año Nuevo son en el verano.
That's really weird! Christmas and New Year's are in the summer.

Y las hojas pintadas del otoño en marzo, abril y mayo.

And autumn leaves in March, April, and May.

Sí, María, pero no estamos en Nueva York, sino en Buenos Aires.
Yes, María, but we're not in New York; we're in Buenos Aires.

Bueno, estamos en el hemisferio del sur. En Argentina hace frío en junio, julio y agosto, porque es el invierno.
Well, we're in the Southern hemisphere. In Argentina, it's cold in June, July, and August because it's winter.

Sí, diciembre, enero y febrero.
Yes—December, January, and February.

Exacto—y tenemos las flores de primavera en septiembre, octubre y noviembre.
Exactly—and we have spring flowers in September, October, and November.

Así es. Pero fíjate que hay otros climas. Por ejemplo, en Guatemala, siempre es primavera. Hace buen tiempo durante todo el año.
That's right. But remember that there are other climates, too. For example, in Guatemala, it's always spring. It's nice all year.

Qué interesante. ¿Qué otros climas hay?

That's interesting. What other climates are there?

Bueno, en la selva llueve mucho. En el desierto no llueve casi nunca. En las montañas hace calor durante el día y hace frío por la noche.

Well, in the jungle, it rains a lot. In the desert, it hardly ever rains. In the mountains, it's hot during the day and cold at night.

IRL **En la vida real...** Try listening to the weather reports on a Spanish TV channel—or reading them in a Spanish or Latin American newspaper online. With your newfound knowledge, you could plan an awesome vacation—or decide on your ideal study-abroad place!

EJERCICIOS

EJERCICIO 11-1

Write the form of **estar** *that corresponds to each person.*

1. yo

2. él

3. nosotros

4. tú

5. ustedes

6. vosotros

7. ella

8. usted

EJERCICIO 11-2

Write the form of **tener** *that corresponds to each person.*

1. usted

2. ella

3. vosotras

4. tú

5. nosotras

6. él

7. yo

8. ustedes

EJERCICIO 11-3

Match each Spanish word in the left column with its English equivalent in the right column. Write the correct letter for each answer.

1. agitado

2. animado

3. cansado

4. confundido

5. contenta

6. embarazada

7. emocionada

8. enamorado

a. upset

b. dead

c. angry

d. nervous

e. busy

f. worried

g. energized

h. lost

9. enojado   i. tired

10. harta de   j. sick and tired of

11. listo   k. pregnant

12. loca   l. calm

13. muerta   m. alive

14. nerviosa   n. ready

15. ocupado   o. crazy-acting

16. perdida   p. in love

17. preocupada   q. excited

18. tranquilo   r. happy

19. viva   s. confused

20. peor   t. worse

EJERCICIO 11-4

Answer each of the following questions with a complete Spanish sentence, using the cue in parentheses.

1. ¿Cómo está tu papá? (*sick*)

2. ¿Cómo están sus hermanas? (*fine*)

3. ¿Cómo está la profesora? (*happy*)

4. ¿Cómo está tu mejor amigo? (*hungry*)

5. ¿Cómo está usted? (*nervous*)

6. ¿Cómo están tus abuelos? (*worried*)

7. ¿Cómo está su mamá? (*better*)

8. ¿Cómo está la muchacha? (*cold*)

9. ¿Cómo está el niño? (*scared*)

10. ¿Cómo están ustedes? (*so-so*)

EJERCICIO 11-5

Write the Spanish equivalent of each of the following sentences.

1. She's a little sick.

2. You're very tired.

3. He's a bit crazy-acting.

4. We're quite happy.

5. They're very sad.

6. You all are extremely busy.

7. I'm somewhat confused.

8. Are you very hungry?

9. Is your room clean?

10. My room is messy!

EJERCICIO 11-6

Match each Spanish word or phrase in the left column with its English equivalent in the right column. Write the correct letter for each answer.

	Tengo...		I have . . .
1.	dolor de cabeza	a.	chills
2.	dolor de garganta	b.	bruises
3.	dolor de oídos	c.	a fever
4.	el tobillo torcido	d.	a headache
5.	escalofríos	e.	a cold
6.	fiebre	f.	an earache
7.	gripe	g.	a twisted ankle
8.	la pierna rota	h.	a broken leg
9.	moretones	i.	a sore throat
10.	pulmonía	j.	a cough
11.	tos	k.	the flu
12.	un resfriado	l.	pneumonia

EJERCICIO 11-7

Choose the best translation of each of the following statements. Write the correct letter for each answer.

1. Su hija está fantástica.

   a. Your daughter looks fantastic.   b. Your daughter is fantastic.

2. Las enchiladas son muy buenas.

   a. Enchiladas are very good.   b. These enchiladas are very good.

3. Hernán es muy aburrido.

   a. Hernán is very boring.   b. Hernán is very bored.

4. Esmeralda está intrigada.

   a. Esmeralda is intriguing.   b. Esmeralda is intrigued.

5. Los estudiantes son impresionantes.

   a. The students are impressive.   b. The students are impressed.

6. La gente está emocionada.

   a. The people are exciting.   b. The people are excited.

7. El profesor está listo.

   a. The professor is intelligent.   b. The professor is ready.

8. Mis hermanas son nerviosas.

   a. My sisters are nervous by nature.   b. My sisters are nervous today.

9. Mi amigo está débil.

   a. My friend feels weak.   b. My friend is a weakling.

10. Mi papá está viejo.

   a. My dad is old.   b. My dad looks old.

EJERCICIO 11-8

Write the Spanish equivalent of each of the following sentences.

1. It's hot in the summer.

2. It's raining.

3. It's April, and it's snowing!

4. It's nice in the fall.

5. It's really cold in the winter.

6. It's sleeting now.

7. It's humid today.

8. We have hurricanes in the summer.

EJERCICIO 11-9

*Answer each of the following questions about this chapter's **diálogo**, **Visita a Argentina**, with a complete Spanish sentence.*

1. ¿Qué tiempo hace en junio en Argentina?

2. ¿En qué estación está Argentina en enero?

3. ¿Cómo es el clima en la selva?

4. ¿Cómo es el clima en el desierto?

5. ¿Cómo es el clima en las montañas?

EJERCICIO 11-10

Answer each of the following questions with a complete Spanish sentence.

1. ¿Cómo es el clima en tu área?

2. ¿Hay estaciones?

3. ¿Llueve mucho? ¿Cuándo?

4. ¿En qué estación es tu cumpleaños?

5. ¿Qué tiempo hace el día de tu cumpleaños (generalmente)?

EJERCICIO 11-11

Answer each of the following questions about this chapter's **lectura,** **Estamos nerviosos,** *with a complete Spanish sentence.*

1. ¿Quiénes están nerviosos?

2. ¿Por qué?

3. ¿Cuántos exámenes tiene el autor?

4. ¿En qué clase es el mejor de la clase este chico?

5. ¿Cómo es el profesor de álgebra?

6. ¿Cómo es la profesora de biología?

7. ¿Tiene miedo el autor? ¿Por qué?

Flashcard App

Indicating Location

ere, there, and everywhere! It's important to know where our family and friends are, where we ourselves are in relation to the rest of the world, and where the places we dream about are. And haven't we all wracked our brains trying to find our keys, our glasses, our homework . . . ?

Let's look at all the ways to answer the question **¿Dónde está?** (*Where is she? / Where is he? / Where is it?*).

But first, a short review:

- The verb **ser** enables us to ask and tell where we and other people are from: **¿De dónde eres?** (Chapter 4)

- The verb **ser** enables us to ask and tell the location of an event: **¿Dónde es la fiesta?** (Chapter 10)

- The verb **ir** enables us to ask and tell where people or things are going: **¿Adónde van ustedes?** (Chapter 10)

Indicating Location with *estar*

The verb **estar** is used to tell where anything—except an event—is located. If you want to know where your girlfriend is, you ask, **¿Dónde está?** If you want to know where Cuba is, you ask, **¿Dónde está?** And if you want to know where your keys are, you ask, **¿Dónde están?**

Pregunta	Respuesta
¿Dónde estás?	**Estoy aquí.**
Where are you?	*I'm here.*
¿Dónde está?	**Estoy aquí.**
Where are you?	*I'm here.*

¿Dónde está?	Está ahí.
Where is he?	*He's right there.*
Where is she?	*She's right there.*
Where is it?	*It's right there.*

¿Dónde estáis?	Estamos aquí.
Where are you all?	*We're here.*

¿Dónde están?	Estamos aquí.
Where are you all?	*We're here.*

¿Dónde están?	Están allí.
Where are they?	*They're over there.*

Here are some other adverbs that follow **estar** to tell where people or things are.

cerca	**lejos**	**arriba**	**abajo**
nearby	*far away*	*up there, upstairs*	*down there, downstairs*
adentro	**afuera**	**a la derecha**	**a la izquierda**
inside	*outside*	*to the right*	*to the left*

Let's have a look at some examples.

Tu novia está en la casa de su amiga.
Your girlfriend is at her friend's house.

Cuba está en el Caribe, cerca de Florida.
Cuba is in the Caribbean, near Florida.

Tus llaves están en la cocina, en la mesa.
Your keys are in the kitchen, on the table.

Since you are now familiar with the map of the Americas (page 34), have learned the words for *north*, *south*, *east*, and *west*, and are adept at using the verb **estar**, here is a dialogue that puts all of those elements together.

🔊 DIÁLOGO **Prueba de geografía**

Maestro	Laurita
Aquí tenemos un mapa del hemisferio oeste, Laurita. ¿Estás lista para una prueba de geografía? *Here is a map of the Western hemisphere, Laurita. Are you ready for a geography test?*	**Sí, Sr. Gómez. Sé que en el hemisferio oeste están América del Norte, América del Centro y América del Sur.** *Yes, Mr. Gómez. I know that the Western hemisphere includes North America, Central America, and South America.*
La primera pregunta es: ¿Dónde está Argentina? *The first question is: Where is Argentina?*	**Pues, está en el sur de América del Sur.** *It's in the southern part of South America.*
¿Dónde está Canadá? *Where is Canada?*	**Está en el norte de América del Norte.** *It's in the northern part of North America.*
¿Qué país está en el sur de América del Norte? *What country is in the southern part of North America?*	**México. México está al sur de los Estados Unidos.** *It's Mexico. Mexico is south of the United States.*
Y Guatemala, ¿dónde está? *And where is Guatemala?*	**Pues, está en América Central.** *It's in Central America.*
¿Está Colombia en América Central? *Is Colombia in Central America?*	**No. Colombia está en América del Sur. Está al sur de Panamá.** *No. Colombia is in South America. It's south of Panama.*

¿Qué países están al norte de Paraguay?
What countries are to the north of Paraguay?

Al norte de Paraguay están Bolivia y Brasil.
North of Paraguay are Bolivia and Brazil.

¿Dónde está Chile?
Where is Chile?

Chile está al oeste de Argentina y Bolivia y al sur de Perú.
Chile is to the west of Argentina and Bolivia and to the south of Peru.

¿Qué países están en la costa del Mar Caribe?
What countries are on the coast of the Caribbean Sea?

A ver, México, Belice, Honduras, Nicaragua, Costa Rica, Panamá, Colombia y Venezuela están en la costa del Caribe.
Let's see, Mexico, Belize, Honduras, Nicaragua, Costa Rica, Panama, Colombia, and Venezuela are on the Caribbean coast.

¡Muy bien, Laurita! Tienes cien por ciento en la prueba de geografía.
Good, Laurita! You have 100% on the geography test.

Gracias, Sr. Gómez. Para mí la geografía es interesante.
Thank you, Mr. Gómez. I think geography is interesting.

Indicating "in," "on," and "at" with Spanish *en*

Yes—in this case, it's one word for three different words in English! We're lucky it's not the other way around. ☺

Estoy en el pasillo.
I'm in the hall.

Está en su bicicleta.
She's on her bike.

Están en el restaurante.
They're at the restaurant.

Places Where You Can Be

Let's learn some nouns that name places where you can be (**en donde se puede estar**)—so you can practice asking and telling about being there!

Here are some masculine nouns that name places.

el aeropuerto *airport*	**el hospital** *hospital*	**el parque** *park*
el banco *bank*	**el hotel** *hotel*	**el parqueo** *parking lot*
el centro comercial *shopping center*	**el laboratorio** *laboratory*	**el salón de belleza** *beauty salon*
el colegio *private school*	**el mall** *mall*	**el supermercado** *supermarket*
el edificio *building*	**el mercado** *market*	**el zoológico** *zoo*
el gimnasio *gym*	**el museo** *museum*	

Here are some feminine nouns that name places.

la biblioteca *library*	**la esquina** *(outside) corner*	**la iglesia** *church*
la calle *street*	**la estación de trenes/ buses/metro** *train/bus/metro station*	**la librería** *bookstore*
la carretera *highway*	**la farmacia** *drugstore*	**la oficina de correos** *post office*
la escuela *school*		

la parada de autobuses	**la playa**	**la universidad**
bus stop	*beach*	*university, college*
la piscina	**la tienda**	**la zapatería**
swimming pool	*store*	*shoe store*

BTW

Por cierto... *We have another* **falso amigo** *here:* **colegio** *means private school—any private school from kindergarten through high school—so if you're planning to go to college, think about which* **universidad** *you would like to attend.*

Now let's take a look at some example sentences.

En la calle principal de nuestro pueblo, están un banco, la oficina de correos, una farmacia, un supermercado y nada más.

On the main street in our town, there's a bank, the post office, a drugstore, a supermarket, and nothing else.

Mis hermanas están en el salón de belleza y mi papá y yo estamos en la playa.

My sisters are at the beauty salon, and my dad and I are at the beach.

Mi pobre amigo está en el hospital porque tiene la pierna rota.

My poor friend is in the hospital because he has a broken leg.

 IRL | **En la vida real...** While English has *in the corner* vs. *on the corner*, Spanish has a different word for each type of corner. So you could **estar en el rincón** if you've been naughty (do they still do that in elementary school?), or you could **estar en la esquina**, waiting to cross the street.

There are a couple of common expressions that just use **en**—without the **el** or **la**.

en la casa de Luisa
at Luisa's house

en casa
at home

en la clase del señor Ortega
in Mr. Ortega's class

en clase
in class

Other Prepositions That Show Location

Most prepositions that show location are formed by adding **de** to an adverb.

encima de
on top of

al lado de
next to

alrededor de
around

enfrente de
facing, across from

delante de
in front of, but not facing

detrás de
behind

A few prepositions that show location are slightly different from their respective adverbs, but they are still followed by **de**.

Adverb	Preposition	Adverb	Preposition
abajo *underneath*	**debajo de** *underneath*	**adentro** *inside*	**dentro de** *inside*
afuera *outside*	**fuera de** *outside of*		

There are two, however, that are prepositions in their own right.

sobre
on top of, over

entre
between, among

Now let's take a look at the chart on the opposite page—it illustrates these and other common location-related prepositions.

cerca de

A está cerca de B.

lejos de

A está lejos de B.

al lado de

A está al lado de B.

a la izquierda de

A está a la izquierda de B.

a la derecha de

A está a la derecha de B.

encima de

A está encima de B.

debajo de

A está debajo de B.

detrás de

A está detrás de B.

delante de

A está delante de B.

enfrente de

A está enfrente de B.

dentro de

A está dentro de B.

fuera de

A está fuera de B.

alrededor de

Las As están alrededor de B.

sobre

A está sobre B.

entre

A está entre B y C.

entre

A está entre las Bs.

Here are some example sentences that you might hear—or say!

La casa que está al lado de la nuestra es muy bonita.
The house that's next to ours is very pretty.

El mercado principal está enfrente de nuestro hotel.
The main market is across the street from our hotel.

El chico más guapo de la clase está delante de mí en la cola.
The cutest boy in the class is in front of me in line.

Mi mochila está en el suelo, debajo de mi pupitre.
My backpack is on the floor, under my desk.

LECTURA **Mi dormitorio**

Mi dormitorio no está muy bien ordenado, y mi mamá está furiosa conmigo. Mis libros y cuadernos no están en el estante, sino en el suelo. Mi ropa—la sucia y la limpia—está también en el suelo. Las almohadas y las frazadas están encima de la cama, pero la cama no está arreglada. Mis zapatillas y tres pares de zapatos están debajo de la cama. La verdad, no sé dónde están mis botas rojas, que son mis favoritas. Pero hay una cosa que está en el lugar correcto: mi computadora—está sobre el escritorio. ¡Ay—pobre de mí!

Indicating Location Using *con*

Just like in English, we can say that a person is *with* (**con**) somebody else to indicate where he or she is.

¿Dónde está Mariana?　　**Está con su hermano.**
Where is Mariana?　　*She's with her brother.*

Usually, *with* is **con**—all by itself.

con él	**con ella**	**con usted**
with him	*with her*	*with you*

con nosotros/as	**con vosotros/as**	**con ellos/as**	**con ustedes**
with us	*with you all*	*with them*	*with you all*

But when *with* comes before *me* or *you* (**tú**), **con** forms a new word with its object.

conmigo	**contigo**
with me	*with you*

🔊 DIÁLOGO **Muchacho perdido**

Javier	Mercedes
¿Dónde está Carlitos? *Where is Carlitos?*	**No sé. ¿No está con su mamá?** *I don't know. Isn't he with his mother?*
No, no está con ella. *No, he's not with her.*	**¿Está con su hermano?** *Is he with his brother?*
No, no está con él tampoco. *No, he's not with him either.*	**¿Seguro que no está contigo?** *Are you sure he's not with you?*
No, claro que no está conmigo. Y tampoco está el perro. *No, of course he's not with me. And the dog isn't here, either.*	**Ah, ¡ya sé dónde está! Está en el parque con su perro.** *Oh, now I know where he is! He's at the park with his dog.*
Sí, tienes razón. Seguro que los dos están en el parque. *Yes, you're right. They're both at the park, for sure.*	

EJERCICIOS

EJERCICIO 12-1

Write the Spanish equivalent of each of the following sentences.

1. Where is Cuba?

2. It's in the Caribbean.

3. It's to the south of Florida.

4. Where are Uruguay and Paraguay?

5. They're in South America.

6. Where is Nicaragua?

7. It's in Central America, on the Caribbean coast.

EJERCICIO 12-2

Match each adverb in the left column with its English equivalent in the right column. Write the correct letter for each answer.

1. a la derecha   a. inside

2. a la izquierda   b. right there

3. abajo   c. to the left

4. adentro   d. here

5. afuera   e. far away

6. ahí   f. up there

7. allí   g. down there

8. aquí   h. nearby

9. arriba   i. over there

10. cerca   j. to the right

11. lejos   k. outside

EJERCICIO 12-3

Describe your bedroom by answering each of the following questions with a complete Spanish sentence.

1. ¿Dónde está tu cama?

2. ¿Qué hay en la pared?

3. ¿Qué está en el suelo?

4. ¿Dónde está la puerta?

5. ¿Dónde están las ventanas?

6. ¿Dónde está la lámpara?

7. ¿Dónde está tu ropa?

8. ¿Dónde está tu computadora?

9. ¿Dónde están tus libros?

10. ¿Dónde están tus zapatos?

EJERCICIO 12-4

Write the Spanish equivalent of each of the following sentences.

1. The bank is across from the shoe store.

2. The library is next to the bookstore.

3. There's a park in back of the school.

4. The airport is far away from my house.

5. There's a parking lot under the post office.

6. The train station is close to the beach.

7. There's a supermarket between the zoo and the hospital.

8. The bakery is inside the shopping mall.

EJERCICIO 12-5

Name 10 places in your town or city, and tell where they are located in relation to other places.

EJERCICIO 12-6

Answer each of the following questions about this chapter's **diálogo, Muchacho perdido,** *with a complete Spanish sentence.*

1. ¿Quién está perdido?

2. ¿Está el muchacho con su mamá?

3. ¿Está con su hermano?

4. ¿Está con Javier?

5. ¿Está con Mercedes?

6. ¿Está en el parque?

7. ¿Con quién está?

EJERCICIO 12-7

*Complete each of the following sentences with the correct form of **ser, estar,** or **ir.***

1. La clase _____ en el Aula 323.

2. El salón de clase 323 _____ en el segundo piso de la escuela.

3. Mi profesor _____ en su clase.

4. Mi profesor _____ de Perú.

5. Mis amigos _____ en Perú.

6. Yo _____ a Chile el próximo verano.

7. Yo _____ de los EEUU.

8. Yo _____ en los EEUU.

9. Mi novio y yo _____ al restaurante.

10. El restaurante _____ en la Calle 8.

11. Mi mamá _____ a una fiesta.

12. La fiesta _____ en la casa de su amiga.

13. Su amiga _____ de Venezuela.

14. ¿_____ ustedes al concierto?

EJERCICIO 12-8

Form a question in Spanish for each of the following answers.

1. No, no está conmigo.

2. Está enfrente de mi casa.

3. No sé dónde están.

4. Está entre Canadá y México.

5. Es en el cine cerca de mi casa.

6. Somos de Argentina.

EJERCICIO 12-9

Answer each of the following questions about this chapter's **lectura,**
Mi dormitorio, *with a complete Spanish sentence.*

1. ¿Cómo está el dormitorio de la chica?

2. ¿Cómo está su mamá?

3. ¿Dónde están sus libros y cuadernos?

4. ¿Dónde está su ropa limpia?

5. ¿Están en el suelo las almohadas?

6. ¿Está arreglada la cama?

7. ¿Qué está debajo de la cama?

8. ¿De qué color son las botas favoritas de la chica?

9. ¿Qué cosa está en el lugar correcto?

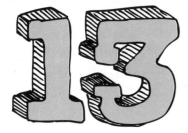

Describing Facts and Common Activities

MUST KNOW

- Spanish verbs are commonly identified by their infinitive form, which can end in one of three ways: **-ar**, **-er**, or **-ir**. In English, this form is usually translated as the verb preceded by *to*, for example, *to work*, *to live*, *to dream*.

- The vast majority of Spanish verbs follow a regular pattern, making their conjugations predictable.

- The irregular verbs we have already learned (**ser**, **estar**, **tener**, and **ir**) show some resemblance to the regular patterns.

- Adverbs enable us to say *how* things are done. Spanish adverbs do not change in form—whew!

n this chapter, a wonderful pattern is revealed—it's like a code that enables us to use any and every regular verb in the Spanish language in **el tiempo presente**. It is proof that grammar is on our side as it unlocks the mystery of understanding another language. Here you will discover the patterns for *conjugating* verbs (distinguishing the *I*, *you*, *he*, *she*, *it*, *we*, *you all*, and *they* forms of verbs). Once we know these patterns, we can look up any verb in the dictionary—in print or online—and know how to use it. So—just by learning what's in this chapter, your vocabulary will multiply by leaps and bounds.

> **IRL** **En la vida real...** Irregular verbs vary from the usual patterns of conjugations. They are so common and so frequently used that their Old Spanish forms have not changed with the rest of the language.

The Infinitive

Verbs are always listed in Spanish dictionaries in their infinitive form, alphabetized along with all the other words. Spanish infinitives are divided into three types, according to their last two letters. Each type has its own conjugation pattern—its own set of verb forms—though you will see similarities among them.

-ar verbs	-er verbs	-ir verbs
hablar	**comer**	**escribir**
to speak, talk	*to eat*	*to write*
estudiar	**beber**	**abrir**
to study	*to drink*	*to open*

-ar Verbs

Conjugating -ar Verbs in el tiempo presente

To conjugate a verb, you start by finding its stem, which is what is left when you remove the infinitive ending.

escuchar – ar → escuch-
to listen, hear

trabajar – ar → trabaj-
to work

hablar – ar → habl-
to speak, talk

To the stem, add the following endings to distinguish the subjects (*I, you, he, she, it, we, you all, they*).

Infinitive	Stem	Subject pronoun (optional)	Subject ending	Conjugated form
escuchar *to listen, hear*	**escuch-** *listen, hear*	**(yo)** *I*	**-o**	**escucho** *I listen, I hear*
hablar *to speak, talk*	**habl-** *speak, talk*	**(yo)** *I*	**-o**	**hablo** *I speak, I talk*
trabajar *to work*	**trabaj-** *work*	**(yo)** *I*	**-o**	**trabajo** *I work*
escuchar *to listen, hear*	**escuch-** *listen, hear*	**(tú)** *you*	**-as**	**escuchas** *you listen, you hear*
hablar *to speak, talk*	**habl-** *speak, talk*	**(tú)** *you*	**-as**	**hablas** *you speak, you talk*
trabajar *to work*	**trabaj-** *work*	**(tú)** *you*	**-as**	**trabajas** *you work*

Infinitive	Stem	Subject pronoun (optional)	Subject ending	Conjugated form
escuchar *to listen, hear*	**escuch-** *listen, hear*	**(usted)** *you*	**-a**	**escucha** *you listen, you hear*
		(él/ella) *he/she/it*	**-a**	**escucha** *he/she/it listens, he/she/it hears*
hablar *to speak, talk*	**habl-** *speak, talk*	**(usted)** *you*	**-a**	**habla** *you speak, you talk*
		(él/ella) *he/she/it*	**-a**	**habla** *he/she/it speaks, he/she/it talks*
trabajar *to work*	**trabaj-** *work*	**(usted)** *you*	**-a**	**trabaja** *you work*
		(él/ella) *he/she/it*	**-a**	**trabaja** *he/she/it works*
escuchar *to listen, hear*	**escuch-** *listen, hear*	**(nosotros/as)** *we*	**-amos**	**escuchamos** *we listen, we hear*
hablar *to speak, talk*	**habl-** *speak, talk*	**(nosotros/as)** *we*	**-amos**	**hablamos** *we speak, we talk*
trabajar *to work*	**trabaj-** *work*	**(nosotros/as)** *we*	**-amos**	**trabajamos** *we work*

Infinitive	Stem	Subject pronoun (optional)	Subject ending	Conjugated form
escuchar *to listen, hear*	**escuch-** *listen, hear*	**(vosotros/as)** *you all*	**-áis**	**escucháis** *you all listen, you all hear*
hablar *to speak, talk*	**habl-** *speak, talk*	**(vosotros/as)** *you all*	**-áis**	**habláis** *you all speak, you all talk*
trabajar *to work*	**trabaj-** *work*	**(vosotros/as)** *you all*	**-áis**	**trabajáis** *you all work*
escuchar *to listen, hear*	**escuch-** *listen, hear*	**(ustedes)** *you all*	**-an**	**escuchan** *you all listen, you all hear*
		(ellos/ellas) *they*	**-an**	**escuchan** *they listen, they hear*
hablar *to speak, talk*	**habl-** *speak, talk*	**(ustedes)** *you all*	**-an**	**hablan** *you all speak, you all talk*
		(ellos/ellas) *they*	**-an**	**hablan** *they speak, they talk*
trabajar *to work*	**trabaj-** *work*	**(ustedes)** *you all*	**-an**	**trabajan** *you all work*
		(ellos/ellas) *they*	**-an**	**trabajan** *they work*

Just like we've seen with other verbs, the subject pronoun is not used unless necessary for emphasis or clarification—it's included in the ending of the conjugated verb form, which varies by subject.

This is really different from English, since present tense English verb forms are the same for all subjects—with just one exception: The *he/she/it* form of the present tense ends in *-s*.

Look over these frequently used **-ar** verbs.

bailar	**ganar**	**practicar**
to dance	*to win, earn, gain*	*to practice*
cantar	**lavar**	**preguntar**
to sing	*to wash*	*to ask*
cocinar	**limpiar**	**sacar**
to cook	*to clean*	*to take; to get*
comprar	**llamar**	**tocar**
to buy	*to call*	*to touch; to play (an instrument)*
contestar	**manejar**	
to answer	*to drive; to manage*	**tomar**
estudiar	**pasar tiempo**	*to take; to drink*
to study	*to spend time*	

Let's get some practice using **-ar** verbs by making comments about the people you know (yes, it's actually gossiping ☺).

We can praise . . .   **¡Saca buenas notas!**
She gets good grades!

      criticize . . .   **¡Maneja muy mal!**
He drives very badly!

      complain . . .   **¡No limpian su cuarto!**
They don't clean their room!

   even gossip . . .   **No estudia nunca.**
She never studies.

Asking Yes/No Questions with -ar Verbs

Making yes/no questions is easy with these verbs. Just conjugate the verb and put question marks before and after it. **Es fácil, ¿no?** If you want to include the optional subject pronoun, put it at the end of the phrase.

¿Bailas?
Do you dance?

¿Estudian español?
Do you all study Spanish?
Do they study Spanish?

¿Manejan?
Do you all drive?
Do they drive?

¿Cantáis?
Do you all sing?

¿Cocinas tú?
Do you cook?

¿Sacan buenas notas ustedes?
Do you all get good grades?

¿Limpian ellos?
Do they clean?

¿Tomáis té vosotras?
Do you all drink tea?

IRL **En la vida real...** Here are some standard expressions that you can toss into most conversations and sound like you've been speaking Spanish for years! When someone makes a comment, you can respond by agreeing . . .

Sí, es verdad.
Yes, it's true.

Estoy de acuerdo.
I agree.

Tienes razón.
You're right.

or disagreeing . . .

No, no es verdad.
No, it's not true.

No estoy de acuerdo.
I don't agree.

Estás equivocado/a.
You're wrong.

Asking What Someone Does on a Regular Basis

If you want to ask what someone usually does, you'll need to use a new verb, **hacer** (an **-er** verb). But you can answer with any verb.

On the following page are some examples of questions using **hacer** and answers using **-ar** verbs.

¿Qué haces todos los días? / **¿Qué hace usted todos los días?** *What do you do every day?*	**Estudio.** *I study.*
¿Qué hace tu mejor amigo? *What does your best friend do?*	**Estudia mucho.** *He studies a lot.*
¿Qué hacéis vosotros los sábados? / **¿Qué hacen ustedes los sábados?** *What do you all do on Saturdays?*	**Practicamos fútbol.** *We play soccer.*
¿Qué hacen ellas en clase? / **¿Qué hacen ellos en clase?** *What do they do in class?*	**Hablan español.** *They speak Spanish.*

Asking for Information with -*ar* Verbs

This can be fun! While a yes/no question finds out *if* somebody does something, and a question with **hacer** finds out *what* somebody does, the information question finds out *with whom*, *where*, *when*, or *how* somebody does something.

   You already know the questions—now let's use them with **-ar** verbs.

Question directed to one person	Answer in the **yo** form
¿Con quién trabajas/trabaja? *Who do you work with?*	**Trabajo con mi hermano.** *I work with my brother.*
¿Dónde trabajas/trabaja? *Where do you work?*	**Trabajo en el centro.** *I work downtown.*
	Trabajo para la Compañía XYZ. *I work for the XYZ Company.*

Question directed to two or more people	Answer in the **nosotros** form
¿Cuándo trabajan ustedes?	**Trabajamos los días entresemana, de lunes a viernes.**
When do you all work?	*We work on weekdays from Monday to Friday.*
¿A qué hora trabajan?	**Trabajamos de las ocho hasta las cinco.**
What time do you work?	*We work from eight until five.*

Question about one other person	Answer in the **él/ella** form
¿Trabaja José con ustedes?	**Sí, trabaja con nosotros.**
Does José work with you all?	*Yes, he works with us.*
¿Con qué frecuencia trabaja?	**Trabaja tres días a la semana.**
How often does he work?	*He works three days a week.*
¿Cómo trabaja José?	**José trabaja rápido.**
How does José work?	*José works fast.*

Question about two or more people	Answer in the **ellos/ellas** form
¿Trabajan Ernesto y Magaly con ustedes?	**No, ya no trabajan aquí.**
Do Ernesto and Magaly work with you all?	*No, they don't work here anymore.*
¿Dónde trabajan?	**Trabajan en otro lugar.**
Where do they work?	*They work at another place.*
¿Cómo trabajan?	**Trabajan lento.**
How do they work?	*They work slowly.*

Practice the same question-answer sequences, using **estudiar** and **cocinar**. Here are some alternative answers to use with information questions.

¿Dónde? *Where?*	**en la ciudad** *in the city*	**en casa** *at home*
	en un restaurante *at a restaurant*	**en el mercado** *at the market*
	afuera *outside*	**no** + verb + **en ningún lugar** *nowhere, not anywhere*
¿Cuándo? *When?*	**todos los días** *every day*	**los jueves** *on Thursdays*
	los fines de semana *on weekends*	**los días entresemana** *on weekdays*
	siempre *always*	**no** + verb + **nunca** *never*
¿A qué hora? *What time?*	**a la una** *at one o'clock*	**a las dos y media de la tarde** *at 2:30 p.m.*
¿Con qué frecuencia? *How often?*	**dos veces al día** *twice a day*	**cuatro veces al mes** *four times a month*
	una vez a la semana *once a week*	**todos los días** *every day*
	a menudo *often*	**todo el tiempo** *all the time*
	a veces *sometimes*	**mucho** *a lot* **poco** *very little*

¿Para quién?	**para el señor Martínez / para la Compañía XYZ**
Who for?	*for* [name of a person or organization]

no + verb + **para nadie**
not for anybody

¿Con quién(es)?	**con Miguel / con Joaquín y Sara**
Who with?	*with* [name of a person / names of people]

solo/sola	**no** + verb + **con nadie**
alone	*with nobody*

¿Cómo?	**bien**	**mal**
How?	*well*	*badly*

	rápido	**lento**
	fast	*slowly*

	con cuidado	**duro**	**con orgullo**
	carefully	*hard*	*proudly*

	sin esmero	**con entusiasmo**	**sin entusiasmo**
	carelessly	*enthusiastically*	*without enthusiasm*

If you don't know the answer to a yes/no question, just say, **"No sé si..."** and repeat the question.

¿Saca buenas notas Emilia?	**No sé si saca buenas notas.**
Does Emilia get good grades?	*I don't know if she gets good grades.*

If you don't know the answer to an information question, just say, **"No sé..."** and repeat the question.

¿Dónde trabaja Jorge?	**No sé dónde trabaja (Jorge).**
Where does Jorge work?	*I don't know where he works. / I don't know where Jorge works.*

Using Adverbs to Tell How Things Are Done

To ask *how* something is done, use **¿Cómo...?**

The adverbs **bien**, **mal**, **mejor**, and **peor** can be used to answer in a general way: *well, badly, better,* and *worse*.

¿Cómo canta Carolina?	**Canta bien.**
How does Carolina sing?	*She sings well.*
¿Cómo cocina?	**Cocina mal, pero mejor que yo.**
How does she cook?	*She cooks badly, but better than I do.*
¿Cómo cocinas?	**Cocino mal, peor que nadie.**
How do you cook?	*I cook badly, worse than anyone.*

Most adverbs of manner are the feminine form of the adjective with a similar meaning + the ending **-mente**.

Adjective	Adverb
contento/a	**contentamente**
happy	*happily*
feliz	**felizmente**
happy	*happily*
independiente	**independientemente**
independent	*independently*
orgulloso/a	**orgullosamente**
proud	*proudly*

Here are a few examples for you.

Jenifer está contenta.	**Jenifer escucha contentamente.**
Jenifer is happy.	*Jenifer listens happily.*

Óscar es orgulloso.
Óscar is proud.

Óscar trabaja orgullosamente.
Óscar works proudly.

El niño está nervioso.
The child is nervous.

El niño toca nerviosamente su violín.
The child plays his violin nervously.

La profesora es paciente.
The teacher is patient.

La profesora contesta pacientemente.
The teacher answers patiently.

La abuela es amable.
The grandmother is kind.

La abuela pregunta amablemente.
The grandmother asks kindly.

A few adverbs of manner are the same as the masculine form of an adjective with a similar meaning.

Adjective	Adverb
Roberto es rápido. *Roberto is fast.*	**Roberto habla rápido.** *Roberto speaks fast. /* *Roberto speaks quickly.*
Matilde es rápida. *Matilde is fast.*	**Matilde habla rápido.** *Matilde speaks fast. /* *Matilde speaks quickly.*
Álvaro es lento. / **Álvaro es despacio.** *Álvaro is slow.*	**Álvaro trabaja lento. /** **Álvaro trabaja despacio.** *Álvaro works slowly.*
Carmen es lenta. *Carmen is slow.*	**Carmen trabaja lento.** *Carmen works slowly.*
Ezequiel es duro. *Ezequiel is hard. /* *Ezequiel is mean.*	**Ezequiel trabaja duro.** *Ezequiel works hard.*

🔊 DIÁLOGO **La vida de una estudiante**

Diego	Cristina
Dime, Cristina—ahora que eres estudiante de la universidad, ¿cómo es tu vida?	**Ay, Diego, es muy interesante. Tengo un horario lleno de actividades.**
Tell me, Cristina—now that you're a college student, what's your life like?	*Well, Diego, it's really interesting. I have a busy schedule.*
¿Qué haces todos los días?	**La verdad, cada día es distinto.**
What do you do every day?	*Actually, every day is different.*
Es muy diferente de la escuela secundaria, ¿verdad?	**Sí. Por ejemplo, tengo algunas clases los lunes y miércoles, otras los martes y jueves— y la clase de español los martes, jueves y viernes.**
It's really different from high school, right?	*Yes. For example, I have some classes on Mondays and Wednesdays, others on Tuesdays and Thursdays, and Spanish class on Tuesdays, Thursdays, and Fridays.*
¿Qué hacen ustedes en la clase de español?	**Bueno, por supuesto, hablamos español. Escuchamos a la profesora y luego practicamos las formas nuevas.**
What do you all do in Spanish class?	*Well, of course, we speak Spanish. We listen to the teacher and then we practice the new forms.*

¿Hay mucha tarea?

Is there a lot of homework?

Claro. Memorizamos el vocabulario nuevo y luego contestamos muchas preguntas.

Naturally. We memorize new vocabulary and then answer a lot of questions.

¿Cuándo la haces?

When do you do it?

Hago la tarea en la tarde. Paso por lo menos tres horas cada día en la biblioteca.

I do my homework in the afternoon. I spend at least three hours in the library every day.

Entonces, ¡trabajas todo el tiempo!

So you work all the time!

Estudio mucho, sí, pero también paso tiempo con mis amigos. Hablamos de todo, escuchamos música, bailamos... En fin, la pasamos muy bien.

I study a lot, yes. But I also spend time with my friends. We talk about everything, listen to music, dance. . . . Really, we have a good time.

Pero no descansas nunca.

But you never rest.

Eso sí es la verdad. No descanso nunca.

That's the truth. I never rest.

Using Stem-Changing -*ar* Verbs

While some people call these "irregular verbs," they're really just a second regular pattern—one with standard changes in the stem—that a lot of verbs have. Let's look at this pattern.

Begin with the infinitive, then remove **-ar** to find the stem.

empezar (ie) – ar → empez-   **jugar (ue) – ar → jug-**
to begin   *to play*

When the dictionary indicates **(ie)** or **(ue)** after an infinitive, the vowels in parentheses replace the vowel closest to the end of the stem in all conjugated forms except the **nosotros/as** and **vosotros/as** forms.

empezar (ie)
to begin

empiezo	**empiezas**	**empieza**
I begin	*you begin*	*you begin*
		he begins
		she begins
		it begins
empezamos	**empezáis**	**empiezan**
we begin	*you all begin*	*you all begin*
		they begin

jugar (ue)
to play

juego	**juegas**	**juega**
I play	*you play*	*you play*
		he plays
		she plays
		it plays
jugamos	**jugáis**	**juegan**
we play	*you all play*	*you all play*
		they play

Here are other common **-ar** stem-changing verbs that you will find useful.

cerrar (ie)
to close

almorzar (ue)
to eat lunch

comenzar (ie)
to begin

contar (ue)
to count; to tell

pensar (ie)
to think

encontrar (ue)
to find

soñar (ue)
to dream

Let's look at some examples.

Juego vóleibol en el equipo de mi escuela.
I play volleyball on my school team.

Las clases empiezan a las ocho de la mañana.
Classes start at 8 a.m.

¿A qué hora almuerzan ustedes?
What time do you all eat lunch?

 **IRL** **En la vida real...** The verbs **desayunar, almorzar,** and **cenar** literally mean *to breakfast, to lunch,* and *to dine*—an elegant way to eat our meals, ¿no? In Spanish, you can **preparar** or **cocinar el desayuno, el almuerzo,** or **la cena**—but *to eat* a meal, you use the elegant verbs.

To ask a friend what she eats for lunch, for example, just say, **"¿Qué almuerzas?"** She might answer, **"Almuerzo un sándwich y una fruta."**

Jugar is pretty much like *to play* in English. We play everything from cards to games to sports. (An important exception is musical instruments, which we **tocar** in Spanish). On the following page are some possibilities you might use with the verb **jugar**.

básquet(bol)	**fútbol americano**	**tenis**
basketball	football	tennis
cartas	**golf**	**videojuegos**
cards	golf	video games
fútbol	**la lotería**	**vóleibol**
soccer	the lottery	volleyball

Here are some examples.

Todos mis amigos juegan básquetbol.
All my friends play basketball.

¿Qué juegas tú?
What do you play?

Jugamos cartas en mi casa después de las clases.
We play cards at my house after school.

BTW

Here are a number of phrases involving common **-ar** verbs.

almorzar (ue)	**cenar**
to eat lunch	to eat dinner
arreglar cosas	**conversar**
to arrange things	to converse
buscar cosas	**desayunar**
to look for things	to eat breakfast
caminar en el parque	**dibujar**
to walk in the park	to draw

encontrar (ue) cosas
to find things

fabricar cosas
to make things

ganar dinero
to earn money

ganar premios
to win prizes

gastar dinero
to spend money

hablar por celular
to talk on one's cell phone

jugar (ue) cartas
to play cards

jugar (ue) un deporte
to play a sport

llegar tarde
to arrive late

llegar temprano
to arrive early

llevar ropa conservadora
to wear conservative clothes

llevar ropa llamativa
to wear loud clothes

navegar el internet
to surf the internet

olvidar
to forget

opinar
to be of the opinion

participar en un grupo
to participate in a group

practicar un deporte
to play a sport

protestar en la calle
to protest in the street

soñar (ue) durante el día
to daydream

textear
to text

tocar un instrumento
to play an instrument

trabajar afuera
to work outside

votar en las elecciones
to vote

When you are thinking about college, people often ask you what your major is. In Spanish, you just say, **"¿Qué estudias?"**
Here are some masculine nouns for possible majors.

idiomas	**negocios**	**periodismo**
languages	business	journalism

Here are some feminine nouns for possible majors.

arte	**informática**	**música**
art	computer science	music
ciencias	**ingeniería**	**política**
science	engineering	politics
economía	**leyes**	**relaciones**
economics	law	**internacionales**
		international relations
geografía	**matemáticas**	
geography	math	
historia	**medicina**	
history	medicine	

Let's look at some examples. Note that after the verb **estudiar**, you leave off the article (**el/la/los/las**).

¿Qué estudiáis?
What do you all study?

Berta estudia matemáticas.
Berta studies math.

Rogelio y Cristina estudian ingeniería.
Rogelio and Cristina are majoring in engineering.

Emilia estudia leyes.
Emilia is studying law.

EJERCICIOS

EJERCICIO 13-1

Write the Spanish equivalent of each of the following sentences.

1. I speak.

2. You (**tú**) work.

3. You (**Ud.**) study.

4. He listens.

5. We dance.

6. You all (**Uds.**) ask.

7. You all (**vosotros**) buy.

8. They answer.

9. Do you (**tú**) drive?

10. Do you all (**Uds.**) play instruments?

11. Do they sing?

12. Does he cook?

EJERCICIO 13-2

Answer each of the following questions with a complete Spanish sentence, using the words in parentheses in your answer.

1. ¿Quiénes limpian? (Jorge y Elena)

2. ¿Quién trabaja lento? (Marcos)

3. ¿Quiénes tocan el piano? (nosotras)

4. ¿Sacas buenas notas? (Sí)

5. ¿Quién saca las mejores notas? (Margarita)

6. ¿Qué tomáis? (limonada)

7. ¿Qué deporte practica él? (fútbol)

8. ¿Con quién estudias? (mi amigo)

9. ¿A qué hora desayunan ellas? (8)

10. ¿Dónde pasa Alberto mucho tiempo? (biblioteca)

11. ¿Qué compran ustedes? (ropa)

12. ¿Cuándo lavas la ropa? (noche)

EJERCICIO 13-3

Form an adverb from each of the following adjectives.

1. paciente

2. rápido

3. dulce

4. cariñoso

5. nervioso

6. cierto

7. simple

8. difícil

9. falso

10. orgulloso

EJERCICIO 13-4

Write the Spanish equivalent of each of the following sentences.

1. The class begins at 10 a.m.

2. She plays tennis.

3. We think a lot.

4. They close their books.

5. We eat lunch at 1 p.m.

6. The children count from zero to ten in Spanish.

7. Do you (**tú**) dream?

8. What do you all eat for lunch?

9. Where do you find those shoes?

10. Do you all play basketball?

EJERCICIO 13-5

For each of the following questions, write a complete Spanish sentence stating that you don't know the answer to the question.

1. ¿Juega vóleibol Marta?

2. ¿Dibuja bien Tomás?

3. ¿Qué desayunan los chicos?

4. ¿Cuánto dinero gana Pedro?

5. ¿Cuándo caminan las chicas en el parque?

6. ¿Toca el trombón el profesor?

7. ¿Dónde votamos?

8. ¿Quién toca la guitarra?

9. ¿Cómo juega golf Raúl?

10. ¿A qué hora empieza la clase?

EJERCICIO 13-6

Answer each of the following questions about this chapter's **diálogo, La vida de una estudiante,** *with a complete Spanish sentence.*

1. ¿Dónde estudia Cristina?

2. ¿Cuándo es su clase de español?

3. ¿Qué hacen los estudiantes en la clase de español?

4. ¿Qué hacen de tarea?

5. ¿Cuántas horas pasa Cristina en la biblioteca cada día?

6. ¿Qué hace Cristina y sus amigas en su tiempo libre?

7. ¿Descansa mucho Cristina?

EJERCICIO 13-7

Answer each of the following questions with a complete Spanish sentence.

1. ¿Qué estudias?

2. ¿A qué hora empiezan tus clases los lunes?

3. ¿Hablas o texteas mucho por celular?

4. ¿Trabaja tu mejor amigo/amiga?

5. ¿Cantan tus amigos?

6. ¿Qué juegan tú y tus amigos?

7. ¿Con quién almuerza tu mejor amigo/amiga?

8. ¿Recuerdas el nombre de tu primera maestra en la escuela primaria?

EJERCICIO 13-8

Form a question in Spanish for each of the following answers.

1. Sí, lavamos los carros.

2. Sí, escucha la música rap.

3. No, no uso la computadora en casa.

4. No, no contestan las preguntas.

5. Juega tenis.

6. Almorzamos a las dos.

7. Comienza a las 6:30.

8. No, no recuerdo.

-er Verbs

Conjugating -er Verbs in el tiempo presente

First, find the verb stem by removing the infinitive ending.

aprender – er → aprend-
to learn

leer – er → le-
to read

comer – er → com-
to eat

Then add the following endings to the stem to distinguish the subjects
(*I, you, he, she, it, we, you all, they*).

Infinitive	Stem	Subject pronoun (optional)	Subject ending	Conjugated form
aprender *to learn*	**aprend-** *learn*	**(yo)** *I*	**-o**	**aprendo** *I learn*
comer *to eat*	**com-** *eat*	**(yo)** *I*	**-o**	**como** *I eat*
leer *to read*	**le-** *read*	**(yo)** *I*	**-o**	**leo** *I read*
aprender *to learn*	**aprend-** *learn*	**(tú)** *you*	**-es**	**aprendes** *you learn*
comer *to eat*	**com-** *eat*	**(tú)** *you*	**-es**	**comes** *you eat*
leer *to read*	**le-** *read*	**(tú)** *you*	**-es**	**lees** *you read*

Infinitive	Stem	Subject pronoun (optional)	Subject ending	Conjugated form
aprender *to learn*	**aprend-** *learn*	**(usted)** *you*	**-e**	**aprende** *you learn*
		(él/ella) *he/she/it*	**-e**	**aprende** *he/she/it learns*
comer *to eat*	**com-** *eat*	**(usted)** *you*	**-e**	**come** *you eat*
		(él/ella) *he/she/it*	**-e**	**come** *he/she/it eats*
leer *to read*	**le-** *read*	**(usted)** *you*	**-e**	**lee** *you read*
		(él/ella) *he/she/it*	**-e**	**lee** *he/she/it reads*
aprender *to learn*	**aprend-** *learn*	**(nosotros/as)** *we*	**-emos**	**aprendemos** *we learn*
comer *to eat*	**com-** *eat*	**(nosotros/as)** *we*	**-emos**	**comemos** *we eat*
leer *to read*	**le-** *read*	**(nosotros/as)** *we*	**-emos**	**leemos** *we read*
aprender *to learn*	**aprend-** *learn*	**(vosotros/as)** *you all*	**-éis**	**aprendéis** *you all learn*
comer *to eat*	**com-** *eat*	**(vosotros/as)** *you all*	**-éis**	**coméis** *you all eat*
leer *to read*	**le-** *read*	**(vosotros/as)** *you all*	**-éis**	**leéis** *you all read*

Infinitive	Stem	Subject pronoun (optional)	Subject ending	Conjugated form
aprender *to learn*	**aprend-** *learn*	**(ustedes)** *you all*	**-en**	**aprenden** *you all learn*
		(ellos/ellas) *they*	**-en**	**aprenden** *they learn*
comer *to eat*	**com-** *eat*	**(ustedes)** *you all*	**-en**	**comen** *you all eat*
		(ellos/ellas) *they*	**-en**	**comen** *they eat*
leer *to read*	**le-** *read*	**(ustedes)** *you all*	**-en**	**leen** *you all read*
		(ellos/ellas) *they*	**-en**	**leen** *they read*

Here are some common **-er** verbs. Conjugate them, using yourself and the names of people you know with the verb forms.

beber *to drink*	**creer** *to believe*	**recoger** *to pick up*
comprender *to understand*	**escoger** *to choose*	**responder** *to answer*
correr *to run*	**esconder** *to hide*	**vender** *to sell*

The verb **creer** + **que** + another verb phrase is a great way to express your opinion about something.

Creo que el español es más difícil que el inglés.
I think (that) Spanish is harder than English.

¿Qué crees tú?
What do you think?

No sé si el español es más difícil, pero creo que es divertido aprenderlo.
I don't know if Spanish is harder, but I think it's fun to learn it.

Here are some useful expressions with **creer**.

Creo que sí.	**Creo que no.**	**Lo creo.**	**No lo creo.**
I think so.	*I don't think so.*	*I believe it.*	*I don't believe it.*

Asking others what they read can be a great conversation starter, **¿no crees?** Let's find out how to ask this.

¿Qué lee?
What do you read?

Here are some masculine nouns for things that people read.

el artículo	**el informe**	**el poema**
article	*report*	*poem*
el cuento	**el libro**	**el reportaje**
short story	*book*	*newspaper report*

Here are some feminine nouns for things that people read.

la carta	**la novela**	**la revista**
letter	*novel*	*magazine*
la literatura	**la poesía**	**la tesis**
literature	*poetry*	*thesis*

Now let's talk about what we like to eat.

¿Qué come?
What do you eat?

Here are some favorite foods represented by masculine nouns.

el aguacate	**los mangos**	**el postre**
avocado	*mangoes*	*dessert*
el arroz	**los mariscos**	**el puerco**
rice	*shellfish*	*pork*
el cereal	**el pan**	**el queso**
cereal	*bread*	*cheese*
los dulces	**el pavo**	**los tomates**
candy	*turkey*	*tomatoes*
los frijoles	**el pescado**	**el yogur**
beans	*fish*	*yogurt*
el helado	**el plátano**	
ice cream	*banana*	
los huevos	**el pollo**	
eggs	*chicken*	

And some others represented by feminine nouns.

la carne	**las manzanas**	**la piña**
meat	*apples*	*pineapple*
la carne de res	**las naranjas**	**las tortillas**
beef	*oranges*	*pancakes; omelets*
la ensalada	**las papas**	**las uvas**
salad	*potatoes*	*grapes*
las frutas	**las papayas**	**las verduras**
fruits	*papayas*	*vegetables*

To talk about what we like to drink, we can ask

¿Qué bebe?
What do you drink?

Here are some favorite drinks represented by masculine nouns.

el café	**los refrescos**	**el vino**
coffee	soft drinks	wine
el jugo	**el té**	
juice	tea	

And some others represented by feminine nouns.

el agua	**la leche**	**la soda**
water	milk	soda
la cerveza	**la limonada**	
beer	lemonade	

Look at the following examples. **¡Ojo!** You use the article (**el/la/los/las**) after **leer**, but leave it out after **comer** and **beber**.

¿Qué lees por la noche?	**Leo una revista.**
What do you read at night?	*I read a magazine.*
¿Qué comes de postre?	**Como helado.**
What do you eat for dessert?	*I eat ice cream.*
¿Qué bebes con el almuerzo?	**Bebo limonada.**
What do you drink with lunch?	*I drink lemonade.*

Using Stem-Changing -er Verbs

The **-er** stem changes have the same patterns as the **-ar** stem changes. Begin with the infinitive, then remove **-er** to find the stem.

perder (ie) – er → perd-
to lose

volver (ue) – er → volv-
to return

Remember that the vowels in parentheses replace the vowel closest to the end of the stem in all verb forms except the **nosotros/as** and **vosotros/as** forms.

perder (ie)
to lose

pierdo	**pierdes**	**pierde**
I lose	*you lose*	*you lose*
		he loses
		she loses
		it loses
perdemos	**perdéis**	**pierden**
we lose	*you all lose*	*you all lose*
		they lose

volver (ue)
to return

vuelvo	**vuelves**	**vuelve**
I return	*you return*	*you return*
		he returns
		she returns
		it returns
volvemos	**volvéis**	**vuelven**
we return	*you all return*	*you all return*
		they return

Other Common Stem-Changing -er Verbs

Do you remember the verb **querer**? (See Chapter 8.) Look at **querer** again, and you'll see that it's actually a stem-changing **-er** verb. Here are some others.

querer (ie)	**entender (ie)**	**resolver (ue)**
to want (a thing)	*to understand;*	*to solve*
	to love (a person)	

 IRL **En la vida real...** Practice these verbs by talking to yourself—saying who you love, what you want for your birthday, what things you often lose, and what time you return home each day. Or you can ask a classmate to exchange this information with you. It's way more fun that way, ¿no crees?

DIÁLOGO **Estar en forma**

Enrique	Fernando
Oye, amigo, veo que estás en forma. ¿Cómo lo haces?	**Bueno, como bien, eso es, muchas frutas y verduras, y muy poca grasa. Y bebo ocho vasos de agua cada día.**
Hey, pal, I see you're in good shape. How do you do it?	*Well, I eat well—lots of fruits and vegetables and very little fat. And I drink eight glasses of water every day.*
¿Haces ejercicio?	**Claro. Corro cinco kilómetros en la mañana antes de ir al trabajo, y por la tarde voy al gimnasio.**
Do you exercise?	*Yes, indeed. I run 5K in the morning before I go to work, and I go to the gym in the evening.*

¡Con razón estás en forma! Ahora comprendo la importancia de comer bien y hacer ejercicio.

No wonder you're in such good shape! Now I see the importance of eating well and exercising.

Gracias, amigo. Tienes razón.

Thanks, pal. You're right.

¡Tú no haces nada! Creo que necesitas hacer un programa. ¿Por qué no me acompañas al gimnasio esta tarde?

You don't do anything! I think you need a program. Why don't you come to the gym with me this evening?

Entonces, ¿nos vemos aquí a las cinco?

Then shall we meet here at five o'clock?

Some Useful -er Verbs That Have Irregular yo Forms

Don't let the word "irregular" scare you. You already know the verb **tener**—a stem-changing **-er** verb with an irregular **yo** form (**tengo**).

So rather than calling these forms "irregular," think of them as **formas antiguas**—ancient verb forms that are used so frequently that they haven't changed along with the rest of the language. Instead of hating them, think of them as a kind of romantic link to the past.

On the following page are some of the most common **-er** verbs with **yo** forms that do not follow the regular pattern.

ver	**hacer**	**poner**	**traer**	**conocer**	**saber**
to see	*to make*	*to put*	*to bring*	*to know (people)*	*to know (information)*
veo	**hago**	**pongo**	**traigo**	**conozco**	**sé**
I see	*I make*	*I put*	*I bring*	*I know*	*I know*
ves	**haces**	**pones**	**traes**	**conoces**	**sabes**
you see	*you make*	*you put*	*you bring*	*you know*	*you know*
ve	**hace**	**pone**	**trae**	**conoce**	**sabe**
you see	*you make*	*you put*	*you bring*	*you know*	*you know*
he sees	*he makes*	*he puts*	*he brings*	*he knows*	*he knows*
she sees	*she makes*	*she puts*	*she brings*	*she knows*	*she knows*
it sees	*it makes*	*it puts*	*it brings*	*it knows*	*it knows*
vemos	**hacemos**	**ponemos**	**traemos**	**conocemos**	**sabemos**
we see	*we make*	*we put*	*we bring*	*we know*	*we know*
veis	**hacéis**	**ponéis**	**traéis**	**conocéis**	**sabéis**
you all see	*you all make*	*you all put*	*you all bring*	*you all know*	*you all know*
ven	**hacen**	**ponen**	**traen**	**conocen**	**saben**
you all see	*you all make*	*you all put*	*you all bring*	*you all know*	*you all know*
they see	*they make*	*they put*	*they bring*	*they know*	*they know*

Conocer means *to know* in the sense of *to be acquainted with*, so you can use it when talking about people you have met and know a little about—and those you know well. **Conocer** can also be used when you're talking about a place you have visited or lived in—in other words, you know something about it.

IRL   **En la vida real...** Ask your friends, **¿Qué países conoces?
¿Qué ciudades conoces? ¿Qué personas famosas conoces?
Y tú—¿cómo contestas estas preguntas?**

Saber is a verb with an irregular **yo** form that you already know—**sé**—but so far we've only been saying what we don't know. Now show off a little! **¡Ojo!** In Spanish, a *know-it-all* is **un sabelotodo.**

> **Ahora—¿qué sabes de los verbos -er?**
> *Now—what do you know about **-er** verbs?*

> **Bueno, sé que no son difíciles. Sé que algunos tienen cambios en el raíz.**
> *Well, I know that they aren't hard. I know that some have stem changes.*

> **Y ahora sé que algunos tienen formas irregulares de yo.**
> *And now I know that some have irregular **yo** forms.*

Hacer is used to ask what people do—but the answer is usually given using another verb, so you don't use **hacer** in the answer.

> **¿Qué haces?**
> *What do you do?*

> **Como, trabajo y estudio.**
> *I eat, I work, and I study.*

Sin embargo (*nevertheless*), since there's no verb that means *to exercise* in Spanish, we have to say **hacer ejercicio**—*to do exercise.* Here are some instances where you could answer using the verb **hacer.**

> **¿Qué haces?**
> *What do you do?*

> **Hago ejercicio en el gimnasio.**
> *I exercise at the gym.*

> **Hago mi trabajo.**
> *I do my job.*

> **Hago mi tarea.**
> *I do my homework.*

Other Verbs Whose Infinitives End in *-cer*

Now that you can use **conocer**, you will find it easy to use other Spanish verbs whose infinitives end in **-cer**. They are all regular, with a **yo** form that ends in **-zco**.

Here are three more verbs that are conjugated like **conocer**, along with their irregular **yo** forms.

	merecer *to deserve*	**obedecer** *to obey*	**parecer** *to seem, appear*
(yo)	**merezco** *I deserve*	**obedezco** *I obey*	**parezco** *I seem, I appear*

Verbs Whose Infinitives End in *-ger*

Remember that the letter **g** before **e** or **i** represents a "throat-clearing sound," but before **a**, **o**, or **u**, it represents a "hard sound" as in *go*. This causes an automatic spelling change in the **yo** form of **-ger** verbs: from **-go** to **-jo**.

escoger
to choose

escojo	escoges	escoge
escogemos	escogéis	escogen

proteger
to protect

protejo	proteges	protege
protegemos	protegéis	protegen

recoger
to pick up

recojo	recoges	recoge
recogemos	recogéis	recogen

EJERCICIOS

EJERCICIO 13-9

Write the Spanish equivalent of each of the following sentences.

1. We learn something every day.

2. They drink a lot of water.

3. We eat in the cafeteria on Thursdays.

4. She understands English.

5. I believe (that) you are right.

6. You choose the game.

7. I hide the candy.

8. He reads a lot.

9. You all answer often.

10. What do you all sell?

EJERCICIO 13-10

Write a complete Spanish sentence to answer each of the following questions, stating that you don't know, but you think that..., and give a possible opinion.

1. ¿Aprende francés tu profesor(a) de español?

2. ¿Qué lee una amiga tuya?

3. ¿Quiénes hacen ejercicio?

4. ¿Dónde comen con frecuencia muchos estadounidenses?

5. ¿A qué hora corre la gente en el parque?

6. ¿Dónde venden los mejores zapatos?

7. ¿Qué día recogen la basura en tu comunidad?

8. ¿Comprenden español todos tus profesores?

EJERCICIO 13-11

Answer each of the following questions with a complete Spanish sentence.

1. ¿Qué lees tú?

2. ¿Corre tu mejor amigo/amiga?

3. ¿Qué comen tú y tus amigos en un restaurante?

4. ¿Dónde venden pescado fresco en tu comunidad?

5. ¿Qué pierdes a veces?

6. ¿A cuántas personas hispanas conoces?

7. ¿A qué hora vuelves a casa después de tus clases?

8. ¿Qué come la gente en los restaurantes mexicanos?

9. ¿Sabe tu mejor amigo/amiga dónde estás?

10. ¿Sabes la fecha del cumpleaños de tu profesor(a)?

EJERCICIO 13-12

Write the Spanish equivalent of each of the following sentences.

1. I know (am acquainted with) Mexico.

2. Do you know my name?

3. It seems impossible.

4. I always put the keys on the table.

5. What time does your brother exercise?

6. They see the truth.

7. You all deserve a prize.

8. Does your sister do her homework every day?

9. What do you bring to class?

10. She solves the math problems fast.

-ir Verbs

Conjugating -ir Verbs in el tiempo presente

First, find the verb stem by removing the infinitive ending.

abrir – ir → abr-
to open

escribir – ir → escrib-
to write

Then add the following endings to the stem to distinguish the subjects
(*I, you, he, she, it, we, you all, they*).

Infinitive	Stem	Subject pronoun (optional)	Subject ending	Conjugated form
abrir *to open*	**abr-** *open*	**(yo)** *I*	**-o**	**abro** *I open*
escribir *to write*	**escrib-** *write*	**(yo)** *I*	**-o**	**escribo** *I write*
abrir *to open*	**abr-** *open*	**(tú)** *you*	**-es**	**abres** *you open*
escribir *to write*	**escrib-** *write*	**(tú)** *you*	**-es**	**escribes** *you write*
abrir *to open*	**abr-** *open*	**(usted)** *you*	**-e**	**abre** *you open*
		(él/ella) *he/she/it*	**-e**	**abre** *he/she/it opens*
escribir *to write*	**escrib-** *write*	**(usted)** *you*	**-e**	**escribe** *you write*
		(él/ella) *he/she/it*	**-e**	**escribe** *he/she/it writes*

Infinitive	Stem	Subject pronoun (optional)	Subject ending	Conjugated form
abrir to open	**abr-** open	(nosotros/as) we	-imos	**abrimos** we open
escribir to write	**escrib-** write	(nosotros/as) we	-imos	**escribimos** we write
abrir to open	**abr-** open	(vosotros/as) you all	-ís	**abrís** you all open
escribir to write	**escrib-** write	(vosotros/as) you all	-ís	**escribís** you all write
abrir to open	**abr-** open	(ustedes) you all	-en	**abren** you all open
		(ellos/ellas) they	-en	**abren** they open
escribir to write	**escrib-** write	(ustedes) you all	-en	**escriben** you all write
		(ellos/ellas) they	-en	**escriben** they write

Here are more **-ir** verbs. Practice these verbs by asking yourself who does these activities, and with whom, when, where, and how often.

asistir a	**recibir**	**vivir**
to attend (an event)	to receive	to live

Did you notice that **-ir** verb conjugations differ from **-er** conjugations only in the **nosotros/as** and **vosotros/as** forms? **¿Sí?** Once again, you are **brillante!** ☺

Have a look at the following examples.

Pregunta	Respuesta
¿Escribís en clase?	**Sí, escribimos en clase.**
Do you all write in class?	*Yes, we write in class.*
¿Abrís vuestros libros en clase?	**No, no abrimos nuestros libros en clase.**
Do you open your books in class?	*No, we don't open our books in class.*
¿Recibís todos buenas notas?	**Sí, todos recibimos buenas notas.**
Do you all get good grades?	*Yes, we all get good grades.*
¿Dónde vivís?	**Vivimos cerca de la escuela.**
Where do you all live?	*We live near school.*
¿Asistís a clase todos los días?	**No, sólo asistimos a clase los viernes.**
Do you attend class every day?	*No, we only attend class on Fridays.*

BTW

Por cierto... Asistir y atender (ie) son falsos amigos. Asistir a *means* to attend *an event,* **and atender a** *means* to assist, to attend to, *or* to pay attention to *somebody.*

The Verb *salir,* an *-ir* Verb with an Irregular *yo* Form

This can be a fun verb because it means *to go out,* as in *to date.* ☺ But it can also be a sad verb, because it can be used to say that someone *leaves*— and you are left alone. ☹ Note the irregular **yo** form in the conjugation of **salir**.

salgo	**sales**	**sale**	**salimos**	**salís**	**salen**
I go out	*you go out*	*you go out*	*we go out*	*you all go out*	*you all go out*
		he goes out			*they go out*
		she goes out			
		it goes out			

Here are some examples.

Pregunta	Respuesta
¿Con quién sales?	**Salgo con mi novia.**
Who do you go out with?	*I go out with my girlfriend.*
¿A qué hora sale el tren?	**Creo que sale a las seis.**
What time does the train leave?	*I think it leaves at six.*
¿Salís juntos?	**Sí, salimos juntos.**
Are you going out together?	*Yes, we're going out together.*
¿Salen a cenar?	**No, salimos a comprar.**
Are you going out to have dinner?	*No, we're going out to shop.*
¿Cuándo salen de Nueva York?	**Salen mañana por la mañana.**
When do they leave New York?	*They leave tomorrow morning.*

Using Stem-Changing -ir Verbs

There are three possible stem changes with **-ir** verbs: **(ie)**, **(ue)**, and **(i)**. As with the **-ar** and **-er** verbs, replace the vowel closest to the end of the stem with the vowels indicated in parentheses in all conjugated forms except **nosotros/as** and **vosotros/as**.

Here are example conjugations showing the possible stem changes for **-ir** verbs. Conjugations are given for all three types, with English translations for only the first example verb, **preferir**.

preferir (ie)
to prefer

prefiero	**prefieres**	**prefiere**	**preferimos**	**preferís**	**prefieren**
I prefer	*you prefer*	*you prefer* *he prefers* *she prefers* *it prefers*	*we prefer*	*you all* *prefer*	*you all* *prefer* *they prefer*

mentir (ie)
to lie (not tell the truth)

miento	**mientes**	**miente**	**mentimos**	**mentís**	**mienten**

dormir (ue)
to sleep

duermo	**duermes**	**duerme**	**dormimos**	**dormís**	**duermen**

morir (ue)
to die

muero	**mueres**	**muere**	**morimos**	**morís**	**mueren**

servir (i)
to serve

sirvo	**sirves**	**sirve**	**servimos**	**servís**	**sirven**

BTW

Por cierto... *Um . . . can you actually say* **muero** *or* **morimos**? *Sure! It works if you're talking about a* **pieza de teatro** *(play) or* **película** *(movie) you're acting in.*

🔊 DIÁLOGO **Un consejo**

Álvaro	Pablo
Hermano, tengo un gran problema. Le escribo muchos emails a mi novia, pero ella nunca me contesta.	**¿Estás seguro que ella recibe tus mensajes?**
Brother, I've got a big problem. I write a lot of emails to my girlfriend, but she never answers.	*Are you sure she's receiving your messages?*
Pues, creo que sí. Creo que tengo la dirección correcta.	**¿Sabes si ella abre su correo?**
I guess so. I think I have the right address.	*Do you know if she opens her email?*
No, no lo sé.	**¿Sabes dónde vive?**
No, I really don't know.	*Do you know where she lives?*
Sí, vive en la Calle Mercedes, 4B.	**Entonces, tengo una idea. ¿Por qué no le escribes una carta tradicional? Es mucho más romántico.**
Yes, she lives at 4B Mercedes Street.	*Then I have an idea. Why don't you send her an old-fashioned letter? It's much more romantic.*
Sí, es una buena idea. Las chicas prefieren las cartas verdaderas. Eres un genio.	**Un genio, no. Pero conozco bien a las chicas.**
Yes, that's a good idea. Girls prefer real letters. You're a genius.	*No, not a genius. But I do understand girls.*

The Verbs *decir* (i) and *venir* (ie)—Two Stem-Changing *-ir* Verbs with Irregular *yo* Forms

As you know, it's not uncommon for verbs that are used very frequently to keep their ancient forms. Once you get used to them, they will seem like old friends: You don't think about how they *should* be, but how they *are*!

Note the irregular **yo** form for the verb **decir**, in addition to its stem change.

decir (i)
to say

digo	**dices**	**dice**	**decimos**	**decís**	**dicen**
I say	*you say*	*you say* *he says* *she says* *it says*	*we say*	*you all say*	*you all say* *they say*

Let's look at some examples using **decir**.

Pregunta	Respuesta
¿Qué dices?	**Digo que él miente.**
What do you say?	*I say that he lies.*
¿Qué dice tu mamá?	**Dice que soy un ángel.**
What does your mom say?	*She says (that) I'm an angel.*

BTW

¿Qué decís del nuevo profesor?	**Decimos que es divertido.**
What do you all say about the new teacher?	*We say he's funny.*
¿Qué dicen ustedes?	**Decimos que es exigente.**
What do you all say?	*We say he's strict.*
¿Qué dicen tus padres?	**Dicen que mis notas no son muy buenas.**
What do your parents say?	*They say my grades aren't very good.*

Venir (ie) is another stem-changing **-ir** verb with an irregular **yo** form.

venir (ie)
to come

vengo	**vienes**	**viene**	**venimos**	**venís**	**vienen**
I come	*you come*	*you come*	*we come*	*you all come*	*you all come*
		he comes			*they come*
		she comes			
		it comes			

Ir (*to go*) is a verb that we already know how to use. It looks like an **-ir** verb, right? But if we take off the **-ir** ending, we're left with nothing. **¿Cómo?** What we have is an **-ar** verb with an irregular **yo** form. (**Bueno**, that's one way of looking at it!)

ir
to go

voy	**vas**	**va**	**vamos**	**vais**	**van**
I go	*you go*	*you go*	*we go*	*you all go*	*you all go*
		he goes			*they go*
		she goes			
		it goes			

IRL **En la vida real...** Ir and **venir** are sometimes the same as *to go* and *to come* . . . but sometimes not. Picture the following scenario:

You are in the back of the house when the doorbell rings. You yell, "I'm coming!" **¿Verdad?** But if you're speaking Spanish, you would yell, "**¡Voy!**"

The explanation is this: In English, you *go there* and you *come here*—but if the person you're talking to is *there*—or is going to be *there*—you will say, "I'm coming (there)."

In Spanish, though, we say **vas allí** and **vienes acá**—*always*. Even if the person you are talking to is—or is going to be—**allí**, you still use **voy**.

This is why a Spanish speaker might say to you, "I'm going to your party." And you think, "But I'm going to be there!"

Verbs Whose Infinitives End in *-uir*

A number of verbs have an infinitive that ends in **-uir**, and they have a spelling change in all forms except **nosotros/as** and **vosotros/as**. Here are some verbs that have this pattern, with full English translations given for only the first example verb, **construir**.

construir
to build, construct

construyo	**construyes**	**construye**
I build	*you build*	*you build*
		he builds
		she builds
		it builds
construimos	**construís**	**construyen**
we build	*you all build*	*you all build*
		they build

contribuir
to contribute

| contribuyo | contribuyes | contribuye |
| contribuimos | contribuís | contribuyen |

destruir
to destroy

| destruyo | destruyes | destruye |
| destruimos | destruís | destruyen |

distribuir
to distribute

| distribuyo | distribuyes | distribuye |
| distribuimos | distribuís | distribuyen |

huir
to run away

| huyo | huyes | huye |
| huimos | huís | huyen |

¡Ojo! Infinitives that end in **-guir** do not follow this pattern—because the **u** that follows the **g** is really there to give a "hard g" sound before the letter **i** or **e**. Take a look at these verbs, and you'll see the difference.

seguir (i)
to follow

| sigo | sigues | sigue |
| seguimos | seguís | siguen |

conseguir (i)
to get, acquire

| consigo | consigues | consigue |
| conseguimos | conseguís | consiguen |

perseguir (i)
to pursue

| persigo | persigues | persigue |
| perseguimos | perseguís | persiguen |

The Verb *oír*

This **-ir** verb is a common one, so—you guessed it!—it has an irregular **yo** form in addition to a spelling change in all forms except **nosotros/as** and **vosotros/as**.

oír
to hear

oigo	oyes	oye	oímos	oís	oyen
I hear	*you hear*	*you hear*	*we hear*	*you all hear*	*you all hear*
		he hears			*they hear*
		she hears			
		it hears			

IRL   **En la vida real...** This verb is often used (in its command forms) to get somebody's attention. You hear it on the street and in conversation.

| **¡Oiga! (usted)** | **¡Oye! (tú)** | **¡Oigan ustedes!** |
| *Hey! / Listen!* | *Hey! / Listen!* | *Hey! / Listen!* |

It's not exactly polite, like **por favor**—but it's not really impolite, either. It's actually very much like *Hey!*—and can be useful in an emergency.

The Verb elegir—and Other Verbs Whose Infinitives End in -gir

This verb can mean *to elect*—but it is also used frequently to mean simply *to choose, select*. There is an automatic spelling change in the **yo** form in order to keep the original pronunciation of the **g**.

elijo	**eliges**	**elige**
I choose	*you choose*	*you choose*
		he chooses
		she chooses
		it chooses

elegimos	**elegís**	**eligen**
we choose	*you all choose*	*you all choose*
		they choose

As you know, the letter **g** before **e** or **i** has a "throat-clearing" sound, but a **g** before **a** or **o** has a "hard sound" as in *go*. To keep the sound of the infinitive, the letter **g** is changed to **j** before the letter **a** or **o**.

Here are some other **-gir** verbs.

dirigir
to direct

dirijo	**diriges**	**dirige**
I direct	*you direct*	*you direct*
		he directs
		she directs
		it directs

dirigimos	**dirigís**	**dirigen**
we direct	*you all direct*	*you all direct*
		they direct

fingir
to pretend

finjo	**finges**	**finge**
I pretend	*you pretend*	*you pretend*
		he pretends
		she pretends
		it pretends
fingimos	**fingís**	**fingen**
we pretend	*you all pretend*	*you all pretend*
		they pretend

Verbs Whose Infinitives End in *-cir*

Infinitives ending in **-cir** are similar to **-cer** infinitives: Their **yo** form ends in **-zco**, but otherwise they follow the regular conjugation patterns.

conducir
to drive

conduzco	**conduces**	**conduce**
conducimos	**conducís**	**conducen**

producir
to produce

produzco	**produces**	**produce**
producimos	**producís**	**producen**

reducir
to reduce

reduzco	**reduces**	**reduce**
reducimos	**reducís**	**reducen**

That's it! You did it! **¡Felicidades!** You have learned all the conjugations of regular and irregular verbs in **el tiempo presente**.

IRL **En la vida real...** **¡S–O–C–K–S fantástico!** What!? This comes from an old joke, but it's a great way to remember a fun phrase—and sound very authentic, too!

Spell the word *socks* (in English, but with a good Spanish accent) and it sounds like

Eso sí que es... fantástico/bueno/horrible...
That sure is . . . fantastic/good/horrible . . .

And if you want to say "No way!"—just say "**¡Eso sí que no!**"

EJERCICIOS

EJERCICIO 13-13

Write the Spanish equivalent of each of the following sentences.

1. We attend classes every day.

2. Do you (**tú**) prefer emails or texts?

3. She writes a lot of letters.

4. Where do they live?

5. I receive a lot of messages on my phone.

6. They serve breakfast at 8 a.m.

7. I think he lies.

8. How many hours do you (**tú**) sleep at night?

9. Do you (**tú**) go out with him?

10. What time do you all leave for school?

EJERCICIO 13-14

Form a question in Spanish for each of the following answers.

1. No, no duerme bien.

2. Preferimos helado de chocolate.

3. El abuelo muere al final de la película.

4. Sí, creo que la novia miente.

5. Mi mamá sirve la cena en mi casa.

6. No sé a qué universidad asiste ella.

7. Mi hermana vive en Chicago con su esposo y sus hijos.

8. Sí, sale con esa chica.

9. Dice que no.

10. No dicen nada.

EJERCICIO 13-15

Answer each of the following questions about this chapter's **diálogo, Un consejo,** *with a complete Spanish sentence.*

1. ¿Cuál es el problema de Álvaro?

2. ¿Con quién habla?

3. ¿Dónde vive la chica?

4. ¿Abre la chica sus emails?

5. ¿Crees que una carta tradicional es una buena idea?

6. ¿Prefieres emails, textos o cartas tradicionales?

EJERCICIO 13-16

Write the Spanish equivalent of each of the following sentences.

1. I contribute.

2. They distribute.

3. She builds.

4. We don't hear.

5. Do you hear?

6. Do you all contribute?

7. He destroys.

8. We come.

9. They go.

10. I hear.

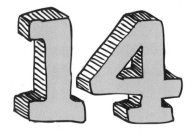

Describing Actions Toward People and Things

MUST KNOW

⚡ Direct objects enable us to describe our own actions in relation to other people and things. Their pronouns—**me**, **te**, **lo**, **la**, **nos**, **os**, **los**, **las**— allow us to avoid repeating their names, just like *me*, *you*, *him*, *her*, *it*, *us*, and *them* do in English.

⚡ The order of words in a Spanish sentence is often different from the order of words in the equivalent English sentence.

⚡ Object pronouns go *before* a conjugated verb in Spanish, rather than *after*, as in English.

ou have learned all the possible conjugations of Spanish verbs in **el tiempo presente**—and all of their idiosyncrasies as well. Now let's explore the ways these verbs interact with other parts of speech. This will enable us to talk about a lot more that's going on in our lives. Don't be put off by grammatical terms like *transitive verb* and *direct object*: After you finish this chapter, you'll be explaining these terms to your friends! **¡De verdad!**

Verbs That Cannot Take a Direct Object Noun or Pronoun

Back in the olden days, when your great-grandparents diagrammed sentences in their English classes, they learned about intransitive verbs like these:

vivir	**venir**	**ir**
to live	*to come*	*to go*

Vivir, **venir**, and **ir** can stand alone (with nothing after them)—or they can be followed by a prepositional phrase that tells *where, how, how much, when, why*, and so on.

Vivo (en EEUU).	**Viene (a las tres).**	**Vamos (al mercado).**
I live (in the United States).	*She comes (at three).*	*We go (to the market).*

Intransitive verbs can be followed (or preceded) by their subjects, answering the question *Who?*

¿Quién viene...?	**Viene María.**
Who comes . . . ?	*María comes.*

¿Quiénes van...?	**Van Juan y Ramón.**
Who goes . . . ?	*Juan and Ramón go.*

But intransitive verbs cannot answer questions like **What** do you [*live*]? or **What** do you [*go*]?—these questions make no sense! You cannot "live something" or "go something."

Verbs Used with Direct Object Nouns and Pronouns

There are other verbs that can answer these *what* questions. These are the transitive verbs—verbs that may be followed by a direct object. Think of the direct object as the target of the verb, or the thing or person that answers a question like **What** do you [*see*]? or **What** do you [*have*]?

ver	**oír**	**tener**
to see	*to hear*	*to have*

Now, it's true that some of these verbs can stand alone in certain situations. Here are some examples.

¿Ves?	**Sí, veo.**
Do you see?	*Yes, I see.*

¿Oyes?	**Sí, oigo.**
Do you hear?	*Yes, I hear.*

But you might also be asked

¿Qué ves?	**¿Qué oyes?**	**¿Qué tienes?**
What do you see?	*What do you hear?*	*What do you have?*

For the answer to those questions, we use a direct object.

Veo la casa.	**Oigo la música.**	**Tengo un libro.**
I see the house.	*I hear the music.*	*I have a book.*
Veo las manzanas.	**Oigo los gritos.**	**Tengo los boletos.**
I see the apples.	*I hear the shouts.*	*I have the tickets.*

Direct Objects That Are Things

Now, suppose we want to talk more about the things we see, hear, or have—like *the house*, *the music*, *the book*, *the apples*, *the shouts*, or *the tickets*. To avoid repeating those nouns in English, we say *it* or *them*—the direct object pronouns for things. In Spanish, since a direct object can be masculine or feminine as well as singular or plural, the direct object pronouns must be as well. Here are the Spanish direct object pronouns that refer to things.

	Masculine	Feminine
Singular	lo (*it*)	la (*it*)
Plural	los (*them*)	las (*them*)

Placement of Direct Object Pronouns

In English, direct object pronouns come after the conjugated verb—but in Spanish, they must come before it. Compare these examples that show how direct object pronouns replace nouns in Spanish.

Veo la casa.	**La veo.**	**Veo las manzanas.**	**Las veo.**
I see the house.	*I see it.*	*I see the apples.*	*I see them.*
Oigo la música.	**La oigo.**	**Oigo los gritos.**	**Los oigo.**
I hear the music.	*I hear it.*	*I hear the shouts.*	*I hear them.*
Tengo un libro.	**Lo tengo.**	**Tengo los boletos.**	**Los tengo.**
I have a book.	*I have it.*	*I have the tickets.*	*I have them.*

Direct Objects That Are People

While we rarely use *whom* anymore in English, its equivalent in Spanish, **a quien**, is important. Both refer to a direct object that is a person. In Spanish, when the direct object is a person (or more than one person), the preposition **a** must precede the person's name—or any noun that symbolizes a person, like **amigo**, **hermana**, **profesor**, and so on. This is called the personal **a**.

Pregunta	Respuesta
¿A quién ves? *Who(m) do you see?*	**Veo a Rosita.** *I see Rosita.* **Veo a mi amiga.** *I see my friend.*
¿A quién oyes? *Who(m) do you listen to?*	**Oigo a Marco Antonio.** *I listen to Marco Antonio.* **Oigo a mi músico favorito.** *I listen to my favorite musician.*
¿A quiénes ve Sara? *Who(m) does Sara see?*	**Ve a sus padres.** *She sees her parents.*
¿A quiénes oye? *Who(m) does she listen to?*	**Oye a "Los Guapos"—un grupo nuevo.** *She listens to "Los Guapos"—a new group.*

Let's look at the direct object pronouns that represent people.

me	**te**	**lo**	**la**	**nos**	**os**	**los**	**las**
me	*you*	*you* *him*	*you* *her*	*us*	*you all*	*you all* *them*	*you all* *them*

Here are some examples.

Veo a mi hermana.　　**La veo.**
I see my sister.　　*I see her.*

Ella quiere a su papá.　　**Lo quiere.**
She loves her dad.　　*She loves him.*

Diego visita a su abuela.　　**La visita.**
Diego visits his grandmother.　　*He visits her.*

Mario llama a Ana y Bea.
Mario calls Ana and Bea.

Las llama.
He calls them.

Ellas llaman a los chicos.
They call the boys.

Los llaman.
They call them.

Jorge me llama.
Jorge calls me.

Yo te llamo.
I call you.

Los chicos nos llaman.
The boys call us.

Nosotras os llamamos.
We call you all.

More Practice with Direct Objects

Here are more transitive verbs you can practice using direct objects with. It can be tricky, especially with the word order, but if you practice a lot, soon it will just "sound right" and come naturally. Remember that the subject of the sentence—which is usually the first word of an English sentence—is always indicated by the ending of the conjugated verb form in Spanish.

-ar	-er	-ir
ayudar	**aprender**	**abrir**
to help	*to learn*	*to open*
buscar	**beber**	**cubrir**
to look for	*to drink*	*to cover*
comprar	**comer**	**descubrir**
to buy	*to eat*	*to discover*

encontrar (ue)
to find

escuchar
to listen

extrañar
to miss (a person or place)

levantar
to lift up

llamar
to call

llevar
to carry, take

mirar
to look at

necesitar
to need

textear
to text

visitar
to visit

comprender
to understand

escoger
to choose

esconder
to hide

perder (ie)
to lose

proteger
to protect

querer
to want (a thing), *to love* (a person)

recoger
to pick up

tener
to have

traer
to bring

ver
to see, watch

divertir (ie)
to entertain, make laugh

elegir
to choose, elect

escribir
to write

oír
to hear

preferir (ie)
to prefer

Here are some examples that use direct objects. Some of the direct objects are people and others are things.

Pregunta	Respuesta
¿Quién te ayuda?	**Mi papá me ayuda. /** **Me ayuda mi papá.**
Who helps you?	*My dad helps me.*

¿A quién visita tu hermana?
Who(m) does your sister visit?

Visita a nuestro abuelo. Lo visita.
She visits our grandfather. She visits him.

¿Quién llama a tu mamá?
Who calls your mom?

Su jefa la llama. / La llama su jefa.
Her boss calls her.

¿A quién llama tu mamá?
Who(m) does your mom call?

Llama a sus amigas. Las llama.
She calls her friends. She calls them.

¿Qué buscan los chicos en la tarde?
What do the kids look for in the afternoon?

Buscan sus cosas. Las buscan.

They look for their things. They look for them.

¿A qué hora te recoge tu hermana?
What time does your sister pick you up?

Me recoge a las seis.

She picks me up at six.

¿Qué compran siempre las chicas?
What do the girls always buy?

Compran zapatos. Los compran.

They buy shoes. They buy them.

¿Qué ven ustedes en la tele?
What do you all watch on TV?

Vemos el programa nuevo. Lo vemos.
We watch the new program. We watch it.

BTW

Por cierto... *Note that* **el programa** *is masculine, as are* **el problema** *and* **el sistema**. *(These neuter nouns were borrowed from Greek—and became masculine in the Romance languages.)*

Compare these ways to say *look*, *see*, and *watch*.

mirar	**ver**	**buscar**
to look at	*to see, watch*	*to look for*

Here are some examples to show how they're used.

Por la mañana, Elena siempre mira el periódico.
In the morning, Elena always looks at the newspaper.

¿Ven mucho la tele?	**Sí, vemos el fútbol todos los fines de semana.**
Do you watch TV a lot?	*Yes, we watch soccer (games) every weekend.*
¿Qué busca Luisa cuando tiene frío?	**Busca su suéter.**
What does Luisa look for when she's cold?	*She looks for her sweater.*
¿A quién busca Luisa cuando está enferma?	**Busca al médico.**
Who does Luisa look for when she's sick?	*She looks for the doctor.*

When the verb **querer** is followed by a person, it changes its meaning from *to want* to *to love*—or *to really care about*. This could be the most important sentence in the universe.

¡Te quiero (mucho)!
I love you (a lot)!

And to find out if it's mutual, you could ask

¿Me quieres?
Do you love me?

Remember that when you refer to a person who is loved, Spanish requires the personal **a** before the person's name or the noun that refers to this special person. Compare these examples:

Quiero el carro.
I want the car.

Lo quiero.
I want it.

Quiero la bicicleta.
I want the bicycle.

La quiero.
I want it.

Quiero a Javier.
I love Javier.

Lo quiero.
I love him.

Quiero a María.
I love María.

La quiero.
I love her.

Quiero a mi amigo.
I care about my friend.

Lo quiero.
I care about him.

Quiero a mi mamá.
I love my mom.

La quiero.
I love her.

 LECTURA Mejores amigos

Mis mejores amigos—las personas que son más importantes en mi vida—son, por supuesto, mis padres y mi hermano. Los quiero muchísimo. También importante para mí es mi amiga Sara—y realmente, la quiero como a una hermana.

Pero también considero que mis libros son buenos amigos. Los leo cuando tengo tiempo libre los fines de semana y especialmente durante las vacaciones. Leo muchas novelas históricas, y las adoro. También leo cuentos, obras de teatro, biografía y a veces ciencia ficción. No olvido a los personajes de mis libros favoritos, porque los quiero y son parte de mi vida.

DIÁLOGO Ayuda con la tarea

Andrés	Cristina
Cristina, tu novio habla español muy bien. ¿Te ayuda con tu tarea?	**Sí, me ayuda con mi tarea. La lee, pero no la corrige. Me dice si hay errores, y yo los corrijo.**
Cristina, your boyfriend speaks Spanish very well. Does he help you with your homework?	*Yes, he helps me with my homework. He reads it, but he doesn't correct it. He tells me if there are any mistakes, and I correct them.*
¡Qué bueno! Así aprendes más, ¿verdad?	**Claro. Además, cuando me llama por teléfono, nos hablamos en español.**
That's great! You learn more that way, don't you?	*Yes. Also, when he calls me on the phone, we talk to each other in Spanish.*
¿Lo ves todos los días?	**No. No lo veo entresemana, sólo los fines de semana.**
Do you see him every day?	*No, I don't see him on weekdays, only on weekends.*
¿Lo llamas a veces?	**Si necesito algo, lo llamo. Pero por lo general él me llama a mí.**
Do you ever call him?	*If I need something, I call him. But he usually calls me.*
¿Siempre llevas tu celular contigo?	**Sí, lo tengo aquí en mi cartera.**
Do you always carry your cell phone?	*Yes, I have it here in my purse.*

EJERCICIOS

EJERCICIO 14-1

Write the direct object in each of the following sentences.

1. Jaime mira el periódico.

2. Jaime mira a su amigo.

3. Marta visita el museo.

4. Marta visita a Carlos.

5. Sara y yo queremos chocolate.

6. Sara y yo queremos a nuestra mamá.

7. Tomás y Miguel necesitan dinero.

8. Tomás y Miguel necesitan a sus padres.

9. Raquel prefiere el vestido rojo.

10. Raquel prefiere al profesor exigente.

11. Ramón escucha la música.

12. Ramón escucha a la profesora.

13. Extraño mi país.

14. Extraño a mi novio.

EJERCICIO 14-2

*Rewrite each of the sentences in **Ejercicio 14-1**, changing the direct object nouns to direct object pronouns.*

EJERCICIO 14-3

Write the Spanish equivalent of each of the following sentences.

1. I want the car.

2. I love my friend.

3. We visit the school.

4. We visit the teachers.

5. She looks at the building.

6. She looks at the students.

7. He listens to the radio.

8. He doesn't listen to his mom.

9. Do you call your boyfriend?

10. Does he call his grandmother?

EJERCICIO 14-4

*Rewrite each of the Spanish answers from **Ejercicio 14-3**, changing the direct object nouns to direct object pronouns.*

EJERCICIO 14-5

Answer each of the following questions about this chapter's **diálogo, Ayuda con la tarea,** *with a complete Spanish sentence.*

1. ¿Quién ayuda a Cristina con su tarea?

2. ¿Él la lee y la corrige?

3. Por lo general, ¿quién llama a quién?

4. ¿Qué idioma hablan por teléfono?

5. ¿Lleva Cristina su celular?

6. ¿Dónde lo tiene?

EJERCICIO 14-6

Answer each of the following questions with a complete Spanish sentence.

1. ¿Quién te ayuda con tu tarea?

2. ¿A quién ayudas?

3. ¿A quiénes visitan tú y tus amigos?

4. ¿Quiénes te visitan cuando estás enfermo/enferma?

5. ¿Quién te llama por celular?

6. ¿A quién llamas con mucha frecuencia?

7. ¿Quiénes te quieren?

8. ¿A quiénes quieres?

EJERCICIO 14-7

Form a question in Spanish for each of the following answers.

1. Sí, los extraño mucho.

2. La llamo todos los días.

3. Sí, lo estudio.

4. No, no lo estudian.

5. Lo practicamos en clase.

6. La escucho en casa.

7. Lo llevo en mi cartera.

EJERCICIO 14-8

*Answer each of the following questions about this chapter's **lectura**, **Mejores amigos**, with a complete Spanish sentence.*

1. ¿A quiénes quiere mucho la autora?

2. ¿Cómo es Sara para ella?

3. ¿Qué lee ella?

4. ¿Cuándo lee sus libros?

Speaking Reflexively and Impersonally

MUST KNOW

 Reflexive verbs—identified by **se** attached to the infinitive—are very common in Spanish. They enable us to express a number of activities in an efficient manner—but it differs quite a bit from English.

 Plural reflexive pronouns are used to express *ourselves* and *themselves,* as well as *each other.*

 The particle **se** can also be used to express action involving people in general.

In this chapter, we will explore the frequent use of the words for *-self* and *-selves* in Spanish—in many cases used to describe actions that do not use *-self* and *-selves* in English. You'll see why you shouldn't try to translate word for word, or try to fit Spanish expressions into English patterns. If we focus on what is being said in Spanish—and getting the meaning—then it's kind of fun to see how the Spanish mind works. ☺

Infinitives That Include -se

Some verbs have **se** at the end of their infinitive forms. This indicates that these verbs' direct objects are actually the same person or thing as their subjects. Direct objects that refer to *myself, yourself, himself, herself, itself, ourselves, yourselves, themselves* are called reflexive pronouns.

Here are the reflexive pronouns in Spanish.

me	te	se	nos	os	se
myself	*yourself*	*yourself*	*ourselves*	*yourselves*	*yourselves*
		himself			*themselves*
		herself			
		itself			
		oneself			

The trick to using these correctly is to make sure that the subject (indicated by the conjugated verb ending) and the reflexive pronoun are the same person. For example, here is the pattern for the verb **cuidarse**.

cuidarse
to take care of oneself

me cuido	te cuidas	se cuida
I take care of myself	*you take care of yourself*	*you take care of yourself*
		he takes care of himself
		she takes care of herself

nos cuidamos	**os cuidáis**	**se cuidan**
we take care of ourselves	*you all take care of yourselves*	*you all take care of yourselves* *they take care of themselves*

Here are a couple of examples.

Mi tía tiene cincuenta y cinco años y es todavía muy bonita, porque se cuida mucho.

My aunt is fifty-five and is still beautiful because she takes good care of herself.

Mis papás también se cuidan: mi mamá va al gimnasio y mi papá corre todos los días.

My parents take care of themselves, too: My mom goes to the gym, and my dad runs every day.

Of course—as always—if you want to include the subject for emphasis, it must also agree with the conjugated verb form and the reflexive pronoun.

yo me cuido	**tú te cuidas**	**usted se cuida** **él se cuida** **ella se cuida**
nosotros nos cuidamos	**vosotros os cuidáis**	**ustedes se cuidan** **ellos se cuidan** **ellas se cuidan**

Let's look at an example.

Gladys está en mejor forma que Carlos. Ella se cuida, pero él, no.

Gladys is in better shape than Carlos. She takes care of herself, but he doesn't.

Let's compare the use of reflexive pronouns with the use of direct object pronouns using the same verb.

Reflexive pronoun	Direct object pronoun
cuidarse	**cuidar**
to take care of oneself	*to take care of* (somebody else)
Me cuido.	**Te cuido.**
I take care of myself.	*I take care of you.*
Te cuidas.	**Me cuidas.**
You take care of yourself.	*You take care of me.*
Se cuida.	**Lo cuida.**
You take care of yourself.	*You take care of him.*
Se cuida.	**La cuida.**
He takes care of himself.	*He takes care of her.*
Se cuida.	**Nos cuida.**
She takes care of herself.	*She takes care of us.*
Nos cuidamos.	**Te cuidamos.**
We take care of ourselves.	*We take care of you.*
Os cuidáis.	**Nos cuidáis.**
You all take care of yourselves.	*You all take care of us.*
Se cuidan.	**Nos cuidan.**
You all take care of yourselves.	*You all take care of us.*
Se cuidan.	**Los cuidan.**
They take care of themselves.	*They take care of them* (other people).

The pronoun used—reflexive or direct object—makes a huge difference in meaning! When you use a reflexive pronoun, the subject and the direct object are always the same person. When you use a direct object pronoun, the subject and the direct object are always different people (or things).

Common Verbs That Take Reflexive Pronouns— and How to Translate Them into English

A lot of verbs are used with reflexive object pronouns in Spanish—and most of them are not translated into English with *-self* or *-selves*, but are worded in a different way. This gives many **gringos** a headache. Don't get a headache! Just think about what the Spanish verbs are actually saying, and re-phrase them in English.

Here is one that is usually presented on the first day of Spanish I— before anyone knows what an **-ar** verb is, much less a direct object or a reflexive pronoun. No wonder the students get a **dolor de cabeza**!

Reflexive verb	Literal translation	English expression
llamarse	*to call oneself*	*to be named*
me llamo	*I call myself*	*my name is*
te llamas	*you call yourself*	*your name is*
se llama	*you call yourself*	*your name is*
	he calls himself	*his name is*
	she calls herself	*her name is*
nos llamamos	*we call ourselves*	*our names are*
os llamáis	*you all call yourselves*	*your-all's names are*
se llaman	*you all call yourselves*	*your-all's names are*
	they call themselves	*their names are*

Here are a few examples.

¿Cómo te llamas?
What's your name? (How do you call yourself?)

Me llamo Carolina.
My name's Carolina. (I call myself Carolina.)

Mis amigos se llaman José y Alberto.
My friends' names are José and Alberto. (My friends call themselves José and Alberto.)

IRL **En la vida real...** As you know, **¿Cuál es tu nombre?** is a perfectly legitimate way to ask *What's your name?* And now you know another way to ask the same question: **¿Cómo te llamas?**

Here are more verbs that act just like **llamarse**. They make sense in Spanish, but we use a different pattern for saying these things in English.

Reflexive verb	Verb with direct object
aburrirse *to bore oneself, be bored*	**aburrir** *to bore* (someone else)
acostarse (ue) *to put oneself to bed, lie down*	**acostar (ue)** *to put* (someone else) *to bed*
afeitarse *to shave oneself, shave*	**afeitar** *to shave* (someone else)
bañarse *to bathe oneself, take a bath*	**bañar** *to bathe* (someone else)
despertarse (ie) *to wake oneself up, wake up*	**despertar (ie)** *to wake* (someone else) *up*
divertirse (ie) *to entertain oneself, have a good time*	**divertir (ie)** *to entertain* (someone else)
enojarse *to make yourself mad, get mad*	**enojar** *to make* (someone) *mad*
levantarse *to get oneself up, get up*	**levantar** *to get* (someone) *up*
maquillarse *to make oneself up, put on makeup*	**maquillar** *to make* (someone else) *up*
peinarse *to comb one's hair*	**peinar** *to comb* (someone else's) *hair*

perderse (ie) *to lose oneself, get lost*	**perder (ie)** *to lose* (something or somebody)
ponerse *to put on oneself, put on* (clothing)	**poner** *to put* (something)
quitarse *to remove from oneself, take off* (clothing)	**quitar** *to remove* (something)
sentarse (ie) *to seat oneself, sit down*	**sentar (ie)** *to seat* (someone)
vestirse (i) *to dress oneself, get dressed*	**vestir (i)** *to dress* (someone else)

Let's look at some examples.

El payaso divierte a los niños en la fiesta. Los divierte.
The clown entertains the kids at the party. He entertains them.

Los niños se divierten en la fiesta.
The kids have fun at the party. (They entertain themselves.)

Me peino todos los días antes de ir a la escuela.
I comb my hair every day before going to school.

Voy al salón de belleza los sábados y me peinan muy bien.
I go to the beauty salon on Saturdays and they comb my hair really well.

 **IRL** **En la vida real...** When you think about it, **aburrirse** perfectly describes why people get bored: They are boring themselves!

Alfredo se aburre en la clase. No presta atención.
Alfredo gets bored in class. He doesn't pay attention.

No me aburro en esa clase. La profesora es buenísima.
I don't get bored in that class. The teacher is wonderful.

The verbs **lavar** and **lavarse** show this same pattern.

lavar	**lavar el carro**	
to wash	to wash the car	

lavarse	**lavarse las manos**	**lavarse los dientes**
to wash up	to wash one's hands	to brush one's teeth

Here are some examples.

Cada mañana, Rosa se lava la cara y después, se maquilla.
Each morning, Rosa washes her face, and then she puts on her makeup.

¿Cuántas veces en un día te lavas las manos?
How many times a day do you wash your hands?

Nos lavamos los dientes después de cada comida.
We brush our teeth after every meal.

BTW

Por cierto... *In English, we talk about having a good time—but remember that* **buen tiempo** *means good weather in Spanish. So we have some* **falsos amigos** *to deal with.*

hacer buen tiempo   **divertirse**
to be good weather   *to have a good time*

Siempre me divierto en las vacaciones—aun cuando no hace buen tiempo.
I always have fun on vacation—even when we don't have good weather.

Alfonso no se divierte si hace mal tiempo.
Alfonso doesn't have a good time if it's bad weather.

LECTURA **Rutina diaria**

Todos los días entresemana Camila se despierta a las seis de la mañana y se prepara para ir a la escuela. Primero, se baña y luego se lava los dientes. Se viste rápidamente y luego desayuna un yogur con frutas frescas. Se pone el abrigo, la gorra y los guantes (si hace frío), recoge su mochila y corre para la parada del autobús. Cuando llega a la escuela, va directo a sus clases, presta atención y hace su trabajo. Es una estudiante buena. Almuerza con sus amigas en la cafetería de la escuela. Después de las clases, practica fútbol y luego regresa a su casa en el autobús. Empieza a hacer su tarea, cena con su familia y termina su tarea. Por fin descansa un poco en su dormitorio, pero como está muy cansada, se desviste, se pone su pijama y se acuesta. Se duerme en seguida. Lo bueno es que se reúne con sus amigos y se divierte los fines de semana.

DIÁLOGO **De vacaciones**

Ligia	Inés
Oye, amiga, ¿qué haces tú para relajarte cuando te quedas en la ciudad durante las vacaciones?	**Pues, en primer lugar, me despierto naturalmente, sin despertador.**
Say, what do you do to relax when you stay home during your vacation?	*Well, first, I wake up naturally, without an alarm clock.*
Sí, ¿y después?	**Me quedo en la cama como media hora, luego me levanto y hago unos ejercicios.**
And then?	*I stay in bed about a half hour, then I get up and do a few exercises.*

Entonces, no tienes prisa para nada.

So you're not in a hurry to do anything.

Exactamente. Bajo a la cocina, me preparo un café y leo el periódico.
Exactly. I go down to the kitchen, make myself a cup of coffee, and read the newspaper.

¿Siempre desayunas antes de vestirte?

Do you always eat breakfast before getting dressed?

Durante las vacaciones, sí. Me baño, me lavo los dientes, me visto, me maquillo y finalmente estoy lista para salir.
During my vacation, yes. I take a bath, brush my teeth, get dressed, put on my makeup, and finally I'm ready to go out.

¿Adónde vas?

Where do you go?

Depende. Voy a algún museo o de compras o a visitar a una amiga. Siempre me divierto.
It depends. I go to a museum or shopping or to visit a friend. I always have fun.

¿No te aburres nunca?

Don't you ever get bored?

Claro que no me aburro. En las tardes me siento en el sofá y leo una novela. Y cuando leo, siempre me duermo.
Of course I don't get bored. In the afternoon, I sit on the sofa and read a novel. And I always fall asleep when I read.

¡Qué divino! Pero, ¿no te cansas de estar sola?

Ay, no. Todas las noches salgo a bailar con un grupo de amigos. Nos quedamos en un club hasta muy tarde, nos reímos mucho y la pasamos muy bien. La verdad, no me quejo de nada.

Fantastic! But don't you get tired of being alone?

No way. I go out dancing every night with a group of friends. We stay at a club until late, we laugh a lot, and we have a good time. Really, I have no complaints.

Some verbs that take reflexive pronouns don't have a reflexive meaning.

dormir	**dormirse**	**Me duermo en clase.**
to sleep	*to fall asleep*	*I fall asleep in class.*
enamorar	**enamorarse**	**Ella se enamora fácilmente.**
to charm	*to fall in love*	*She falls in love easily.*
ir	**irse**	**Se van temprano.**
to go	*to leave*	*They're leaving early.*

Here are more reflexive verbs that are always used with reflexive pronouns, but have no reflexive meaning.

quedarse	**Nos quedamos toda la noche.**	
to stay, remain	*We stay all night.*	
quejarse	**Se quejan de todo.**	
to complain	*They complain about everything.*	
reírse (i)	**¿Por qué te ríes?**	**Me río porque me diviertes.**
to laugh	*Why do you laugh?*	*I laugh because you entertain me.*

It is easy to confuse the verbs **sentarse (ie)** and **sentirse (ie)**. Let's look at their conjugations.

sentarse (ie)
to sit down

me siento	**te sientas**	**se sienta**
I sit down	*you sit down*	*you sit down*
		he sits down
		she sits down
nos sentamos	**os sentáis**	**se sientan**
we sit down	*you all sit down*	*you all sit down*
		they sit down

sentirse (ie)
to feel

me siento (bien)	**te sientes (mal)**	**se siente**
I feel (fine)	*you feel (bad)*	*you feel*
		he feels
		she feels
nos sentimos	**os sentís**	**se sienten**
we feel	*you all feel*	*you all feel*
		they feel

Reciprocal Verbs: How to Say "each other" in Spanish

Plural sentences with reflexive pronouns can have a reflexive meaning (*ourselves*, *yourselves*, *themselves*) or a reciprocal meaning (*each other*). Usually the context makes the meaning obvious. Compare the following examples.

■ Suppose you and a friend are looking at each other (maybe during class?). You could say

Nos miramos.
We're looking at each other.

■ Now suppose you are both looking in a mirror. You could say

Nos miramos.
We're looking at ourselves.

■ Others observing you looking at each other in class might say

Se miran.
They're looking at each other.

■ Others watching both of you looking in the mirror could say

Se miran.
They're looking at themselves.

Other common verbs like this include the following.

cuidarse	nos cuidamos	se cuidan
	we take care of each other	*they take care of each other*
	we take care of ourselves	*they take care of themselves*
hablarse	nos hablamos	se hablan
	we talk to each other	*they talk to each other*
	we talk to ourselves	*they talk to themselves*
lastimarse	nos lastimamos	se lastiman
	we hurt each other	*they hurt each other*
	we hurt ourselves	*they hurt themselves*
servirse	nos servimos	se sirven
	we serve each other	*they serve each other*
	we serve ourselves	*they serve themselves*

BTW

Por cierto... *If you need to distinguish* each other *from* ourselves *or* themselves, *you can say* el uno al otro.

Nos miramos el uno al otro.
We look at each other.

The Impersonal *se*

Sometimes we want to say that something is done by no one in particular, but by everyone in general. In English, we usually use *you* to express this.

How do you say "hi" in Spanish?
What language do you speak here?

In Spanish, you use **se** + verb (**él/ella** form).

Pregunta	Respuesta
¿Cómo se dice "hola" en inglés?	**Se dice *hi*.**
How do you say hola *in English?*	*You say "hi."*
(*How does one say* hola *in English?*)	(*One says "hi."*)
¿Cómo se escribe "ciudad"?	**Se escribe c-i-u-d-a-d.**
How do you spell ciudad?	*You spell it c-i-u-d-a-d.*
(*How does one write* ciudad?)	(*One writes c-i-u-d-a-d.*)
¿Qué idioma se habla aquí?	**Se habla español.**
What language do you speak here?	*You speak Spanish.*
(*What language does one speak here?*)	(*One speaks Spanish.*)

EJERCICIOS

EJERCICIO 15-1

Write the Spanish equivalent of each of the following expressions.

1. to get bored

2. We get bored.

3. They get bored.

4. They bore me.

5. He bores us.

6. I bore them. (**¡Soy la profesora!**)

7. You bore me.

8. Do I bore you?

9. I get bored.

EJERCICIO 15-2

Answer each of the following questions with a complete Spanish sentence.

1. ¿Cómo te llamas?

2. ¿Cómo se llama tu mejor amigo/amiga?

3. ¿Cómo se llaman dos profesores tuyos?

4. ¿Cómo te llama tu profesor(a) de español?

5. ¿Quién te llama con frecuencia por celular?

6. ¿Te llaman a veces otras personas? ¿Quiénes?

7. ¿A quiénes llamas a veces por celular?

8. ¿Cómo se llama tu escuela?

9. ¿Cómo se llama tu libro de español?

10. ¿Cómo se llama la mejor película del año?

EJERCICIO 15-3

Answer each of the following questions with a complete Spanish sentence or sentences to tell about things you do daily.

1. What are three things you do in the morning? Give an approximate time for each one.

2. What are three things you do in the afternoon? Give an approximate time for each one.

3. What are three things you do in the evening? Give an approximate time for each one.

EJERCICIO 15-4

Answer each of the following questions with a complete Spanish sentence.

1. ¿Dónde te diviertes?

2. ¿Con quién te diviertes?

3. ¿Cuándo os divertís tú y tus amigos?

4. ¿Qué profesor(a) de tu escuela se divierte más?

5. ¿Qué profesor(a) de tu escuela divierte más a los estudiantes?

EJERCICIO 15-5

Answer each of the following questions about this chapter's **diálogo,** **De vacaciones,** *with a complete Spanish sentence.*

1. ¿Dónde se queda Inés durante sus vacaciones?

2. ¿Cómo se despierta?

3. ¿Hace ejercicio?

4. ¿Qué hace ella en la cocina?

5. ¿Qué hace después?

6. ¿Se maquilla?

7. ¿Adónde va a veces?

8. ¿A quién visita?

9. ¿Qué lee en la tarde?

10. ¿Qué pasa cuando lee?

11. ¿Qué hace por la noche?

12. ¿De qué se queja?

EJERCICIO 15-6

Write the Spanish equivalent of each of the following sentences.

1. They fall asleep.

2. They fall in love.

3. What time do you (**tú**) leave?

4. She complains a lot.

5. We stay all night.

6. He laughs all the time.

7. We sit on the sofa.

8. How do you feel?

9. I feel fine.

10. I sit here.

EJERCICIO 15-7

Answer each of the following questions with a complete Spanish sentence.

1. ¿Dónde se habla español en tu comunidad?

2. ¿Cómo se escribe tu nombre?

3. ¿Cómo se dice *private school* en español?

4. ¿Cómo se dice *I get bored* en español?

5. ¿Cómo se dice "divertirse" en inglés?

6. ¿Cómo se escribe tu apellido?

 **EJERCICIO 15-8**

Answer each of the following questions about this chapter's **lectura, Rutina diaria,** *with a complete Spanish sentence.*

1. ¿A qué hora se despierta Camila?

2. ¿Qué desayuna?

3. ¿Qué se pone si hace frío?

4. ¿Qué tipo de estudiante es?

5. ¿Qué hace después de las clases?

6. ¿Cómo regresa a casa?

7. ¿Con quién cena?

8. ¿Cuándo hace su tarea?

9. ¿Dónde descansa?

10. ¿Qué pasa cuando se acuesta?

11. ¿Cuándo se divierte?

Flashcard App

Giving, Showing, and Telling

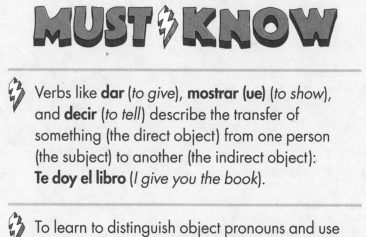

MUST KNOW

⚡ Verbs like **dar** (*to give*), **mostrar (ue)** (*to show*), and **decir** (*to tell*) describe the transfer of something (the direct object) from one person (the subject) to another (the indirect object): **Te doy el libro** (*I give you the book*).

⚡ To learn to distinguish object pronouns and use them correctly in Spanish, it helps to think in Spanish. Try not to impose English word order—instead, try to memorize the Spanish patterns.

Remember "Show and Tell" from elementary school? Some of us called it "Sharing"—our first attempts to communicate something interesting to our fellow classmates. That's what we'll be doing in this chapter. Keep in mind that to do this, we need three things: an *exchange verb*; *something* to give, show, or tell; and *someone* to give, show, or tell it to. Exchange verbs are verbs that indicate some type of giving, showing, or telling. As you know, the *something* is the direct object. And the *someone*— the lucky (or unlucky) receiver of your gift, enlightenment, or story— is (guess what!) the indirect object. **¡Ojo!** Indirect objects are always people, the receivers of the direct objects.

Por cierto... all this practice with new patterns will soon have you dreaming in Spanish. How awesome is that?

Indirect Object Pronouns

In English, the indirect object pronouns are the same as the direct object pronouns—*me, you, him, her, it, us, them*. Sometimes we add the word *to*— but not always; it's just another way to say the same thing.

> *I give her presents.* *I give presents to her.*

Spanish indirect object pronouns are the same as direct object pronouns in some cases.

me	**te**	**nos**	**os**
to me	*to you*	*to us*	*to you all*

But they are different in others.

le	**les**
to you	*to you all*
to him	*to them*
to her	

To emphasize or clarify who the receiver of something is, we can add the following preposition + pronoun combinations, but they are optional.

(a mí) me	**(a ti) te**	**(a Ud.) le**
(to me) to me	*(to you) to you*	*(to you) to you*
		(a él) le
		(to him) to him
		(a ella) le
		(to her) to her
(a nosotros/as) nos	**(a vosotros/as) os**	**(a Uds.) les**
(to us) to us	*(to you all) to you all*	*(to you all) to you all*
		(a ellos) les
		(to them) to them
		(a ellas) les
		(to them) to them

All this sounds repetitive in English. Spanish requires the indirect object pronoun with exchange verbs (though the preposition + pronoun combinations are optional), and Spanish word order here differs significantly from English word order. Hang on—it's doable!

Giving: The Verb *dar*

Since **dar** (*to give*) is such a common verb, of course it has an old-fashioned **yo** form. ☺

doy	**das**	**da**	**damos**	**dais**	**dan**
I give	*you give*	*you give*	*we give*	*you all give*	*you all give*
		he gives			*they give*
		she gives			

The word order pattern used for exchange verbs is completely different from word order for the equivalent English expressions. You'll feel like you're saying everything backwards! And get used to the redundancy (saying the same thing twice)—so unnecessary in English.

Indirect object pronoun +	conjugated verb +	direct object	(+ emphasis)
Me *To me*	**da** *he gives*	**el dinero** *the money*	**(a mí).** *(to me).*
Te *To you*	**doy** *I give*	**el libro** *the book*	**(a ti).** *(to you).*
Le *To you*	**damos** *we give*	**el premio** *the prize*	**(a usted).** *(to you).*
Le *To him*	**damos** *we give*	**el premio** *the prize*	**(a él / a Carlos).** *(to him / to Carlos).*
Le *To her*	**damos** *we give*	**el premio** *the prize*	**(a ella / a Susy).** *(to her / to Susy).*
Nos *To us*	**dan** *they give*	**la oportunidad** *the opportunity*	**(a nosotros/as).** *(to us).*
Os *To you all*	**da** *she gives*	**la información** *the information*	**(a vosotros/as).** *(to you all).*
Les *To you all*	**doy** *I give*	**las lecciones** *the lessons*	**(a ustedes).** *(to you all).*
Les *To them*	**doy** *I give*	**las lecciones** *the lessons*	**(a ellos/as / a Sam y Ana / a Ana y Bea).** *(to them / to Sam and Ana / to Ana and Bea).*

It's also possible to add the optional emphasis immediately *before* the indirect object pronoun.

A mí me da el dinero. / **Me da el dinero a mí.**	**A ti te doy el libro. /** **Te doy el libro a ti.**
He gives me the money.	*I give you the book.*

🔊 <u>LECTURA</u> **Dictados**

En la clase de español, la profesora nos da un dictado todos los días. Escribimos lo que ella lee. Luego los estudiantes intercambiamos nuestros escritos, por ejemplo, yo leo el dictado de un compañero y él lee el mío. La profesora nos da el dictado una vez más, y hacemos las correcciones. Después, mi compañero me da mi escrito y yo le doy el suyo.

La profesora lee el dictado una última vez—y tenemos la oportunidad de corregir nuestro propio trabajo. Cuando estamos satisfechos, le entregamos nuestros escritos a la profesora—ella los lee—¡y nos da una buena nota a todos!

Showing and Telling: The Verbs *mostrar* and *decir*

Mostrar (ue) (*to show*) needs both a direct object (something to show) and an indirect object (someone to show it to).

¿A quiénes les muestras tus fotos?	**Les muestro mis fotos a todos mis amigos.**
Who do you show your photos to?	*I show my photos to all my friends.*

¿Qué tipo de películas les muestran a los estudiantes?

What kind of movies do they show to the students?

En la clase de historia nos muestran películas sobre el pasado.

In History class, they show us movies about the past.

We have learned that **decir** means *to say*—and you may remember that there was no indirect object in those cases (**¿Qué dices? Dice que sí. Dice que no.**). But when you add an indirect object, the meaning changes to *to tell*. Again, in order *to tell*, you need a direct object—something to tell—and an indirect object—someone to tell it to.

¿A quién le dices tus secretos?

Who do you tell your secrets to?

Le digo mis secretos a mi mejor amiga.

I tell my secrets to my best friend.

¿A quiénes les dice tus secretos tu amiga?

Who does your friend tell your secrets to?

Mi amiga no le dice mis secretos a nadie.

My friend doesn't tell my secrets to anyone.

Here are more exchange verbs that can indicate specific ways of giving, showing, and telling. And, of course, they also need both direct and indirect objects.

devolver (ue)
to return (something)

explicar
to explain

prometer
to promise (something)

enseñar
to teach; to show

mandar
to send

regalar
to give as a gift

enviar
to send

pedir (i, i)
to ask (somebody for something)

escribir
to write (something to somebody)

prestar
to lend

Here are some examples.

Le presto dinero a mi amigo. Mi amigo me devuelve el dinero.
I lend money to my friend. My friend returns the money to me.

Marcos les envía tarjetas postales a sus amigos cuando viaja.
Marcos sends postcards to his friends when he travels.

El papá de Silvia le promete un vestido nuevo para el prom.
Silvia's dad promises her a new dress for the prom.

Le pedimos al mesero el menú.
We ask the waiter for the menu.

¿Qué te pide tu profesor?
What does your teacher ask you for?

¿Les mandas tarjetas de cumpleaños a tus amigos?
Do you send birthday cards to your friends?

¿Te mandan tarjetas de cumpleaños tus amigos?
Do your friends send you birthday cards?

Asking and Answering Questions

With the verb **preguntar** (*to ask*), the direct object can be expressed by an entire clause.

If you use **preguntar** to ask a **si** (*if*) question, the direct object clause begins with **si**.

Le pregunto a mi amigo si va a clase.
I ask my friend if he goes to class.

Les preguntamos a las chicas si tienen los billetes.
We ask the girls if they have the tickets.

If you use **preguntar** to ask an information question, the direct object clause begins with a question word.

> **Me preguntan qué hago en la escuela.**
> *They ask me what I do at school.*

> **Nos pregunta adónde vamos después de las clases.**
> *He asks us where we go after school.*

With the verb **contestar** (*to answer*), the direct object is a clause introduced by **que**.

> **Mi amigo me contesta que no.**
> *My friend answers, "No."*

> **Las chicas contestan que sí.**
> *The girls answer, "Yes."*

> **Les contesto que voy a mis clases.**
> *I answer them that I'm going to my classes.*

> **Le contestamos que vamos a casa.**
> *We answer him that we're going home.*

◀)) DIÁLOGO ¡Feliz cumpleaños!

Mercedes	Javier
¿Cómo celebran ustedes los cumpleaños en tu familia? ¿Se dan regalos? *How do you all celebrate birthdays in your family? Do you give each other presents?*	**Pues, por lo general, sí, pero no es nada obligatorio. Depende de muchas cosas.** *Yeah, usually, but it's not really necessary. It depends on a lot of things.*

¿Qué le das a tu hermana, por ejemplo?

What do you give your sister, for example?

A mi hermana le regalo algo cómico, como un libro de chistes o algo por el estilo.

I give her something funny, like a book of jokes or something like that.

Y a tu papá, ¿qué le regalas?

And what do you give your dad?

Pues, a mi papá le compro quizás una camisa de colores brillantes, porque se viste demasiado conservador.

Oh, I might give my dad a loud shirt because he dresses way too conservatively.

Entonces, ¿todos tus regalos son chistosos?

So all your presents are funny?

Realmente, no. A mi mamá siempre le mando rosas rojas y la invito a cenar a un restaurante elegante.

Not really. I always send my mother red roses and I take her out to a fancy restaurant for dinner.

¿De veras? ¿Cómo es posible con lo poco que ganas?

Really? How can you do that on the little you earn?

Pues, le pido el dinero a mi papá.

No problem, I ask my dad for the money.

A ti, ¿qué te regalan?

Mi hermana me da algo cómico, mi papá me compra ropa muy conservadora y mi mamá siempre me prepara una comida muy rica y un pastel especial.

What do they give you?

My sister gives me something funny, my dad gives me conservative clothes, and my mother always makes me a delicious dinner and a special cake.

Direct and Indirect Objects Together

When you change both the indirect object and the direct object to pronouns in the same sentence—and we do it often—a new pattern is used. First, let's review the direct and indirect object pronouns.

Direct object pronouns

me	**te**	**lo**	**la**	**nos**	**os**	**los/las**
me	*you*	*you*	*you*	*us*	*you all*	*you all*
		him	*her*			*them*

Indirect object pronouns

me	**te**	**le**		**nos**	**os**	**les**
to me	*to you*	*to you*		*to us*	*to you all*	*to you all*
		to him				*to them*
		to her				

In Spanish, when both pronouns are used together, the indirect object pronoun always precedes the direct object pronoun, and both are placed *before* the conjugated verb.

Te doy mi lápiz.
I give you my pencil.

Te lo doy.
I give it to you.
(literally, *To you it I give.*)

Me das tu pluma.
You give me your pen.

Me la das.
You give it to me.
(literally, *To me it you give.*)

Mi papá nos presta el carro.
My dad lends us the car.

Mi papá nos lo presta.
My dad lends it to us.
(literally, *My dad to us it lends.*)

**Tu hermana os muestra
las fotos.**
*Your sister shows you all the
photos.*

Tu hermana os las muestra.

Your sister shows them to you all.
(literally, *Your sister to you all them
shows.*)

This word order sounds crazy in English, but practice will make it seem
natural.

Now, here's the fun part. When both objects begin with the letter **l**,
the first one—the indirect object pronoun—changes from **le** or **les** to **se**.
You could remember that "you can't **le lo** in Spanish," if that helps.
(And you can't **le la**, **le los**, or **le las** either!)

Le doy mi lápiz a Luisa. *I give my pencil to Luisa.* (literally, *To her I give my pencil to Luisa.*)	**le** *to her*	**lo** *it*	**Se lo doy.** *I give it to her.* (literally, *To her it I give.*)
Le das tu pluma a Esteban. *You give your pen to Esteban.* (literally, *To him you give your pen to Esteban.*)	**le** *to him*	**la** *it*	**Se la das.** *You give it to him.* (literally, *To him it you give.*)

Mi papá les presta el carro a mis hermanos.	**les**	**lo**	**Mi papá se lo presta.**
My dad lends the car to my brothers.	*to them*	*it*	*My dad lends it to them.*
(literally, *My dad to them lends the car to my brothers.*)			(literally, *My dad to them it he lends.*)
Tu hermana les muestra las fotos a ustedes.	**les**	**las**	**Tu hermana se las muestra.**
Your sister shows the photos to you all.	*to you all*	*them*	*Your sister shows them to you all.*
(literally, *Your sister to you all shows the photos to you all.*)			(literally, *Your sister to you all them she shows.*)

LECTURA Bailes latinos

En la clase de baile, aprendemos salsa, merengue, bachata y otros bailes latinos. Nos divertimos mucho. El maestro, que es puertorriqueño, nos enseña los pasos y luego los practicamos. Si le pido un DVD para practicar en casa, me lo presta, y se lo devuelvo en la próxima clase. A veces me regala sus DVDs viejos, que todavía son útiles. En casa les enseño los pasos a mis amigos. Ahora todos bailamos salsa bastante bien. Para el merengue, necesitamos más práctica.

DIÁLOGO **Hermanos unidos**

Víctor	Germán
Oye, Germán, ¿tienes dinero?	**Y, ¿por qué me lo preguntas?**
Listen, Germán—do you have any money?	*Why do you ask me that?*
Pues, porque salgo con una chica linda esta noche y no tengo dinero para el cine. ¿Me lo prestas?	**Víctor, tú sabes que yo tampoco tengo mucho, pero, bueno, aquí tienes lo poco que me queda.**
Um—because I'm going out with a beautiful girl tonight and I don't have enough money for the movies. Will you lend it to me?	*Víctor, you know I don't have much either, but here's the little I have left.*
Eres el mejor hermano del mundo.	**Hay una condición...**
You're the best brother in the world.	*There's one condition . . .*
¿Sí? ¿Cuál es?	**Preséntame a la chica.**
Yeah? What's that?	*Introduce me to the girl.*
Pero por supuesto, hermano, te la presento esta misma noche.	**Y pregúntale si tiene una hermana tan linda como ella.**
Of course, I'll introduce her to you tonight.	*And ask her if she has a sister as pretty as she is.*
La llamo ahora mismo y se lo pregunto.	**Entonces, vamos los cuatro al cine.**
I'll call her right now and I'll ask her.	*Then we can all four go to the movies.*
¿Y el dinero?	**Pues, se lo pedimos a mi papá.**
What about the money?	*We'll ask Dad for it.*

EJERCICIOS

EJERCICIO 16-1

Write the Spanish equivalent of each of the following indirect objects. Some items may have more than one possible answer; write all possible responses.

1. to her

2. to us

3. to them

4. to him

5. to me

6. to you all

7. to you

EJERCICIO 16-2

Match each of the infinitives in the left column with its English equivalent in the right column. Some items have more than one possible match. Write the letter for each correct answer.

1. asegurar

2. decir

3. enseñar

4. escribir

5. enviar

6. explicar

7. mandar

8. mostrar (ue)

9. pedir (i, i)

10. preguntar

11. prestar

12. prometer

13. regalar

a. to show

b. to tell

c. to lend

d. to explain

e. to send

f. to promise

g. to assure

h. to ask for

i. to give as a gift

j. to teach

k. to ask

l. to write

EJERCICIO 16-3

Write the Spanish equivalent of each of the following expressions.

1. We promise you the money.

2. She teaches us the lesson.

3. I tell you (**tú**) the secret.

4. He shows them the photos.

5. They write her the letter.

6. Do you (**tú**) send them letters?

7. Do you all lend her the books?

8. She "gifts" him the shirt.

9. They return the tickets to us.

10. I ask her what she does after school.

EJERCICIO 16-4

Answer each of the following questions about this chapter's **diálogo,**
¡Feliz cumpleaños!, *with a complete Spanish sentence.*

1. ¿Son obligatorios los regalos de cumpleaños en la familia de Javier?

2. ¿Qué le regala Javier a su hermana?

3. ¿Qué le regala su hermana a Javier?

4. ¿Qué le regala Javier a su papá?

5. ¿Qué le regala su papá a Javier?

6. ¿Qué le manda Javier a su mamá?

7. ¿Qué le prepara su mamá a Javier?

8. ¿Dónde consigue Javier el dinero para los regalos?

EJERCICIO 16-5

Write the Spanish equivalent of each of the following sentences.

1. Isabel asks me for the car. I give her the car. I give it to her.

2. I ask her for the books. She shows me the books. She shows them to me.

3. Our sister asks us for the ticket. We send her the ticket. We send it to her.

4. Luis and Luisa ask Sergio for the keys. He tells them no.

5. The teacher sends a letter to my parents. They show the letter to me.
They show it to me.

EJERCICIO 16-6

Answer each of the following questions about this chapter's **diálogo**,
Hermanos unidos, *with a complete Spanish sentence.*

1. ¿A quién le pide dinero Víctor?

2. ¿Cómo se llama el hermano de Víctor?

3. ¿Le da el dinero a Víctor su hermano?

4. ¿Qué le pregunta Víctor a la chica?

5. ¿Adónde quieren ir?

6. ¿Dónde consiguen el dinero?

EJERCICIO 16-7

Answer each of the following questions about this chapter's **lectura, Dictados,**
with a complete Spanish sentence.

1. ¿A quiénes les da la profesora el dictado?

2. ¿Qué hacen los estudiantes primero?

3. ¿A quién le da su escrito cada estudiante?

4. En total, ¿cuántas veces lee el dictado la profesora?

5. ¿Qué hacen los estudiantes cuando están satisfechos con sus escritos?

6. ¿Les da la profesora una buena nota a todos los estudiantes?

EJERCICIO 16-8

Answer each of the following questions about this chapter's **lectura,**
Bailes latinos, *with a complete Spanish sentence.*

1. ¿Qué aprenden los chicos en la clase de baile?

2. ¿Se divierten?

3. ¿De dónde es el maestro de baile?

4. ¿Qué les enseña a los chicos?

5. ¿Qué le presta el maestro al chico?

6. ¿Le enseña el chico los pasos a alguien?

7. ¿Bailan bien los amigos el merengue?

Flashcard App

17 Expressing Feelings

Verbos psicológicos enable us to communicate our feelings—saying what we like and love, as well as what makes us crazy. Just look at that last sentence, and you can distinguish two different ways to say how we feel about things: "*we* like and love something" and "something makes *us* crazy." Spanish also uses both of these ways of expressing feelings, but often when English uses one way, Spanish uses the other—a leading cause of **gringo** headaches. But not for us! After our extensive workout and training with object pronouns, we now have good translating skills, and these constructions will be a breeze.

The term **verbos psicológicos** may sound scary, but the constructions are actually fun—and they may even hold the secret to why Spanish speakers are so charming!

Two Common Ways to Express Your Feelings

Take a look at the columns below. The examples for Pattern 1 focus more on the opinion of a person (the subject) about something (the direct object). The examples for Pattern 2 emphasize the importance of something (the subject) and its effect on a person (the indirect object). English tends to use Pattern 1, while Spanish more often uses Pattern 2.

Pattern 1 A person's opinion about something	Pattern 2 How something affects a person
I think that girl is nice.	**Me parece simpática esa chica.** *That girl seems nice to me.* (*To me seems nice that girl.*)
I like chocolate.	**Me gusta el chocolate.** *Chocolate appeals to me.* (*To me appeals the chocolate.*)

I love that movie.	**Me encanta esa película.**
	That movie enchants me.
	(To me enchants that movie.)
I love this novel.	**Me fascina esta novela.**
	This novel fascinates me.
	(To me fascinates this novel.)
I care about my friend.	**Me importa mi amigo.**
	My friend is important to me.
	(To me is important my friend.)
I'm crazy about this song.	**Me vuelve loco/a esta canción.**
	This song makes me ecstatic.
	(To me makes ecstatic this song.)
I can't stand the noise.	**Me saca de quicio el ruido.**
	The noise drives me crazy.
	(To me drives crazy the noise.)

 **IRL**   **En la vida real...** The English phrase *it drives me crazy* means *I don't like it,* but Spanish **me vuelve loco** means *I love it! I'm crazy about it!*

And English *it drives me up the wall* can be expressed as **me saca de quicio** in Spanish, meaning *it takes me off the door jamb (unhinges me)!*

This just shows how weird our expressions can be—in any language!

BTW

Por cierto... **Querer** *means* to love a person, *while* **encantar**, **fascinar**, *and* **gustar mucho** *are used to express that* we love a thing.

Customizing *verbos psicológicos* for Singular and Plural Subjects

Let's continue using examples with **gustar**. There is simply no word for *to like* in Spanish. We have to express what we like as what "appeals" to us, using Pattern 2.

Since the things that appeal to us are the subjects of these sentences, we must conjugate the verb to agree with its subject.

Indirect object (person affected)	Conjugated verb	Subject (what/who causes a feeling)
Me *To me*	**gusta** *it appeals*	**el chocolate.** *the chocolate.*
Me *To me*	**gustan** *they appeal*	**los chocolates.** *the chocolates.*
Me *To me*	**gusta** *it appeals*	**la flor.** *the flower.*
Me *To me*	**gustan** *they appeal*	**las flores.** *the flowers.*
Me *To me*	**gustas** *you appeal.*	**(tú).**
Me *To me*	**gusta** *she appeals.*	**(ella).**
Me *To me*	**gusta** *he appeals.*	**(él).**

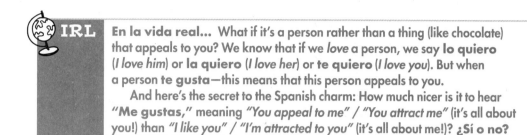

To emphasize who the person receiving the feeling is, you can include **a mí**, **a ti**, and so on. Even though it is redundant in English, repeating it in Spanish is common.

(A ti)	**te**	**gustan**	**los chocolates.**
To you		*they appeal*	*the chocolates.*
(A usted)	**le**	**gusta**	**la novela.**
To you		*it appeals*	*the novel.*
(A él)	**le**	**gusta**	**el carro.**
To him		*it appeals*	*the car.*
(A ella)	**le**	**gustan**	**los vestidos.**
To her		*they appeal*	*the dresses.*
(A nosotros/as)	**nos**	**gusta**	**la casa.**
To us		*it appeals*	*the house.*
(A vosotros/as)	**os**	**gustan**	**las clases.**
To you all		*they appeal*	*the classes.*
(A ustedes)	**les**	**gusta**	**la universidad.**
To you all		*it appeals*	*the university.*
(A ellos/ellas)	**les**	**gusta**	**el club.**
To them		*it appeals*	*the club.*

Here are some typical statements illustrating the use of both the indirect object pronoun and the **a** construction—both referring to the recipient of the feeling. Keep in mind that the indirect object pronoun is required, while the **a** construction is optional—used only for emphasis or clarification.

A mí me gusta la piscina.
I like the swimming pool. (The swimming pool appeals to me.)

A mis amigos les gusta la playa.
My friends like the beach. (The beach appeals to my friends.)

¿A ti te gustan tus clases?
Do you like your classes? (Do your classes appeal to you?)

A Mariana le gusta Martín.
Mariana likes Martín. (Martín appeals to Mariana.)

A Martín le gusta Mariana.
Martín likes Mariana. (Mariana appeals to Martín.)

¿A usted le gusta el color rojo?
Do you like the color red? (Does the color red appeal to you?)

A todos nos gustan las notas buenas.
We all like good grades. (Good grades appeal to all of us.)

¿Qué ciudad os gusta más a vosotros?
What city do you all like best? (What city appeals most to you all?)

¿A ustedes les gusta mi vestido nuevo?
Do you all like my new dress? (Does my new dress appeal to you all?)

¿A quién le gusta el helado? **¡A mí!**
Who likes ice cream? *I do!*
(Who does ice cream appeal to?) *(To me!)*

BTW

Por cierto... *Notice that the subjects in these constructions involving* **verbos psicológicos** *always have an article—***el, la, los, las***—whereas in English, an article would sound unnatural.*

Me gusta el helado.
I like ice cream.
(The ice cream appeals to me.)

Nos gustan las flores.
We like flowers.
(The flowers appeal to us.)

Below are more **verbos psicológicos**. These verbs all follow the same pattern as **gustar**.

aburrir
to bore

caer bien
to make a good impression on

caer mal
to make a bad impression on

dar asco
to disgust

encantar
to enchant

fascinar
to fascinate

fastidiar
to annoy, irritate

importar
to be important to

interesar
to interest

molestar
to bother

parecer
to seem

sacar de quicio
to annoy, to "drive up the wall"

volver (ue) loco/a/os/as
to make ecstatic

Here are some examples.

Me molesta mucho el ruido de las motocicletas.
Motorcycle noise bothers me a lot.

¿Te cae bien tu nuevo médico?
Do you like your new doctor?

A todos nos da asco ese dictador.
That dictator disgusts all of us.

Les importa el fútbol a muchas personas.

Soccer is important to a lot of people.

A mi amiga le encantan las películas de dibujos animados.

My friend loves animated cartoon movies.

 IRL **En la vida real...** To indicate that you don't care about something, say, **"¡No me importa!"** And to tell somebody to mind his or her own business, ask them, **"¿Qué te importa?"**—kind of like "What business is it of yours?"

Consider the topics that follow, then practice these verbs on your own.

Pregunta	Tópico	Respuesta
¿Qué te parece	**el nuevo horario?**	**Me parece horrible/ fantástico...**
What do you think of	*the new schedule?*	*I think it's horrible/ fantastic . . .*
¿Qué te parecen	**las ideas del senador?**	**Me parecen horribles/ interesantes/ fantásticas/ sabias/ridículas...**
What do you think of	*the senator's ideas?*	*I think they're horrible/ interesting/fantastic/ wise/ridiculous . . .*
¿Qué les parece	**el estado del medio ambiente?**	**Nos preocupa mucho.**
What do you all think of	*the state of the environment?*	*We worry about it a lot.*

¿Qué le parece

What does he think of

el calentamiento global?

global warming?

A él no le importa.

He doesn't care about it.

¿Qué les parece

What do you all think of

la música rap / hip hop / reggaetón / pop / country?

rap / hip hop / reggae / pop / country music?

Nos vuelve locos/as.

We're crazy about it.

Nos saca de quicio.
It drives us crazy. / It drives us up the wall.

¿Qué le parecen a tu amigo/a
What does your friend think of

los nuevos uniformes del equipo?
the new team uniforms?

Le parecen muy bonitos.
He/She thinks they're beautiful.

Le parecen muy feos.
He/She thinks they're ugly.

¿Cómo te cae
What impression do you have of

el nuevo entrenador?
the new coach?

Me cae bien.
I like him (so far).

Me cae mal.
I don't like him (so far).

¿Qué deporte te gusta más?
What sport do you like best?

Me gusta el tenis.
I like tennis.

A mí me gustan el fútbol americano y el básquetbol.
I like football and basketball.

¿Qué películas te gustan más?
What movies do you like best?

Me gustan las comedias.
I like comedies.

Me gustan las películas de terror / horror / ciencia ficción.
I like scary / horror / science fiction movies.

¿Qué cocina te gusta más?

What cuisine do you like best?

Me gusta la cocina mexicana/ española/china/italiana/ americana.
I like Mexican/Spanish/Chinese/ Italian/American food.

¿Te gusta el collar?
Do you like the necklace?

Sí, me gusta mucho.
Yes, I like it a lot.

Sí, me encanta.
Yes, I love it.

No, no me gusta. Me parece muy caro.
No, I don't like it. It seems very expensive (to me).

With **verbos psicológicos**, the indirect object is obligatory. But a direct object is never used with a **verbo psicológico**—**así que** never put **lo**, **la**, **los**, or **las** with these verbs.

Now, what if you're looking at an English sentence such as *I like it*, and you're wondering what to do with *it* when you express this sentence in Spanish. Remember that *it* represents the subject of the Spanish sentence and is already included in the verb ending. It's possible to use a subject pronoun—**yo**, **tú**, **usted**, **él**, **ella**, **nosotros/nosotras**, **vosotros/vosotras**, **ustedes**, **ellos/ellas**—but only if it's a person who is sending the feeling to the indirect object.

Me gusta el chocolate.	**Me gusta.**
I like chocolate.	*I like it.*
Me gustas tú.	**Me gustas.**
I like you.	*I like you.*
A María le fascina la película.	**Le fascina.**
The movie fascinates María.	*It fascinates her.*
A María le fascina David.	**Le fascina (él).**
David fascinates María.	*He fascinates her.*

 **IRL** **En la vida real...** A common way to express *it doesn't seem possible* is **parece mentira** (literally, *it seems a lie*). Easy to use—just say **Parece mentira, pero...** and then say something that seems surprising!

Parece mentira, pero ¡me gustan todas mis clases!
It doesn't seem possible, but I like all my classes!

Talking About Activities That You Enjoy—or Not!

To say that you like or don't like to do something, use the following formula. Note that an infinitive always takes a singular verb.

- Indirect object pronoun + **gusta** + infinitive
  To someone *it is pleasing* *to . . .*

¿Qué te gusta hacer?
What do you like to do?

Me gusta bailar.
I like to dance.

¿Qué le gusta hacer a tu amigo?
What does your friend like to do?

Le gusta ver el fútbol en la tele.
He likes to watch soccer on TV.

¿Qué le gusta hacer a tu hermana?
What does your sister like to do?

Le gusta ir al cine.

She likes to go to the movies.

¿Qué les gusta hacer a ustedes?
What do you all like to do?

Nos gusta esquiar.
We like to ski.

¿Qué os gusta hacer a vosotras?
What do you all like to do?

Nos gusta nadar.
We like to swim.

¿Qué les gusta hacer a ellos?

What do they like to do?

No les gusta hacer nada. Son muy aburridos.
They don't like to do anything. They're really boring.

DIÁLOGO **Actividades favoritas**

Patricia	Paco
Oye, Paco, ¿qué te gusta hacer durante las vacaciones?	**A mí me gusta pescar, así que voy a un lago en las montañas cada año. Y a ti, Patricia, ¿qué te gusta hacer?**
Hey, Paco—what do you like to do during your vacation?	*I like to go fishing, so I go to a lake in the mountains every year. And you, Patricia, what do you like to do?*
Yo no voy a las montañas porque me molestan mucho los mosquitos. Me gustan más las ciudades grandes y los hoteles de lujo.	**¿No te fastidia el tráfico?**
I don't go to the mountains, because the mosquitoes bother me a lot. I like big cities and luxury hotels.	*Doesn't the traffic annoy you?*
Si estoy de vacaciones, no, porque voy a todos lados en taxi.	**A tus hermanas les encanta ir a la playa, ¿verdad?**
When I'm on vacation, no, because I go everywhere by taxi.	*Your sisters love to go to the beach, right?*
Pues sí, les encanta la playa, porque les gusta tomar el sol. Además, prefieren el ambiente informal.	**¿Qué hacen por la noche?**
Yeah, they love the beach, because they love to sunbathe. And besides, they prefer the relaxed atmosphere.	*What do they do at night?*

Van a la zona comercial porque les fascinan los juegos que tienen allí.

They go to the commercial area, because they love the games they have there.

¿Y si hace mal tiempo?

What if the weather is lousy?

La verdad no les importa. Les da la oportunidad de leer.

They really don't care. It gives them the chance to read.

Muy interesante. Es obvio que no podemos ir de vacaciones juntos.

Very interesting. It's obvious that we can't go on vacation together.

BTW

Por cierto... **Las vacaciones** *and* **las elecciones** *are always plural in Spanish. May they both always be in abundance!* **¡Ojalá!** (Let it be. / Let's hope so.)

LECTURA **A cada uno lo suyo ("To each his own")**

Cuando mis padres, mis hermanas y yo planeamos las vacaciones de verano, siempre discutimos. ¿Adónde vamos? ¿Qué vamos a hacer? Es cierto que nos gusta estar juntos, pero todos tenemos gustos distintos. Por ejemplo, a mí me gusta hacer deportes de aventura, mientras que a mis hermanas les gusta ir de compras.

A mi mamá le encanta trabajar en el jardín, así que le fascina visitar jardines botánicos. Y a mi papá sólo le interesa jugar al golf. Este es un problema serio.

EJERCICIOS

EJERCICIO 17-1

Write the Spanish equivalent of each of the following English sentences.

1. I like tacos.

2. We like enchiladas.

3. She doesn't like Mexican cuisine.

4. Do you like horror movies?

5. He likes comedies.

6. What sports do you like?

7. What music do you all like?

8. We like rap music.

9. I don't like classical music.

10. She likes art.

EJERCICIO 17-2

Write the English equivalent of each of the following Spanish sentences.

1. Me fastidia mi hermana.

2. ¿Qué te importa?

3. No, no nos interesa.

4. Sí, me cae bien.

5. Le vuelve loco.

6. Les saca de quicio.

7. Me aburren.

8. No, no me molesta.

9. Me importa mucho mi familia.

10. ¿Qué les/os parece?

EJERCICIO 17-3

Rewrite each of the following sentences, changing all subjects and verbs from singular to plural and making all necessary changes.

1. Nos fascina la novela.

2. Me encanta tu vestido.

3. Le gusta el deporte.

4. ¿Les molesta la interrupción?

5. ¿Te importa la opinión del profesor?

6. No me interesa la película de terror.

7. No nos gusta esa cocina.

8. Les encanta la clase.

9. Le vuelve loca ese baile.

10. Me fascina el carro.

EJERCICIO 17-4

Write the Spanish equivalent of each of the following Valentine messages.

1. I like you.

2. Do you like me?

3. Do you care about me?

4. I care about you.

5. I love you.

6. Do you love me?

EJERCICIO 17-5

Answer each of the following questions with a complete Spanish sentence.

1. ¿Qué te gusta hacer los fines de semana?

2. ¿Qué le gusta hacer a tu mejor amigo/amiga los viernes por la noche?

3. ¿Qué les/os gusta hacer a ti y a tus amigos los sábados?

4. ¿Te gusta ver la tele?

5. ¿Qué les gusta hacer a tus amigos después de las clases?

Form a question in Spanish for each of the following answers.

6. Nos gusta ir a la playa.

7. No les gusta hacer nada.

8. Le encanta bailar.

9. Me fascina leer.

10. No, no me gusta cocinar.

EJERCICIO 17-6

Answer each of the following questions about this chapter's **diálogo,**
Actividades favoritas, *with a complete Spanish sentence.*

1. ¿Qué le gusta hacer a Paco durante las vacaciones?

2. ¿Por qué no le gusta ir a las montañas a Patricia?

3. ¿Qué tipo de hoteles le gustan a Patricia?

4. ¿Le fastidia el tráfico a Patricia?

5. ¿Qué les encanta hacer a las hermanas de Patricia?

6. ¿Por qué van las hermanas de Patricia a la zona comercial?

7. ¿Qué hacen las hermanas si hace mal tiempo?

8. ¿Y a ti? ¿Qué te gusta hacer durante tus vacaciones?

EJERCICIO 17-7

Answer each of the following questions about this chapter's **lectura,**
A cada uno lo suyo, *with a complete Spanish sentence.*

1. ¿El chico, sus padres y sus hermanas tienen los mismos gustos?

2. ¿En qué están de acuerdo?

3. ¿Qué le gusta hacer al chico?

4. ¿Qué les gusta hacer a sus hermanas?

5. ¿Qué le encanta hacer a su mamá?

6. ¿Qué le fascina a su mamá cuando va de vacaciones?

7. ¿Qué le interesa al papá?

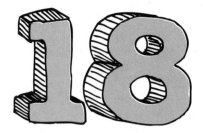

18 Describing Activities in Progress

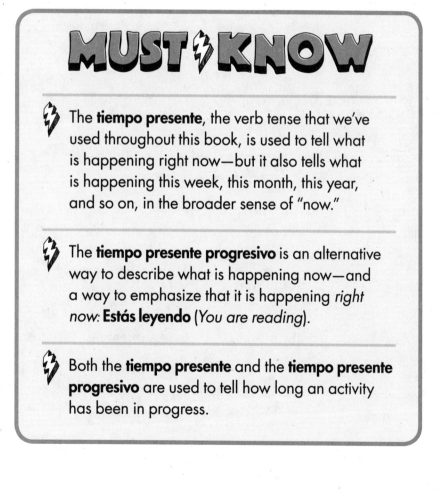

MUST ⚡ KNOW

⚡ The **tiempo presente**, the verb tense that we've used throughout this book, is used to tell what is happening right now—but it also tells what is happening this week, this month, this year, and so on, in the broader sense of "now."

⚡ The **tiempo presente progresivo** is an alternative way to describe what is happening now—and a way to emphasize that it is happening *right now*: **Estás leyendo** (*You are reading*).

⚡ Both the **tiempo presente** and the **tiempo presente progresivo** are used to tell how long an activity has been in progress.

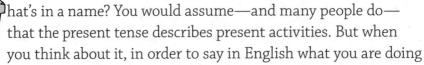hat's in a name? You would assume—and many people do—that the present tense describes present activities. But when you think about it, in order to say in English what you are doing right now or this week or this year, you have to use the present progressive tense. In other words, it sounds very weird to hear "Hello, what do you do now?" or "Now I work," when "What are you doing?" and "I'm working" are what you really mean.

The Spanish **tiempo presente** is actually way more versatile than the English present tense. In this chapter, we use it to describe what we're doing now. We'll also introduce an alternative, the **tiempo presente progresivo**, which is more like English (but, of course, not exactly—that would be too much to ask, **¿no?**).

Expressing "now"

Here are some expressions that show how "now" can have a broader sense. These can all be used with the **tiempo presente**.

ahora	**ahora mismo**	**en este momento**	**actualmente**
now	*right this minute*	*at the moment*	*currently*
hoy	**esta mañana**	**esta tarde**	**esta noche**
today	*this morning*	*this afternoon*	*tonight*
esta semana	**este mes**	**este semestre**	**este año**
this week	*this month*	*this semester*	*this year*
estos días	**en esta década**	**en este siglo**	**en este milenio**
these days	*during this decade*	*in this century*	*in this millennium*
esta primavera	**este verano**	**este otoño**	**este invierno**
this spring	*this summer*	*this fall*	*this winter*

en esta época
*at this time in
our lives*

todavía
still

ya no
not anymore

BTW

Por cierto... *Another* **falso amigo**: **Actualmente** *actually means* now! *And to say* actually,
you would say **en realidad.**

Here are some examples of **actividades actuales** (*current activities*),
expressed in the **tiempo presente**.

Pregunta	Respuesta
¿Qué haces? *What are you doing?*	**Hablo contigo.** *I'm talking to you.*
¿Qué comen ustedes? *What are you all eating?*	**Comemos pizza.** *We're eating pizza.*
¿Qué hace Lupe? *What's Lupe doing?*	**Escribe su informe.** *She's writing her report.*
¿Qué hacen ellos estos días? *What are they doing these days?*	**Estudian para sus exámenes finales.** *They're studying for their final exams.*
¿Qué aprendéis este semestre? *What are you all learning this semester?*	**Aprendemos mucha gramática.** *We're learning a lot of grammar.*
¿Todavía lloran los niños? *Are the children still crying?*	**No, ya no lloran. Están tranquilos.** *No, they're not crying anymore. They're quiet.*

Forming the Gerund in Spanish

The gerund is the equivalent of the *-ing* verb ending in English, and it indicates the same thing: ongoing action. In other words, action has begun and hasn't ended.

To form the gerund, begin with the infinitive and remove the **-ar**, **-er**, or **-ir** ending to find the stem. Add **-ando** to **-ar** verbs and **-iendo** to **-er** and **-ir** verbs.

Infinitive	Stem	Gerund
hablar *to speak*	**habl-** *speak*	**hablando** *speaking*
comer *to eat*	**com-** *eat*	**comiendo** *eating*
escribir *to write*	**escrib-** *write*	**escribiendo** *writing*

Look at what happens with **-er** and **-ir** infinitives that have two adjoining vowels.

caer *to fall*	**ca-** *fall*	**cayendo** *falling*
creer *to believe*	**cre-** *believe*	**creyendo** *believing*
leer *to read*	**le-** *read*	**leyendo** *reading*
construir *to build*	**constru-** *build*	**construyendo** *building*
contribuir *to contribute*	**contribu-** *contribute*	**contribuyendo** *contributing*

One more thing: Stem-changing **-ir** verbs always have a stem change in their gerund form. This time, it's the second stem change indicated in parentheses.

decir (i, i)	**diciendo**	**divertirse (ie, i)**	**divirtiéndose**
to say, tell	*saying, telling*	*to have fun*	*having fun*
pedir (i, i)	**pidiendo**	**mentir (ie, i)**	**mintiendo**
to ask for	*asking for*	*to lie*	*lying*
servir (i, i)	**sirviendo**	**dormir (ue, u)**	**durmiendo**
to serve	*serving*	*to sleep*	*sleeping*
vestirse (i, i)	**vistiéndose**	**morir (ue, u)**	**muriendo**
to get dressed	*getting dressed*	*to die*	*dying*

The gerund form of reflexive verbs has the reflexive pronoun attached at the end. You can also attach direct object and indirect object pronouns to the gerund, as an alternative to putting them before the conjugated verb.

decir	**decirle**	**decirles**	**decirnos**
to say, tell	*to tell him/her*	*to tell them*	*to tell us*
diciendo	**diciéndole**	**diciéndoles**	**diciéndonos**
saying, telling	*telling him/her*	*telling them*	*telling us*
despertarse	**despertarlo**	**despertarla**	**despertarlos**
to wake up	*to wake him up*	*to wake her up*	*to wake them up*
despertándose	**despertándolo**	**despertándola**	**despertándolos**
waking up	*waking him up*	*waking her up*	*waking them up*

The *tiempo presente progresivo*: estar + Gerund

To form the **tiempo presente progresivo**, start by conjugating **estar**, then add the gerund form immediately after it.

Pregunta	Respuesta
¿Qué estás haciendo? / **¿Qué está haciendo?** *What are you doing?*	**Estoy trabajando.** *I'm working.*
¿Qué está haciendo él/ella? *What is he/she doing?*	**Está divirtiéndose.** *He's/She's having fun.*
¿Qué están haciendo? / **¿Qué estáis haciendo?** *What are you all doing?*	**Estamos comiendo.** *We're eating.*
¿Qué están haciendo ellos/ellas? *What are they doing?*	**Están leyendo.** *They're reading.*

Here are some more examples of the **tiempo presente progresivo** used with reflexive, direct, and indirect object pronouns. You have a choice here: You can either put the pronouns before the conjugated verb (**estar**) or attach them to the gerund. If you attach them, be sure to add an accent mark on the letter that precedes **-ndo**!

- Examples with a reflexive pronoun

Me estoy durmiendo. *I'm falling asleep.*	**Estoy durmiéndome.** *I'm falling asleep.*
¿Te estás bañando? *Are you taking a bath?*	**¿Estás bañándote?** *Are you taking a bath?*
Se está levantando. *He's/She's getting up.*	**Está levantándose.** *He's/She's getting up.*

Nos estamos perdiendo.	**Estamos perdiéndonos.**
We're getting lost.	*We're getting lost.*
¿Se están poniendo los zapatos? / ¿Os estáis poniendo los zapatos?	**¿Están poniéndose los zapatos? / ¿Estáis poniéndoos los zapatos?**
Are you all putting your shoes on?	*Are you all putting your shoes on?*
Se están riendo.	**Están riéndose.**
They're laughing.	*They're laughing.*

- Examples with a direct object pronoun

Ella está comprando la camiseta.
She's buying the T-shirt.

La está comprando.	**Está comprándola.**
She's buying it.	*She's buying it.*

- Examples with an exchange verb (including pronouns for both a direct object and an indirect object)

Mario le está mandando un texto.
Mario is sending him a text.

Se lo está mandando.	**Está mandándoselo.**
He's sending it to him.	*He's sending it to him.*

- Examples with a **verbo psicológico** (with an indirect object pronoun)

El ruido nos está molestando.	**El ruido está molestándonos.**
The noise is bothering us.	*The noise is bothering us.*

In English, the present progressive tense is used for both present activities (for example, *I'm falling asleep*) and future plans (for example, *I'm not getting up until noon tomorrow*). In Spanish, the **tiempo presente progresivo** is used only for present activities, not for future plans.

IRL **En la vida real... En realidad, los argentinos and los uruguayos** do use the present progressive for future plans—but don't try it with anyone else!

DIÁLOGO Conversación por teléfono

Alejandro	Martín
	Diga.
	Hello.
Hola, Martín, soy Alejandro. ¿Qué tal? ¿Qué haces ahora?	**Hola, Alex. Estoy bien, pero un poco ocupado. Fíjate que estoy pintando la sala.**
Hello, Martín, this is Alejandro. What's up? What are you doing?	*Hi, Alex. I'm fine, but a little busy. Can you believe I'm painting the living room?*
Eso sí es un trabajazo. ¿Lo haces solo o alguien te ayuda?	**Lo hago solo. No te imaginas lo aburrido que es.**
That's a big job. Are you doing it by yourself, or is someone helping you?	*I'm doing it alone. You can't imagine how boring it is.*
¿Dónde están tus compañeros? ¿Por qué no pintan ellos?	**Bueno, Alberto no está aquí; está estudiando en la biblioteca. Mariano y su novia están arriba viendo la tele, y la verdad no sé dónde está Javier ni qué está haciendo.**
Where are your roommates? Why aren't they painting?	*Well, Alberto isn't here; he's studying at the library. Mariano and his girlfriend are upstairs watching TV, and I really don't know where Javier is or what he's doing.*

> **Bueno, yo no estoy haciendo nada. Ahora mismo voy a tu casa para ayudarte.**
>
> *Well, I'm not doing anything. I'm coming to your house to help you right now.*

> **Gracias, amigo. Y tráeme un sándwich. Me muero de hambre.**
>
> *Thanks, friend. And bring me a sandwich. I'm dying of hunger.*

Indicating How Long an Activity Has Been Going On

Here is another important difference between English and Spanish tense usage: Where English uses the present perfect (*to have done* or *to have been doing something*) to tell how long something has been going on, Spanish uses the **tiempo presente** or the **presente progresivo**.

Here are some ways to express different lengths of time.

minutos	**horas**	**días**	**semanas**	**toda la semana**
minutes	*hours*	*days*	*weeks*	*all week*

meses	**todo el mes**	**años**	**todo el año**
months	*all month*	*years*	*all year*

siglos	**toda la vida**	**mucho tiempo**	**poco tiempo**
centuries	*one's whole life*	*a long time*	*a short time*

Here are two formulas for asking how long an activity has been in progress.

■ **¿Hace + cuánto tiempo + que + verbo en tiempo presente?**

¿Hace cuánto tiempo que vives aquí?
How long have you been living here?
(It makes how much time that you live here?)

- **¿Hace + cuánto tiempo + que + verbo en presente progresivo?**

  ¿Hace cuánto tiempo que estás viviendo aquí?
  How long have you been living here?
  (It makes how much time that you are living here?)

Formulas telling how long an activity has been in progress are similar.

- **Hace + length of time + que + verbo en tiempo presente**

  Hace dos años que vivo en este país.
  I've been living in this country for two years.
  (It makes two years that I live in this country.)

- **Hace + length of time + que + verbo en presente progresivo**

  Hace dos años que estoy viviendo en este país.
  I've been living in this country for two years.
  (It makes two years that I'm living in this country.)

Here are some examples.

Pregunta	Respuesta
¿Hace cuánto tiempo que estudia español tu hermana? *How long has your sister studied Spanish? / How long has your sister been studying Spanish?*	**Hace (ya) tres años que estudia español. / Hace (ya) tres años que está estudiando español.** *She has been studying Spanish for three years (now).*
¿Hace cuánto tiempo que salen/salís juntos? *How long have you all been going (out) together?*	**Hace (ya) seis meses que salimos juntos. / Hace (ya) seis meses que estamos saliendo juntos.** *We've been dating for six months (already).*

¿Hace cuánto tiempo que los estudiantes están en el gimnasio?

How long have the students been in the gym?

Hace media hora que están en el gimnasio.

They've been in the gym for half an hour.

Por cierto... *You can also use the* **tiempo presente** *of the verb* **llevar** + *length of time* + *gerund to say how long an activity has been going on.*

¿Hace cuánto tiempo que trabajas aquí?
How long have you been working here?

Llevo dos años trabajando aquí.
I've been working here for two years.

Indicating How Long Since Something Happened: *hace*

Sometimes we want to say that something *hasn't* happened for a while—for example, "I haven't practiced my Spanish in a long time." We can use the **hace** + length of time + **que** + **verbo** expression and just add **no** before the verb.

¿Hace cuánto tiempo que no practicas tu español?

How long has it been since you practiced your Spanish?

Hace mucho tiempo que no practico mi español.

It's been a long time since I (last) practiced my Spanish.

¿Hace cuánto tiempo que no comes?
How long has it been since you last ate?

Hace tres días y tres horas que no me llama mi novio.
My boyfriend hasn't called me in three days and three hours.

Indicating the Start of an Action That Is Still Going On: *desde*

When talking about an action that is going on now but obviously started in the past, we often use a present perfect expression in English (*I have worked here since January 1*). In Spanish, that same idea is expressed with the **tiempo presente** or **presente progresivo**.

To ask the exact time that an action started, we use this formula.

- **¿Desde + cuándo + verbo en tiempo presente** or **presente progresivo?**

  ¿Desde cuándo trabajas aquí? /
  ¿Desde cuándo estás trabajando aquí?
  When did you start working here?
  (*Since when do you work here? / Since when are you working here?*)

And to state the exact time an action started, we use this formula.

- **Verbo en tiempo presente** or **presente progresivo + desde +** time action started

  Trabajo aquí desde el 6 de agosto. /
  Estoy trabajando aquí desde el 6 de agosto.
  I've been working here since the 6th of August.
  (*I work here since the 6th of August. /*
  I'm working here since the 6th of August.)

Pregunta	Respuesta
¿Desde cuándo trabajas en este restaurante?	**Trabajo aquí desde el 6 de agosto.**
When did you start working at this restaurant?	*I've been working here since the 6th of August.*
¿Desde cuándo es usted la directora de la escuela?	**Soy la directora desde 2015.**
When did you become the principal of the school?	*I've been the principal since 2015.*
¿Desde cuándo me están buscando?	**Te estamos buscando desde la medianoche.**
When did you all start looking for me?	*We've been looking for you since midnight.*

🔊 DIÁLOGO **¡Qué buena idea!**

Julia	Rolando
Rolando, hablas muy bien inglés. ¿Hace cuánto tiempo que vives en este país?	**Gracias, Julia. Hace dos años que vivo aquí, pero hace unos diez años que estudio inglés.**
Rolando, you speak English very well. How long have you been living in this country?	*Thanks, Julia. I've lived here for two years, but I've been studying English for about ten.*
¿Desde cuándo trabajas en esta empresa?	**Estoy trabajando aquí desde junio. Y tú, ¿hace cuánto tiempo que trabajas aquí?**
How long have you worked for this company?	*I've been working here since June. What about you? How long have you worked here?*

Hace doce años que estoy trabajando aquí, y ya me estoy cansando. Creo que es hora de buscar otro trabajo.

I've been working here twelve years, and I'm getting tired. I think it's time to look for another job.

Tienes razón. Hace mucho tiempo que no descanso. ¡Y me encanta la idea de conocer tu país!

You're right. It's been a long time since I had a break. And I love the idea of getting to know your country!

A lo mejor estás cansada porque te hacen falta unas vacaciones. ¿Por qué no haces un viaje a mi país?

You're probably just tired because you need a vacation. Why don't you take a trip to my country?

Ya te veo más animada. Yo te ayudo con los planes para el viaje.

I see you've cheered up already. I'll help you plan the trip.

Indicating a First-Time Action

To indicate that something hasn't happened before, we (again) use the **tiempo presente** or the **presente progresivo** in Spanish where we would use the present perfect in English.

Here is the formula.

■ **Esta es la primera vez + que + verbo en tiempo presente** or **presente progresivo**

**Esta es la primera vez que visito otro país. /
Esta es la primera vez que estoy visitando otro país.**

*This is the first time (that) I've ever been in another country.
(This is the first time that I visit another country. /
This is the first time that I'm visiting another country.)*

Esta es la primera vez que viajo sin mis padres.

This is the first time I've ever traveled without my parents.

Esta es la primera vez que veo una película en español. /
Esta es la primera vez que estoy viendo una película en español.

This is the first time I've ever watched a movie in Spanish.

LECTURA Estudiar demasiado

Hace una semana que no veo las noticias en la tele ni las leo en el periódico. Parece que estoy estudiando todo el tiempo y ahora no sé qué está pasando en el mundo. Por ejemplo, ¿qué está pasando en Europa, en el Medio Oriente, en Asia, en Australia, en Latinoamérica? Incluso no sé qué está pasando en mi propio país. ¿Y qué están haciendo mis amigos? Esto es cierto: estoy estudiando demasiado y necesito un buen descanso. Es importante saber las noticias del mundo, y también las de mis amigos.

EJERCICIOS

EJERCICIO 18-1

Write the Spanish equivalent of each of the following English expressions.

1. this year
2. today
3. at the moment
4. currently
5. this week

6. not anymore
7. these days
8. tonight
9. this semester
10. still

EJERCICIO 18-2

Write the gerund form of each of the following infinitives.

1. estudiar
2. correr
3. vivir
4. pedir
5. leer

6. servir
7. caer
8. distribuir
9. dormir
10. divertirse

EJERCICIO 18-3

Write the Spanish equivalent of each of the following English sentences.
There are at least two ways to express each sentence in Spanish; write two possible answers.

1. We're studying.
2. They're eating.

3. She's working.

4. He's selling his car.

5. What are you doing?

6. What are you all doing?

7. They're telling us the truth.

8. We're not lying.

9. Are you speaking Spanish?

10. I'm not attending this school anymore.

EJERCICIO 18-4

Rewrite each of the following sentences, changing the direct object nouns to pronouns. Write each answer in two ways.

1. Estoy comprando la blusa.

2. Estamos comiendo las tapas.

3. Están buscando a su hermano.

4. ¿Estás preparando las tortillas?

5. ¿Estáis viendo el fútbol?

6. No estoy practicando el tenis.

7. Estamos leyendo la novela.

8. Ella está limpiando la casa.

9. Él está recogiendo a su amiga.

10. Ellos están haciendo su tarea.

EJERCICIO 18-5

Answer each of the following questions about this chapter's **diálogo**,
Conversación por teléfono, *with a complete Spanish sentence.*

1. ¿Qué hace Martín en este momento?

2. ¿Lo hace solo?

3. ¿Por qué no está Alberto?

4. ¿Qué están haciendo Mariano y su novia?

5. ¿Qué está haciendo Javier?

6. ¿Qué hacen Alejandro y Martín?

7. ¿Cómo está Martín?

8. ¿Qué quiere Martín?

EJERCICIO 18-6

*Rewrite each of the following sentences, changing the direct object nouns
to pronouns. Each sentence can be rewritten in two ways; write both answers.*

1. Le estoy diciendo la verdad.

2. Te estoy prestando el dinero.

3. Les estamos pidiendo más tiempo.

4. Nos están sirviendo la cena.

5. Me está mostrando sus fotos.

6. Te está mandando el paquete.

7. Le está enseñando los bailes latinos.

8. Les está escribiendo tarjetas a sus amigos.

EJERCICIO 18-7

Write the Spanish equivalent of each of the following sentences (using the cues in parentheses, where provided). There are three ways to express each sentence in Spanish; write all three answers.

1. I'm getting dressed.

2. He's waking up.

3. We're getting lost.

4. We're visiting them. (**a los abuelos**)

5. She's calling her. (**a su amiga**)

6. They're explaining it to us. (**la lección**)

7. He's selling them to me. (**los libros**)

8. Are you watching it? (**el programa**)

EJERCICIO 18-8

Answer each of the following questions about this chapter's **diálogo,** **¡Qué buena idea!,** *with a complete Spanish sentence.*

1. ¿Hace cuánto tiempo que Rolando vive en este país?

2. ¿Hace cuánto tiempo que Rolando estudia inglés?

3. ¿Desde cuándo trabaja Rolando en la empresa?

4. ¿Hace cuántos años que Julia trabaja allí?

5. Según (*According to*) Rolando, ¿qué necesita Julia?

6. ¿A Julia le gusta la idea de Rolando?

EJERCICIO 18-9

Answer each of the following questions with a complete Spanish sentence.

1. ¿Desde cuándo estudias español?

2. ¿Dónde vives?

3. ¿Hace cuánto tiempo que vives en tu casa?

4. ¿Hace cuánto tiempo que asistes a tu escuela?

5. ¿Trabajas?

6. ¿Desde cuándo estás trabajando en ese lugar?

7. ¿A qué escuela asiste tu mejor amigo/amiga?

8. ¿Desde cuándo asiste él/ella a esa escuela?

EJERCICIO 18-10

Form a question in Spanish for each of the following answers.

1. Hace diez años que vivimos en esta casa.

2. Hace dos años que somos amigos.

3. Estoy aquí desde enero.

4. Hace toda la vida que estoy enamorado de ti.

5. Hace tres días y tres noches que mis amigos están estudiando para el examen.

6. Hace veinticuatro horas que no duermo.

7. La conozco desde marzo.

8. Hace mucho tiempo que no trabaja.

EJERCICIO 18-11

Answer each of the following questions about this chapter's **lectura,**
Estudiar demasiado, *with a complete Spanish sentence.*

1. ¿Hace cuánto tiempo que esta chica no ve las noticas?

2. ¿Qué hace todo el tiempo?

3. ¿Qué no sabe sobre Latinoamérica?

4. ¿Sabe qué está pasando en su propio país?

5. ¿Sabe qué están haciendo sus amigos?

6. ¿Qué necesita?

7. ¿Qué es importante?

19 Describing Intentions and Plans

Parece mentira, but the **tiempo presente** is also used to make commitments, as well as to ask and offer favors—functions of the future tense in English. And speaking of the future, Spanish has an expression in the **tiempo presente** that is very similar to English *going to do something*—and it's used to express plans for the near future. Seriously, this **tiempo presente** is one awesome tense, as it enables us to express so much more than we bargained for!

Asking a Favor

Sometimes we need help in an emergency, sometimes we just need a small favor—but it's nice to know people are around and usually willing to help us. Here are examples of verbs you can use to ask a favor.

¿Me ayudas?
Will you help me?

¿Me haces un favor?
Will you do me a favor?

¿Me compras un helado?
Will you buy me an ice cream?

¿Me traes el periódico?
Will you bring me the newspaper?

¿Me llamas?
Will you call me?

¿Me arreglas el carro?
Will you fix my car?

¿Me llevas a casa?
Will you take me home?

¿Vienes conmigo?
Will you come with me?

¿Te casas conmigo?
Will you marry me?

And the answer to this last request—**¿Te casas conmigo?**—is, **claro**

¡Claro que sí—con mucho gusto!
Of course I will—with great pleasure!

But if someone's asking for ice cream just before dinner . . .

> **¡Eso sí que no!**
> *No way!*

Offering a Favor

When we offer assistance in English, we usually say something like, "Can I help you?" But in Spanish, it's more like a suggestion (literally, "I help you?"). Here are some examples.

> **¿Te ayudo? / ¿Lo/La ayudo?**
> *Can I help you?*
>
> **¿Te lo leo? / ¿Se lo leo?**
> *Shall I read it to you?*
>
> **¿Te abro la ventana? /
> ¿Le abro la ventana?**
> *Shall I open the window for you?*

> **¿Te traigo algo? / ¿Le traigo algo?**
> *Can I bring you anything?*
>
> **¿Te llevo a casa? /
> ¿Lo/La llevo a casa?**
> *Shall I take you home?*

To be a bit firmer with your offer—turning it into a promise—you wouldn't ask, you would simply say

> **Te ayudo. / La/Lo ayudo.**
> *I'll help you.*
>
> **Te traigo un helado. /
> Le traigo un helado.**
> *I'll bring you an ice cream.*
>
> **Estoy aquí a las ocho.**
> *I'll be here at eight.*

> **Te llamo mañana. /
> La/Lo llamo mañana.**
> *I'll call you tomorrow.*
>
> **Te arreglo el carro. /
> Le arreglo el carro.**
> *I'll fix your car.*
>
> **Luego te cuento. /
> Luego le cuento.**
> *I'll tell you later.*

Talking About Scheduled Events

Here are some words that will help you talk about events that have been planned.

en seguida *right away*	**pronto** *soon*	**de ahora en adelante** *from now on*
luego *later*	**más tarde** *later*	**después** *afterward*
esta mañana *this morning*	**esta tarde** *this afternoon*	**esta noche** *tonight*
mañana *tomorrow*	**mañana por la mañana** *tomorrow morning*	**pasado mañana** *the day after tomorrow*
el fin de semana *on the weekend*	**la semana próxima** *next week*	**la semana que viene** *next week*
el mes próximo *next month*	**el verano próximo** *next summer*	
el año próximo *next year*	**el año que viene** *next year*	**dentro de cinco años** *in five years*
el lunes *on Monday*	**en julio** *in July*	

Now—¡**sorpresa**!—Spanish and English have the same pattern for this purpose!

El tren sale a las ocho y diez.
The train leaves at 8:10.

Las clases empiezan pasado mañana.
Classes start the day after tomorrow.

Salgo para España el 10 de julio.
I leave for Spain the 10th of July.

Tengo una cita con el médico el martes.
I have an appointment with the doctor on Tuesday.

Expressing "going to"

Expressing *going to* in Spanish is very much like English: We say what we are *going to do*—it's already a plan, and it's already written on our calendars. Here's the Spanish formula.

■ **ir**   + **a** + infinitive
   to go   *to do something*

Here are some examples.

Pregunta	Respuesta
¿Qué vas a hacer mañana? / ¿Qué va a hacer mañana? *What are you going to do tomorrow?*	**Voy a limpiar mi cuarto.** *I'm going to clean my room.*
¿Qué va a hacer tu amigo/amiga? *What's your friend going to do?*	**Va a jugar básquetbol.** *He's/She's going to play basketball.*
¿Qué van a hacer ustedes? / ¿Qué vais a hacer? *What are you all going to do?*	**Vamos a ir a un concierto.** *We're going to go to a concert.*
¿Qué van a hacer ellos/ellas? *What are they going to do?*	**Van a caminar diez millas.** *They're going to walk ten miles.*

Let's practice this expression with other question words.

Pregunta	Respuesta
¿A qué hora vas a estar aquí?	**Voy a estar allí a las seis en punto.**
What time are you going to be here?	*I'm going to be there at six o'clock sharp.*
¿Cuándo va a terminar su curso Dolores?	**Va a terminarlo el próximo mes.**
When is Dolores going to finish her course?	*She's going to finish it next month.*
¿Cuántos boletos van a comprar? / ¿Cuántos boletos vais a comprar?	**Vamos a comprar seis boletos.**
How many tickets are you all going to buy?	*We're going to buy six tickets.*
¿Quiénes van a hacer el viaje a Costa Rica?	**Doce estudiantes van a hacer el viaje.**
Who is going to take the trip to Costa Rica?	*Twelve students are going to take the trip.*

The Verb *pensar* (ie)

Remember that **pensar** is a stem-changing verb and is conjugated as follows.

yo pienso	**tú piensas**	**usted/él/ella piensa**
nosotros/as pensamos	**vosotros/as pensáis**	**ustedes/ellos/ellas piensan**

Pensar all by itself just means *to think*. A conjugated form of **pensar** can even be a complete sentence!

¿Qué haces?	**Pienso. / Estoy pensando.**
What are you doing?	*I'm thinking.*

But when combined with other words, **pensar** can take on other meanings.

- **Pensar que**—*to think that*

¿Qué piensas?	**Pienso que es maravilloso tener amigos.**
What do you think?	*I think (that) it's wonderful to have friends.*

- **Pensar en**—*to think about*

¿En qué piensas?	**Pienso en el examen. / Estoy pensando en el examen.** ☹
What are you thinking about?	*I'm thinking about the exam.*
	Pienso en ti. / Estoy pensando en ti. ☺
	I'm thinking about you.

To indicate a plan, you can use **pensar** followed by an infinitive.

- **Pensar** + infinitive—*to plan to do*

¿Qué piensas hacer hoy?	**Pienso ir a clase y luego dormir una siesta.**
What are you planning to do today?	*I'm planning to go to class and then take a nap.*

Using Reflexive, Direct, and Indirect Object Pronouns to Discuss Plans

The two ways we've learned to express plans—**ir a** + infinitive and **pensar** + infinitive—can be used with all the different types of verbs and their respective reflexive, direct, and indirect object pronouns. Here are some examples of these constructions.

Pregunta	Respuesta
¿Te vas a enojar? / **¿Vas a enojarte?** *Are you going to get mad?*	**No, no voy a enojarme.** *No, I'm not going to get mad.*
¿Se va a afeitar tu hermano? / **¿Va a afeitarse tu hermano?** *Is your brother going to shave?*	**Sí, se va a afeitar.** *Yes, he's going to shave.*
¿Se van a dormir? / **¿Van a dormirse? /** **¿Os vais a dormir? /** **¿Vais a dormiros?** *Are you all going to fall asleep?*	**No, no vamos a dormirnos.** *No, we're not going to fall asleep.*
¿Se piensan quedar? / **¿Piensan quedarse?** *Are they planning to stay?*	**Sí, piensan quedarse toda** **la semana.** *Yes, they're planning to stay all week.*
¿Piensas comprar la blusa? *Are you planning to buy the blouse?*	**Sí, la voy a comprar.** *Yes, I'm going to buy it.*
¿Tu profesor va a devolverte **tu informe?** *Is your teacher going to give you back your report?*	**Piensa devolvérmelo mañana.** *He's planning to return it to me tomorrow.*

🔊 DIÁLOGO **Amigo enfermo**

Silvia	Germán
Germán, ¿estás bien?	**Realmente, no. Me siento muy mal. ¿Te quedas aquí conmigo un rato?**
Germán, are you okay?	*Actually, no. I feel really bad. Will you stay here with me a while?*
Claro que sí. ¿Qué tienes?	**No sé. Estoy mareado. Además, me duele mucho el estómago.**
Of course. What's the matter?	*I don't know. I'm dizzy—and my stomach hurts.*
Vamos a hablar con la doctora Sánchez. La llamo ahora mismo.	**Gracias. Su número está aquí en mi agenda. Ay, sí, necesito algún medicamento.**
We're going to talk to Dr. Sánchez. I'll call her right away.	*Thanks. Her number is here in my planner. Oh, yeah, I need some medicine.*
Germán, la doctora Sánchez te va a ver dentro de una hora. Voy a buscar el carro y te espero en frente de la casa dentro de 30 minutos.	**Gracias, amiga. Espera— ¿me haces otro favor?**
Germán, Dr. Sánchez is going to see you in one hour. I'm going to get the car and I'll wait for you in front of the house in 30 minutes.	*Thanks, sweetie. Hang on—will you do me another favor?*

Claro que sí. ¿Qué quieres?

Of course. What do you want?

Por favor, llama a mi jefe y dile que no voy a ir al trabajo hoy. Dile que estoy muy enfermo.
Please call my boss and tell him I'm not going to work today. Tell him I'm really sick.

LECTURA Descanso

Después de un semestre duro, con mucho trabajo para mis clases, participación en el campeonato de tenis, dos excursiones con el equipo de debate—y además un trabajo de tiempo parcial los fines de semana, ahora pienso descansar. Vamos a tener una semana entera de vacaciones. El primer día, voy a dormir hasta mediodía y luego voy a ver la tele. Para los otros días, pienso llamar a mis amigos, ir al cine, comer mucha pizza, escuchar música—y dormir. Y el próximo lunes, me voy a sentir mucho mejor y listo para estudiar. Eso espero.

EJERCICIOS

EJERCICIO 19-1

Write the Spanish equivalent of each of the following sentences.

1. Will you help me?

2. Will you call me tonight?

3. I'll call you on Sunday.

4. I'll pick you up at 7 o'clock.

5. I'll take you home.

6. Will you do me a favor?

7. Will you read me the book?

8. I'll lend you twenty dollars.

9. I'll buy you an ice cream.

10. Will you come with me?

EJERCICIO 19-2

Write the Spanish equivalent of each of the following future time expressions.

1. from now on

2. next year

3. soon

4. next week

5. on Thursday

6. afterward

7. later

8. in five minutes

9. right away

10. next summer

EJERCICIO 19-3

Answer each of the following questions with a complete Spanish sentence.

1. ¿Qué vas a hacer mañana?

2. ¿Qué va a hacer tu mejor amigo/amiga?

3. ¿Qué vais a hacer tú y tus amigos la semana próxima?

4. ¿Qué van a hacer muchos estudiantes el año próximo?

5. ¿Qué piensas hacer después de tus clases el lunes?

6. ¿Cuándo piensas terminar tus estudios?

7. ¿Qué piensas estudiar en el futuro?

8. ¿Qué piensas del calentamiento global?

9. ¿En qué estás pensando ahora?

10. ¿Piensas estudiar español el año próximo?

EJERCICIO 19-4

Answer each of the following questions in the affirmative, using a complete Spanish sentence.

1. ¿Se van a quejar los profesores?

2. ¿Te vas a sentar conmigo?

3. ¿La chica va a maquillarse?

4. ¿Va a quedarse Daniel?

5. ¿Se van a aburrir ustedes?

6. ¿Vas a dormirte?

7. ¿Tus padres le van a regalar el carro a tu hermana?

8. ¿Piensas que te va a gustar el viaje?

9. ¿Piensan tus amigos mostrarte sus fotos?

10. ¿Me vas a mandar la foto?

EJERCICIO 19-5

*Answer each of the following questions about this chapter's **diálogo**,*
***Amigo enfermo**, with a complete Spanish sentence.*

1. ¿Quién está enfermo?

2. ¿Qué tiene?

3. ¿Qué hace Silvia?

4. ¿Dónde está el número de teléfono de la médico?

5. ¿Cuándo va a ver a Germán la médico?

6. ¿Cómo van a ir?

7. ¿Qué más hace Silvia para ayudar?

EJERCICIO 19-6

*Answer each of the following questions about this chapter's **lectura**, **Descanso**,*
with a complete Spanish sentence.

1. ¿En qué actividades participa este chico este semestre?

2. ¿Qué va a pasar pronto?

3. ¿Qué piensa hacer el chico?

4. ¿Cuándo empiezan las clases de nuevo?

5. ¿Cómo se va a sentir?

Flashcard App

20 Explaining Our Reasons

MUST ⚡ KNOW

⚡ Putting two verbs together enables us to give reasons for our actions.

⚡ One essential verb pattern uses this structure: conjugated verb + infinitive—**Quiero aprender** (*I want to learn*).

⚡ Another important verb pattern uses this structure: conjugated verb + preposition + infinitive— **Voy a estudiar** (*I'm going to study*).

⚡ A common verb pattern similar to the previous one uses this structure: conjugated verb + **que** + infinitive—**Tengo que trabajar** (*I have to work*).

e have asked and answered the questions **¿Quién? ¿Qué? ¿Dónde? ¿Cómo? ¿Cuándo? ¿Cuántos?**—but what about **¿Por qué?** (*Why?*)? Let's look at some reasons for our actions and the ways to express those reasons. Once you have these down, you'll be able to communicate on a more personal level. **¿Quieres aprender más?**

Saying What You Want to Do: *querer*

What better reason for doing something than that you want to! There's actually a saying in Spanish: **Querer es poder** (*To want to is to be able to*). **Es verdad, ¿no crees?**

To ask or say what you want to do, use this formula.

■ conjugated form of **querer (ie)** + infinitive of a different verb

Here are some examples.

Pregunta	Respuesta
¿Qué quieres hacer? *What do you want to do?*	**Quiero bailar.** *I want to dance.*
¿Qué quiere hacer tu amigo/a? *What does your friend want to do?*	**Quiere descansar.** *He/She wants to rest.*
¿Qué quieren hacer tú y tus amigos? *What do you and your friends want to do?*	**Queremos trabajar.** *We want to work.*
¿Qué quieren hacer los otros? *What do the others want to do?*	**Quieren ir a la playa.** *They want to go to the beach.*

Alternatives to *querer*

You can also **preferir (ie, i)** (*to prefer*), **esperar** (*to hope*), **desear** (*to desire*), and **necesitar** (*to need*) to do something, using the same formula.

¿Qué prefieres hacer—estudiar o dormir?

What do you prefer to do—study or sleep?

Prefiero dormir primero y estudiar después.

I prefer to sleep first and study afterward.

¿Qué espera hacer tu amigo/a?

What does your friend hope to do?

Espera estudiar medicina. Espera ser médico.

He/She hopes to study medicine. He/She hopes to be a doctor.

BTW

Por cierto...
¿Por qué?—*two words—means* why?
Porque—*one word, no accent mark—means* because.

The following columns illustrate the use of the question **¿Por qué?** and the answer **porque**....

Pregunta	Respuesta
¿Por qué quieres bailar? *Why do you want to dance?*	Quiero bailar porque necesito hacer ejercicio y me gusta bailar. *I want to dance because I need to exercise and I like to dance.*
¿Por qué quiere tu amigo descansar? *Why does your friend want to rest?*	Quiere descansar ahora porque espera trabajar toda la tarde. *He wants to rest now because he hopes to work all afternoon.*
¿Por qué quieren trabajar? / ¿Por qué queréis trabajar? *Why do you all want to work?*	Queremos trabajar porque necesitamos ganar dinero. *We want to work because we need to earn money.*

¿Por qué quieren ir los otros a la playa?	**Quieren ir a la playa porque prefieren no pensar en los exámenes.**
Why do the others want to go to the beach?	*They want to go to the beach because they prefer not to think about exams.*

Saying What You Can Do: *saber* and *poder*

In English, *can* means *to know how to* as well as *to be able to*. In Spanish, you use **saber** + infinitive to mean *to know how to do something* and **poder (ue)** + infinitive to mean *to be able to do something*. Let's look at the difference.

Pregunta	Respuesta
¿Qué sabes hacer?	**Sé manejar.**
What do you know how to do?	*I know how to drive. / I can drive.*
¡Fantástico! Entonces, ¿vas a llevarnos al concierto?	**No, no puedo manejar.**
Fantastic! So—you're going to take us to the concert?	*No, I can't drive.*
¿Cómo? Si sabes manejar, por qué no puedes manejar?	**Pues, no puedo manejar porque no tengo carro.**
Huh? If you can drive, why can't you drive?	*Um—I can't drive because I don't have a car.*

This next question is sure to be asked at every job interview—**¡sin duda!** (*without a doubt*).

¿Qué sabes hacer tú?
What do you know how to do? / What are your skills?

Here are some skills (**las habilidades**).

atarse (los cordones de) los zapatos
to tie one's shoes

cocinar
to cook

dibujar y pintar
to draw and paint

esquiar
to ski

hablar en público
to speak in public

hablar español
to speak Spanish

hacer gimnasia
to do gymnastics

jugar un deporte o juego
to play a sport or game

montar en bicicleta
to ride a bike

nadar
to swim

navegar el internet
to surf the internet

participar en un debate
to debate

tocar un instrumento
to play an instrument

usar la computadora
to use the computer

Here are some examples.

Sé tocar el piano, pero no sé tocar el violín.
I know how to play the piano, but I don't know how to play the violin.

Hernán sabe esquiar, pero su hermano, no.
Hernán knows how to ski, but his brother doesn't.

¿Sabes nadar? Si no, yo te enseño.
Do you know how to swim? If not, I'll teach you.

Expressing Necessity: *deber* and *tener que*

Deber indicates an obligation, usually imposed by some type of authority—school rules, parents' rules, religious practices, laws, ethics—or your own sense of right and wrong. **Tener que** (*to have to*) often has a personal consequence.

> **Debo ir a la escuela porque sólo tengo 15 años.**
> *I have to go to school because I'm only 15.*

> **Tengo que estudiar esta noche, porque mañana tengo un examen.**
> *I have to study tonight because I have an exam tomorrow.*

DIÁLOGO Amigos y hermanitas

Miguel	Rebeca
Oye, Rebeca—voy al cine esta tarde. ¿Quieres ir conmigo?	**Hola, Miguel. Sí, quiero ir contigo, y sí, puedo ir porque no tengo que hacer mi tarea hoy. La puedo hacer este fin de semana.**
Hey, Rebeca—I'm going to the movies this afternoon. Do you want to go with me?	*Hi, Miguel. Yes, I want to go with you, and I can, because I don't have to do my homework today. I can do it this weekend.*
¿Puede acompañarnos tu hermana?	**Sí, puede acompañarnos—pero... ella puede ser fastidiosa.**
Can your sister go with us?	*Yes, she can go with us—but . . . she can be annoying.*

No importa. Va también mi hermana. Pueden sentarse juntas.

No worries. My sister is going, too. They can sit together.

No te preocupes. La película es a la una. Las recojo a su casa a las 12:30. ¡Vamos a divertirnos!

Don't worry. The movie is at one. I'll pick you all up at 12:30. We're going to have fun!

¡Perfecto! Pero mis padres dicen que debemos estar en casa para las siete a más tardar.

Perfect! But my parents say we have to be home by seven at the latest.

Gracias, Miguel. Me encanta este plan. Te esperamos aquí.

Thank you, Miguel. I love this plan. We'll wait for you here.

Verbs with Object Pronouns

When you use these combinations of verbs (a conjugated verb followed by a verb in its infinitive form), there are two options for placing the object pronouns. They can be attached to the infinitive (which is more like the English pattern) or they can be placed before the conjugated verb.

Here are examples that show both patterns with direct object pronouns.

Quiero comprar la bicicleta.

I want to buy the bicycle.

Espera terminar el libro.

He hopes to finish the book.

Preferimos pedir los tacos.

We prefer to order the tacos.

Quiero comprarla. / La quiero comprar.

I want to buy it.

Espera terminarlo. / Lo espera terminar.

He hopes to finish it.

Preferimos pedirlos. / Los preferimos pedir.

We prefer to order them.

Pueden leer las novelas.
They can read the novels.

Pueden leerlas. / Las pueden leer.
They can read them.

The following examples illustrate how we're able to place the indirect and direct object pronouns either after the verb combination or before it.

Debo devolverle el dinero.

I have to return the money to him.

Debo devolvérselo. / Se lo debo devolver.
I have to return it to him.

No pueden pedirle el dinero.

They can't ask him for the money.

No pueden pedírselo. / No se lo pueden pedir.
They can't ask him for it.

Tiene que mostrarnos las fotos.
He has to show us the photos.

Tiene que mostrárnoslas. / Nos las tiene que mostrar.
He has to show them to us.

These examples show reflexive pronouns placed both after the verb combination and before it.

Sé atarme los zapatos.
I know how to tie my shoes.

Sé atármelos. / Me los sé atar.
I know how to tie them.

Debe lavarse las manos antes de cocinar.
She has to wash her hands before cooking.

Debe lavárselas antes de cocinar. / Se las debe lavar antes de cocinar.
She has to wash them before cooking.

Tengo que probarme mi traje de baño antes de ir de vacaciones.
I have to try on my bathing suit before going on vacation.

Tengo que probármelo. / Me lo tengo que probar.

I have to try it on.

LECTURA **Mi futuro**

   Mañana en clase, vamos a hablar de nuestros planes para el futuro. Esto es difícil, porque realmente no estoy segura de lo que quiero hacer. Tengo muchos intereses, por ejemplo, me encanta la música y sé tocar el piano y la guitarra. También me gustan los deportes, pero sé que no puedo jugar nada profesionalmente. Me gusta mucho cocinar—y a mi familia y a mis amigos les encanta la comida que les preparo. ¿Debo prepararme para ser cocinera—o abrir mi propio restaurante? Tal vez sí, tal vez ¡no!

"To have just done"

A conjugated form of the verb **acabar** + **de** + infinitive means *to have just done (something)*. So here's a way to use the **tiempo presente** to tell a little bit about the past.

Pregunta	Respuesta
¿Qué acabas de hacer? *What have you just done?*	**Acabo de comer.** *I've just eaten. / I just ate.*
¿Qué acaba de hacer María Elena? *What did María Elena just do?*	**Acaba de ver una película.** *She just saw a movie.*
¿Qué acaban de hacer ustedes? / **¿Qué acabáis de hacer vosotros?** *What did you all just do?*	**Acabamos de terminar el proyecto.** *We just finished the project.*
¿Qué acaban de hacer Patricio y David? *What did Patricio and David just do?*	**Acaban de ganar el campeonato.** *They just won the championship.*

   When you finish the exercises in this chapter, you'll be able to say, **"¡Acabo de terminar el primer curso de español!"** ☺

EJERCICIOS

EJERCICIO 20-1

Write the English equivalent of each of the following sentences.

1. No queremos ir a casa.

2. Prefiero ver el partido de básquetbol.

3. ¿Qué piensas hacer el próximo año?

4. ¿A qué universidad esperas asistir?

5. Ellos tienen que estudiar toda la noche.

6. Ella acaba de terminar su tarea.

7. Necesitamos ganar este partido.

8. ¿Por qué quieren ustedes ir al centro?

9. Él no nos puede llevar a casa porque no tiene carro.

10. ¿Sabes arreglar una computadora?

EJERCICIO 20-2

Write the Spanish equivalent of each of the following sentences.

1. I don't want to get bored.

2. She has to get up early.

3. He doesn't know how to drive.

4. We hope to win the championship.

5. Do you need to work this summer?

6. What time do you all have to be in class?

7. They can sleep all day.

8. What do you have to do tomorrow?

9. We're going to a Mexican restaurant to eat dinner.

10. I just ate lunch.

EJERCICIO 20-3

Rewrite each of the following sentences, changing all object nouns to pronouns.

1. Quiero leer la novela pronto.

2. El niño no sabe atarse los zapatos.

3. ¿Piensas decirle la verdad?

4. ¿Cuándo van ustedes a devolverme el dinero?

5. Mi novio sabe arreglar la computadora.

6. Sarita nos va a mostrar las fotos.

7. Su papá no quiere prestarle el carro a Juan.

8. Tenemos que pedirle el menú al camarero.

9. Necesitas comprar los libros.

10. No podemos ver la película.

EJERCICIO 20-4

Answer each of the following questions about this chapter's **diálogo,** **Amigos y hermanitas,** *with a complete Spanish sentence.*

1. ¿Adónde quiere ir Miguel?

2. ¿Quiere acompañarlo Rebeca?

3. ¿Por qué puede ir Rebeca?

4. ¿Cuándo piensa hacer su tarea Rebeca?

5. ¿Cómo puede ser la hermana de Rebeca?

6. ¿Cuál es la solución?

7. ¿A qué hora deben estar en casa Rebeca y su hermana?

8. ¿A qué hora empieza la película?

9. ¿A qué hora va a recoger Miguel a Rebeca y su hermana?

10. ¿Qué le parece este plan a Rebeca?

EJERCICIO 20-5

Answer each of the following questions with a complete Spanish sentence.

1. ¿Qué quieres hacer este fin de semana?

2. ¿Qué tiene que hacer tu mejor amigo/amiga hoy?

3. ¿Qué sabes hacer muy bien?

4. ¿Cuántos años deben tener ustedes para conseguir la licencia de conducir?

5. Qué preferís tu y tus amigos hacer, ¿ir a la playa o esquiar en las montañas?

6. ¿Quiénes pueden ser fastidiosos/fastidiosas? ¿Por qué?

7. ¿Cuántas preguntas de este ejercicio acabas de contestar?

EJERCICIO 20-6

Form a question in Spanish for each of the following answers.

1. No, no quiero acompañarte.

2. No podemos ir porque tenemos que trabajar.

3. Ella no va a la piscina porque no sabe nadar.

4. Sí, piensan ir a la universidad el próximo año.

5. Nos lo va a prestar mi mamá.

6. No, prefiero no mostrártelas.

7. Acabo de terminar el primer curso de español.

EJERCICIO 20-7

Answer each of the following questions about this chapter's lectura, Mi futuro, with a complete Spanish sentence.

1. ¿De qué van a hablar en clase mañana?

2. ¿Sabe la chica lo que quiere hacer en el futuro?

3. ¿Qué sabe hacer ella?

4. ¿Le gustan los deportes?

5. ¿A quiénes les gusta la comida que ella prepara?

6. ¿Piensa ser cocinera—o abrir su propio restaurante?

Flashcard App

Answer Key

Being Friendly

Ejercicio 2-1

1. May all go well with you.   **2.** Have a happy day!   **3.** You're welcome.   **4.** Help!
5. Excuse me, I have to leave.   **6.** I'm charmed to meet you.   **7.** Likewise. / Me, too.
8. Enjoy your meal.

Ejercicio 2-2

1. Buenos días.   **2.** Buenas noches.   **3.** Bienvenidos.   **4.** ¡Feliz cumpleaños!
5. ¡Felicidades!   **6.** Adiós.   **7.** Lo siento.   **8.** ¡Perdón! / ¡Lo siento!   **9.** Hasta luego. /
Hasta mañana. / Nos vemos.   **10.** ¡Feliz viaje!

Developing a Spanish Vocabulary

Ejercicio 3-1

1. nouns, adjectives, verbs, adverbs   **2.** cognates   **3.** false cognates   **4.** nouns
5. verbs   **6.** adverbs   **7.** adjectives

Ejercicio 3-2

1. a, al, e, el, ía, idad, ión, ista, ma, o, or, tud   **2.** ante, ente, l, r, o   **3.** ar, er, ir
4. mente

Identifying People

Ejercicio 4-1

1. a, f **2.** c, e, j **3.** e, j **4.** c **5.** a, d, f, g, h, i **6.** j **7.** i **8.** d, g, h **9.** d, g, h **10.** b

Ejercicio 4-2

1. su nombre **2.** su país **3.** su barrio / su vecindad **4.** mi ciudad **5.** mi amiga
6. su amigo **7.** su compañero de clase **8.** su estado

Ejercicio 4-3

1. ¿Usted es mi profesor? / ¿Es usted mi profesor? *You're my teacher? / Are you my
teacher?* **2.** ¿El señor Rivera es de Costa Rica? / ¿Es de Costa Rica el señor Rivera?
Mr. Rivera is from Costa Rica? / Is Mr. Rivera from Costa Rica? **3.** ¿Nelson es cubano? /
¿Es cubano Nelson? *Nelson is Cuban? / Is Nelson Cuban?* **4.** ¿Mary es de la ciudad? /
¿Es de la ciudad Mary? *Mary's from the city? / Is Mary from the city?* **5.** ¿Soy tu
profesora? *I'm your teacher? / Am I your teacher?*

Ejercicio 4-4

1. ¿Quién es (él)? / ¿Cuál es su nombre? **2.** ¿De qué nacionalidad es? **3.** ¿Cuál es su
nombre? / ¿Cuál es el nombre de ella? / ¿Quién es (ella)? **4.** ¿De dónde es (él/ella)?

Ejercicio 4-5

1. la chica **2.** el amigo **3.** la mujer **4.** el niño **5.** la señora **6.** el compañero de
clase **7.** la profesora **8.** el colombiano

Ejercicio 4-6

1. mexicano **2.** española **3.** peruana **4.** argentino **5.** puertorriqueña/
estadounidense

Ejercicio 4-7

1. oeste **2.** sur **3.** centro **4.** este **5.** norte

Ejercicio 4-8

1. Mi nombre es [*your name*].   **2.** Soy de [*the place where you're from*].   **3.** Sí, soy del norte. / No, no soy del norte.   **4.** Mi mejor amigo es [*your best friend's name*]. / Es [*your best friend's name*].   **5.** Es de [*the country your friend is from*].   **6.** Es de [*the city your friend is from*].

Ejercicio 4-9

1. ¿Quién es el señor?   **2.** ¿De dónde es la señora Gutiérrez?   **3.** ¿Cuál es su nombre? **4.** ¿Es de la capital?   **5.** ¿Es (usted) de Argentina?   **6.** ¿Es (usted) de Buenos Aires?

5

Talking About Family

Ejercicio 5-1

1. tú   **2.** usted   **3.** usted   **4.** tú   **5.** usted   **6.** usted   **7.** tú

Ejercicio 5-2

1. E   **2.** LA   **3.** LA   **4.** E   **5.** E

Ejercicio 5-3

1. Nosotras (*if you are female*) / Nosotros (*if you are male*)   **2.** Ellas   **3.** Ellos **4.** Vosotras (*if you are female*) / Vosotros (*if you are male*)   **5.** Ustedes   **6.** Nosotros **7.** Ellos   **8.** Ellos   **9.** Nosotros   **10.** Vosotros

Ejercicio 5-4

1. ¿Quiénes son (ustedes)? / ¿Quiénes sois (vosotros)?   **2.** ¿Quién es (ella)? **3.** ¿Quiénes son (ellas)?   **4.** ¿Quiénes son (ellos)?   **5.** ¿Quién es (usted)?

Ejercicio 5-5

1. los amigos   **2.** las ciudades   **3.** las mamás   **4.** los profesores   **5.** los nietos

Ejercicio 5-6

1. el tío, la tía   **2.** el padre, la madre   **3.** la profesora   **4.** el señor   **5.** la señorita

Ejercicio 5-7

1. Mis amigas son Sara y [*any girl's name*].   2. Sus profesores son el doctor Jiménez y [*any teacher's name*].   3. Ellas no son mis hermanas.   4. ¿Ellos son tus papás? / ¿Ellos son tus padres?   5. Los nombres de mis primos son Martín y [*any boy's or girl's name*].

Ejercicio 5-8

1. Mi padre/papá es de Costa Rica. Mi madre/mamá es de Costa Rica.
2. ¿Tu abuelo es guatemalteco? ¿Tu abuela es guatemalteca?   3. Soy estadounidense. Él/Ella es estadounidense.   4. Su hermano es Pablo/Carlos.   5. Ella es mi tía.

Ejercicio 5-9

1. Soy [*your name*].   2. Es de [*the name of the place your mother is from*].   3. Sí, es de Uruguay. / No, no es de Uruguay.   4. Son [*the names of your cousins*].   5. Son de [*the name of the place your grandparents are from*].

Ejercicio 5-10

1. ¿De qué nacionalidad son (ustedes)? / ¿De qué nacionalidad sois (vosotras)?
2. ¿De dónde son (ellos/ellas)?   3. ¿(Él/Ella) es de los Estados Unidos?
4. ¿(Ellos) son sus hermanos?   5. ¿(Él) es tu/su profesor?

Ejercicio 5-11

Answers will vary. Sample answers:
Mi mamá es [*name*] y mi papá es [*name*]. / Los nombres de mis padres son [*name*] y [*name*].
Mi hermano/hermana es [*name*]. / Mis hermanos/hermanas son [*name*] y [*name*].
Mis abuelos son [*name*] y [*name*].
Mis tíos son [*name*] y [*name*].
Mis primos/primas son [*name*] y [*name*].
Somos de [*the name of the place your family is from*].

Ejercicio 5-12

1. Es de la República Dominicana.   2. Su nombre es María.   3. Son Susana y Pablo.
4. Es Berta.   5. Son Juan y Berta.   6. Son Ana, Raúl, Elena y Alex.

6

Talking About Jobs

Ejercicio 6-1

1. la policía   **2.** los profesores / los maestros   **3.** el pianista   **4.** las basquetbolistas
5. la cantante   **6.** el carpintero   **7.** las directoras   **8.** los modelos   **9.** las modelos
10. la enfermera   **11.** el cocinero   **12.** el policía

Ejercicio 6-2

1. (Yo) soy estudiante.   **2.** Mis hermanas son gerentes.   **3.** La esposa de mi
hermano es médico/médica/doctora.   **4.** El tío de ella es periodista. / Su tío es
periodista.   **5.** Su mamá/madre es nuestra cliente.   **6.** (Nosotros) somos sus
contadores. / (Nosotras) somos sus contadoras.   **7.** Él es el jefe.   **8.** (Ellos) son
programadores. / (Ellas) son programadoras.   **9.** ¿Son escritores/escritoras? /
¿Sois escritores/escritoras?   **10.** ¿(Él) es ingeniero? / ¿Es ingeniero (él)?
11. ¿Es usted científico/científica? / Eres científico/científica?   **12.** Nuestro médico
es de Argentina. / Nuestra médico/médica/doctora es de Argentina.

Ejercicio 6-3

1. Somos consejeras.   **2.** ¿Son/Sois técnicos?   **3.** Mis hermanas son maestras.
4. ¿Tus abuelos son pilotos?   **5.** Las vendedoras son chilenas.   **6.** Nuestros jardineros
son salvadoreños.   **7.** Los hijos de mi profesor son futbolistas.   **8.** Las hijas de tu
amiga son poetas.   **9.** Tus diseñadores son artistas.   **10.** Nuestras amigas son
actrices.

Ejercicio 6-4

1. su abogado   **2.** sus maestras   **3.** su niñera   **4.** su entrenador   **5.** sus estilistas
6. su contadora   **7.** su amigo   **8.** su amiga   **9.** su dentista   **10.** su asistente

Ejercicio 6-5

1. Alberto es nicaragüense, y Ernesto también.   **2.** Tú eres estilista, y yo también.
3. Mario y Celia son venezolanos, y su mamá también.   **4.** Mi mamá no es de
Paraguay, ni tu mamá tampoco.   **5.** Vosotras no sois arquitectas, ni vuestra jefa
tampoco.   **6.** Ustedes no son enfermeras, ni nosotras tampoco.

Ejercicio 6-6

1. Jaime es jardinero, pero su hermano, no. **2.** María Elena es de Colombia, pero Carolina, no. **3.** Yo no soy programadora, pero mi amiga, sí. **4.** Jorge no es escritor, pero Guillermo, sí. **5.** Martín y su hermano son atletas, pero su hermana, no.
6. Los López son de Costa Rica, pero los Martínez, no.

Ejercicio 6-7

1. Sí, somos periodistas. / No, no somos periodistas. **2.** Sí, soy artista. / No, no soy artista.
Answers will vary. Sample answers: **3.** Soy estudiante. **4.** Es actor. **5.** Mis hermanos/hermanas son basquetbolistas. **6.** Mi papá/mamá es cantante.

Ejercicio 6-8

Answers will vary. Sample answers: **1.** ¿Cuál es tu/su trabajo? **2.** ¿Cuál es su trabajo? / ¿Cuál es el trabajo de tu esposo? **3.** ¿Tu hermana es actriz? **4.** ¿Tu amigo es tenista?
5. ¿Son/Sois técnicos? **6.** ¿Quiénes son ellas?

Ejercicio 6-9

1. Sus nombres son Carmen y Pedro. **2.** Son abogados. **3.** El papá de Carmen es médico. **4.** No. Es abogada. **5.** La hija es estudiante de arte. **6.** No. Su hermano es estudiante de música. **7.** Es tenista.

Describing People

Ejercicio 7-1

1. inteligente **2.** orgulloso **3.** tontas **4.** pesimista **5.** terco **6.** pelirrojas
7. altos **8.** responsable **9.** buena **10.** bonitas **11.** comilón **12.** audaces **13.** listos
14. guapas **15.** popular

Ejercicio 7-2

1. perezoso **2.** gorda **3.** pequeños/pequeñas **4.** impaciente **5.** ruidosas **6.** joven
7. tacaños **8.** buena **9.** antipático **10.** bajo

Ejercicio 7-3

1. Mi hermano es un carpintero bueno. **2.** Alicia y Carmen son (unas) cantantes famosas. **3.** Kevin es un arquitecto creativo. **4.** Emilia es una profesora fantástica. **5.** Guillermo es un científico talentoso. **6.** Jimena es una estudiante responsable. **7.** Luis es un médico maravilloso. **8.** Diego y su esposa son (unos) vendedores honestos. **9.** Marcia es una agente trabajadora. **10.** Susana es una modelo exitosa.

Ejercicio 7-4

1. Es baja. **2.** No, no es bajo. Es muy alto. **3.** Sí, es bastante alto. **4.** Son altos. **5.** Es más baja que Tomás. **6.** Es más alto que Olga. **7.** Es el más alto del grupo. **8.** Es la más baja del grupo.
Answers will vary. Sample answers: **9.** Soy bajo/baja. **10.** Soy más alto/alta que Olga y más bajo/baja que Tomás y Víctor.

Ejercicio 7-5

1. (Él) tiene las orejas grandes. **2.** (Ella) tiene los ojos expresivos. **3.** (Ellos/Ellas) tienen las piernas fuertes. **4.** (Nosotros/Nosotras) tenemos los brazos musculosos. **5.** (Ella) tiene la cara bonita. **6.** (Ellos/Ellas) tienen los ojos color café. **7.** (Yo) tengo el pelo castaño, largo y rizado. **8.** (Ella) tiene las manos bonitas. **9.** (Él) tiene el pelo rubio y los ojos verdes. **10.** (Tú) tienes los huesos pequeños. / (Usted) tiene los huesos pequeños.

Ejercicio 7-6

1. No, no es vieja. Es muy joven. **2.** Tiene once años. **3.** Sí, son jóvenes. **4.** Es menor que Patricia. **5.** Es mayor que Teresa y menor que José. **6.** Patricia y José son mayores que Teresa. **7.** José es el mayor del grupo. **8.** Es la menor del grupo.
Answers will vary. Sample answers: **9.** Tengo quince años. **10.** Soy mayor que Teresa y menor que Patricia y José.

Ejercicio 7-7

Answers will vary. Sample answers: **1.** Soy trabajador/trabajadora. **2.** Tiene el pelo castaño. **3.** Es un profesor maravilloso / una profesora maravillosa. **4.** Mi papá/mamá tiene los ojos verdes y mi hermano/hermana tiene los ojos azules. **5.** Sí, todos son responsables. / No, no todos son responsables.

Ejercicio 7-8

1. ¿Cuántos años tienes?   2. ¿Tu hermano es mayor o menor que tú? / Quién es mayor, ¿tú o tu hermano?
Answers will vary. Sample answers: 3. ¿Es buena tu amiga?   4. ¿Quién es Salma Hayek?   5. ¿Quién es Yadier Molina?

Ejercicio 7-9

1. Es de Colombia.   2. Tiene dieciocho años.   3. No. Es estudiante de biología.
4. Es simpática, lista, bonita y alegre.   5. Tiene los ojos oscuros, grandes y expresivos.   6. Tiene el pelo negro, liso y largo.   7. No, no es ni alta ni baja.

Identifying and Describing Things

Ejercicio 8-1

1. f   2. r   3. g   4. s   5. i   6. j   7. a   8. k   9. t   10. h   11. b   12. c   13. l   14. q   15. m   16. d   17. n   18. o   19. e   20. p

Ejercicio 8-2

1. Estas notas son mías.   2. Ese carro es suyo.   3. Esta casa es nuestra.   4. Esas mochilas son suyas.   5. Este salón de clase es nuestro.   6. Estas computadoras no son suyas.   7. Esos lápices son suyos.   8. Esta película es suya.   9. Estas notas son vuestras.   10. Este dinero no es mío. (¡Qué honesto soy! ☺)

Ejercicio 8-3

1. Quiere el uniforme para el Colegio Santa Ana.   2. Quiere la talla 6.   3. Quiere la talla 8.   4. Tienen la chaqueta en la tienda Estrella.   5. No, no quiere zapatos.

Ejercicio 8-4

Answers will vary, but will begin with Tengo... *or* Hay....

Ejercicio 8-5

Answers will vary, but will begin with Quiero... *or* No quiero....

Ejercicio 8-6

1. Tiene un carro nuevo.   **2.** Es grande y elegante.   **3.** Tiene espacio para seis personas.   **4.** Es de gris oscuro.   **5.** Son de cuero.   **6.** Paco tiene una motocicleta.
7. No es tan grande como el carro de Cecilia.   **8.** Tiene una bicicleta.   **9.** Es azul, pequeña y ligera, pero bonita.

"It," Counting to Infinity, and Abstract Nouns

Ejercicio 9-1

1. (los) libros   **2.** (dos) cuadernos   **3.** (los) exámenes   **4.** (tu) lapicero
5. (la) computadora   **6.** bicicletas   **7.** (la) mochila   **8.** (cinco) mascotas   **9.** (la) casa

Ejercicio 9-2

1. Los tengo.   **2.** Marta los quiere.   **3.** No los queremos.   **4.** ¿David lo tiene? /
¿Lo tiene David?   **5.** Mi hermano la quiere.   **6.** Mis hermanas las tienen.
7. La quiero.   **8.** Esa familia las tiene.   **9.** Mis padres la quieren.

Ejercicio 9-3

1. Sí, lo quiero.   **2.** Sí, las tenemos.   **3.** Sí, las quieren.   **4.** Sí, lo tengo.
5. Sí, lo quiere.

Ejercicio 9-4

1. No, no lo tengo.   **2.** No, no las queremos.   **3.** No, no los tienen.
4. No, no la quiero.   **5.** No, no la tiene.

Ejercicio 9-5

1. José tiene la pelota. Yo la quiero.   **2.** Sara quiere los dulces. Marta los tiene.
3. Mis padres tienen el dinero. Mi hermano lo quiere.   **4.** ¿Quieren ustedes el postre?
Yo no lo quiero tampoco.   **5.** ¿Tienes tus notas? Yo no tengo las mías tampoco.

Ejercicio 9-6

1. siete-cero-tres, cinco noventa y seis, ochenta y cuatro, veintiuno   2. cinco setenta y uno, tres cuarenta y seis, ochenta y nueve, noventa   3. tres-cero-uno, cuatro sesenta y dos, ochenta y siete, setenta y uno   4. ocho-cero-cuatro, cinco setenta y tres, sesenta y seis, veintidós   5. seis-cero-uno, nueve cuarenta y siete, ochenta y tres, veintinueve

Ejercicio 9-7

1. doce más doce son veinticuatro   2. once por once son ciento veintiuno
3. quince por quinientos son siete mil quinientos   4. treinta y dos dividido por cuatro son ocho   5. seis mil ochocientos treinta y dos por nueve mil cuatrocientos cincuenta son sesenta y cuatro millones, quinientos sesenta y dos mil, cuatrocientos

Ejercicio 9-8

1. Tengo siete mil novecientos dólares.   2. Mi primo/prima quiere ocho mil euros.
3. Tiene cuatrocientos treinta y dos dólares y cincuenta y seis centavos.   4. Tenemos doscientos pesos y sesenta y cuatro centavos.   5. ¿Cuánto es ocho mil quetzales en dólares?

Ejercicio 9-9

1. La riqueza es mejor que la pobreza.   2. La tranquilidad es más importante que la riqueza.   3. La paz es mejor que la guerra.   4. El amor es mejor que el odio.
5. La amistad es mejor que la enemistad.   6. La salud es más importante que el dinero.   7. Quiero la felicidad.

Ejercicio 9-10

1. Tiene cosas fabulosas, casas, carros, viajes, joyas, etc.   2. Tiene satisfacción y posiblemente fama y dinero.   3. No hay privacidad y siempre hay personas que tienen envidia.
Answer will vary. Sample answer: 4. Para mí, lo más importante es ser feliz.

10
Times, Dates, and Events

Ejercicio 10-1

1. Son las dos y diez de la madrugada. **2.** Son las tres y media de la tarde.
3. Son las cuatro y cuarto de la madrugada. / Son las cuatro y quince de la
madrugada. **4.** Son las cinco y cincuenta de la tarde. / Son las seis menos diez de
la tarde. **5.** Es medianoche. **6.** Es mediodía. **7.** Es la una de la tarde. **8.** Son las
ocho menos cuarto de la mañana. / Son las ocho menos quince de la mañana. /
Son las siete y cuarenta y cinco de la mañana. **9.** Son las seis y treinta y cinco de
la tarde. / Son las siete menos veinticinco de la tarde. **10.** Son las ocho y media de
la noche. **11.** Son las dos y cuarenta de la tarde. / Son las tres menos veinte de la
tarde. **12.** Son las diez de la noche.

Ejercicio 10-2

1. en/por la mañana **2.** a las diez de la mañana **3.** en/por la tarde **4.** a las dos
de la tarde **5.** en/por la tarde / en/por la noche **6.** a las cinco de la tarde **7.** en/por
la noche **8.** a las nueve de la noche **9.** en/por la madrugada **10.** a las tres de la
madrugada

Ejercicio 10-3

1. Es el sábado. **2.** Es el miércoles. **3.** Es después del jueves y antes del sábado.
4. Es el lunes. **5.** Hay siete. **6.** Hay doce. **7.** Es enero. **8.** Es febrero. **9.** Es julio.
Answer will vary. Sample answer: **10.** Es el catorce de julio.

Ejercicio 10-4

1. El dos de marzo de dos mil veinte **2.** El siete de septiembre de dos mil veinticinco
3. El once de mayo de dos mil **4.** El quince de abril de mil novecientos noventa
y nueve **5.** El cuatro de julio de mil setecientos setenta y seis **6.** El doce de octubre
de mil cuatrocientos noventa y dos **7.** El cinco de agosto de dos mil veintiuno
8. El tres de enero de dos mil veintidós

Ejercicio 10-5

1. f **2.** j **3.** b **4.** d **5.** g **6.** i **7.** h **8.** e **9.** c **10.** a

Ejercicio 10-6

1. f 2. d 3. e 4. g 5. b 6. a 7. h 8. c

Ejercicio 10-7

Answers will vary, but will follow these formulas: 1. Es el _____ de _____.
2. Es _____. 3. Es el _____ de _____. 4. Soy _____. 5. Es el _____ de
_____. 6. Es _____. 7. Es el Día de _____. Es el _____ de _____.

Ejercicio 10-8

Answers will vary, but will follow these formulas: 1. Tengo un/una _____.
2. Es el _____ de _____. 3. Es el _____. 4. Es a la _____ de la _____. /
Es a las _____ de la _____. 5. Es en _____.

Ejercicio 10-9

1. ¿Qué evento tienen ustedes? / ¿Qué evento tenéis? 2. ¿Dónde es? 3. ¿Qué día es?
4. ¿A qué hora es? 5. ¿Qué fecha es?

Ejercicio 10-10

Answers will vary, but will follow these formulas: 1. Voy a un/una _____.
2. Es el _____. 3. Es a la _____ de la _____. / Es a las _____ de la _____.
4. Es en _____. 5. Voy con _____.

Ejercicio 10-11

1. Son cariñosos, comprensivos, sabios y artísticos. 2. Son del signo Escorpión.
3. Son prácticos, leales, suaves y analíticos.
Answer will vary. Sample answer: 4. No, no soy típica de los géminis.

11

How People Feel, the State of Things, and the Weather

Ejercicio 11-1

1. estoy   2. está   3. estamos   4. estás   5. están   6. estáis   7. está   8. está

Ejercicio 11-2

1. tiene   2. tiene   3. tenéis   4. tienes   5. tenemos   6. tiene   7. tengo   8. tienen

Ejercicio 11-3

1. a   2. g   3. i   4. s   5. r   6. k   7. q   8. p   9. c   10. j   11. n   12. o   13. b   14. d
15. e   16. h   17. f   18. l   19. m   20. t

Ejercicio 11-4

1. Está enfermo.   2. Están bien.   3. Está contenta.   4. Tiene hambre.
5. Estoy nervioso/nerviosa.   6. Están preocupados.   7. Está mejor.   8. Tiene frío.
9. Tiene miedo.   10. Estamos más o menos / regular.

Ejercicio 11-5

1. Ella está un poco enferma.   2. Estás muy cansado/cansada. / Ud. está muy
cansado/cansada.   3. Él está medio loco.   4. Estamos bastante contentos/contentas.
5. Ellos están muy tristes.   6. Ustedes están ocupadísimos/ocupadísimas. / Vosotros
estáis ocupadísimos/ocupadísimas.   7. Estoy medio confundido/confundida.
8. ¿Tienes mucha hambre? / ¿Tiene Ud. mucha hambre?   9. ¿Está limpio tu/su
cuarto?   10. ¡Mi cuarto está desordenado/desarreglado!

Ejercicio 11-6

1. d   2. i   3. f   4. g   5. a   6. c   7. k   8. h   9. b   10. l   11. j   12. e

Ejercicio 11-7

1. a   2. a   3. a   4. b   5. a   6. b   7. b   8. a   9. a   10. b

Ejercicio 11-8

1. Hace calor en el verano.   2. Está lloviendo.   3. Es abril, ¡y está nevando!
4. Es agradable in el otoño.   5. Hace mucho frío en el invierno.
6. Está cellisqueando ahora.   7. Está húmedo hoy.   8. Tenemos huracanes
en el verano.

Ejercicio 11-9

1. Hace frío.   2. Está en verano.   3. Llueve mucho.   4. No llueve casi nunca.
5. Hace calor durante el día y hace frío por la noche.

Ejercicio 11-10

Answers will vary. Sample answers: 1. Hace calor todo el año, excepto en la estación
lluviosa.   2. Sí, hay cuatro estaciones.   3. Sí, llueve mucho. Llueve en la primavera.
4. Mi cumpleaños es en el otoño.   5. Hace buen tiempo.

Ejercicio 11-11

1. Están nerviosos los estudiantes.   2. Tienen exámenes.   3. Tiene tres exámenes.
4. Es el mejor de la clase de español.   5. Es buenísimo.   6. Es muy aburrida.
7. Sí. No está preparado para el examen de biología.

Indicating Location

Ejercicio 12-1

1. ¿Dónde está Cuba?   2. Está en el Caribe.   3. Está al sur de Florida.
4. ¿Dónde están Uruguay y Paraguay?   5. Están en América del Sur.
6. ¿Dónde está Nicaragua?   7. Está en América Central, en la costa del Caribe.

Ejercicio 12-2

1. j   2. c   3. g   4. a   5. k   6. b   7. i   8. d   9. f   10. h   11. e

Ejercicio 12-3

Answers will vary. Sample answers: **1.** Mi cama está en el rincón. **2.** En la pared hay un póster. **3.** La alfombra está en el suelo. **4.** La puerta está enfrente de mi escritorio. **5.** Una ventana está encima de mi escritorio y la otra está detrás de mi cama. **6.** La lámpara está encima del escritorio. **7.** Mi ropa está en la guardarropa. **8.** Mi computadora está encima de la mesa. **9.** Mis libros están en la cama. **10.** Mis zapatos están en el suelo.

Ejercicio 12-4

1. El banco está enfrente de la zapatería. **2.** La biblioteca está al lado de la librería. **3.** Hay un parque detrás de la escuela. **4.** El aeropuerto está lejos de mi casa. **5.** Hay un parqueo debajo de la oficina de correos. **6.** La estación de trenes está cerca de la playa. **7.** Hay un supermercado entre el zoológico y el hospital. **8.** La panadería está dentro del centro comercial.

Ejercicio 12-5

Answers will vary.

Ejercicio 12-6

1. Carlitos está perdido. **2.** No, no está con ella. **3.** No, no está con él. **4.** No, no está con él. **5.** No, no está con ella. **6.** Sí, está en el parque. **7.** Está con su perro.

Ejercicio 12-7

1. es **2.** está **3.** está **4.** es **5.** están **6.** voy **7.** soy **8.** estoy **9.** vamos **10.** está **11.** va **12.** es **13.** es **14.** Van

Ejercicio 12-8

Answers will vary. Sample answers: **1.** ¿Está María contigo? **2.** ¿Dónde está la casa de David? **3.** ¿Dónde están mis llaves? **4.** ¿Dónde está los EEUU? **5.** ¿Dónde es la película? **6.** ¿De dónde son (ustedes)? / ¿De dónde sois (vosotros/vosotras)?

Ejercicio 12-9

1. No está bien ordenado. **2.** Está furiosa. **3.** Están en el suelo. **4.** Está en el suelo, con su ropa sucia. **5.** No. Están encima de la cama. **6.** No, no está arreglada. **7.** Sus zapatillas y tres pares de zapatos están debajo de la cama. **8.** Son rojas. **9.** Su computadora está en el escritorio, su lugar correcto.

Describing Facts and Common Activities

Ejercicio 13-1

1. Hablo.   **2.** Trabajas.   **3.** Estudia.   **4.** Escucha.   **5.** Bailamos.   **6.** Preguntan.
7. Compráis.   **8.** Contestan.   **9.** ¿Manejas?   **10.** ¿Tocan instrumentos?   **11.** ¿Cantan?
12. ¿Cocina?

Ejercicio 13-2

1. Jorge y Elena limpian.   **2.** Marcos trabaja lento.   **3.** Nosotras tocamos el piano.
4. Sí. Saco buenas notas.   **5.** Margarita saca las mejores notas.   **6.** Tomamos
limonada.   **7.** Practica fútbol.   **8.** Estudio con mi amigo.   **9.** Desayunan a las ocho
(de la mañana).   **10.** Alberto pasa mucho tiempo en la biblioteca.   **11.** Compramos
ropa.   **12.** Lavo la ropa en la noche.

Ejercicio 13-3

1. pacientemente   **2.** rápido/rápidamente   **3.** dulcemente   **4.** cariñosamente
5. nerviosamente   **6.** ciertamente   **7.** simplemente   **8.** difícilmente   **9.** falsamente
10. orgullosamente

Ejercicio 13-4

1. La clase empieza a las diez de la mañana.   **2.** Ella juega tenis.   **3.** Nosotros
pensamos mucho.   **4.** Ellos cierran sus libros.   **5.** Almorzamos a la una de la tarde.
6. Los niños cuentan de cero a diez en español.   **7.** ¿Sueñas?   **8.** ¿Qué almuerzan? /
¿Qué almorzáis?   **9.** ¿Dónde encuentras esos zapatos?   **10.** ¿Juegan básquetbol? /
¿Jugáis básquetbol?

Ejercicio 13-5

1. No sé si juega vóleibol.   **2.** No sé si dibuja bien.   **3.** No sé qué desayunan.
4. No sé cuánto dinero gana.   **5.** No sé cuándo caminan en el parque.   **6.** No sé si
toca el trombón.   **7.** No sé dónde votamos. / No sé dónde votan ustedes.   **8.** No sé
quién toca la guitarra.   **9.** No sé cómo juega.   **10.** No sé a qué hora empieza la clase.

Ejercicio 13-6

1. Estudia en la universidad. / Estudia en la biblioteca. **2.** Es los martes, jueves y viernes. **3.** Hablan español, escuchan a la profesora y practican las formas nuevas. **4.** Memorizan el vocabulario nuevo y contestan preguntas. **5.** Pasa por lo menos tres horas cada día en la biblioteca. **6.** Hablan de todo, escuchan música, bailan y lo pasan muy bien. **7.** No, no descansa nunca.

Ejercicio 13-7

Answers will vary. Sample answers: **1.** Estudio español. **2.** Empiezan a las diez. **3.** Sí, texteo mucho. / Sí, hablo mucho. **4.** Sí, trabaja. / No, no trabaja. **5.** Sí, cantan. / No, no cantan. **6.** Jugamos videojuegos. / No jugamos. **7.** Almuerza conmigo. / Almuerza con todos sus/nuestros amigos. **8.** Sí, lo recuerdo. Es la Sra. White. / No, no lo recuerdo.

Ejercicio 13-8

Answers will vary. Sample answers: **1.** ¿Laváis los carros? **2.** ¿Escucha él la música rap? **3.** ¿Usas la computadora en casa? **4.** ¿Contestan ellos las preguntas? **5.** ¿Qué deporte juega ella? **6.** ¿A qué hora almorzáis? **7.** ¿A qué hora comienza el partido? **8.** ¿Recuerdas?

Ejercicio 13-9

1. Aprendemos algo cada día. / Aprendemos algo todos los días. **2.** Beben mucha agua. **3.** Comemos en la cafetería los jueves. **4.** Ella comprende/entiende inglés. **5.** Creo que tienes razón. **6.** Tú escoges el juego. / Usted escoge el juego. **7.** Escondo los dulces. **8.** Lee mucho. **9.** Responden/Respondéis con frecuencia. **10.** ¿Qué venden/vendéis?

Ejercicio 13-10

Answers will vary, but will follow these patterns: **1.** No sé si aprende francés, pero creo que no. **2.** No sé qué lee, pero creo que lee sus libros de texto. **3.** No sé quiénes hacen ejercicio. Creo que mi amiga hace ejercicio. **4.** No sé dónde comen, pero creo que comen en los restaurantes de comida rápida. **5.** No sé a qué hora corre la gente, pero creo que es por la mañana. **6.** No sé dónde venden los mejores zapatos, pero creo que es en la tienda. **7.** No sé qué día recogen la basura, pero creo que es los miércoles. **8.** No sé si comprenden español, pero creo que sí.

Ejercicio 13-11

Answers will vary, but will follow these patterns: **1.** Leo una novela.   **2.** Sí, corre. / No, no corre.   **3.** Comemos pizza y hamburguesas.   **4.** Venden pescado en el mercado.   **5.** Pierdo mis anteojos.   **6.** Conozco a muchos hispanos.   **7.** Vuelvo a casa a las cinco de la tarde.   **8.** La gente come enchiladas.   **9.** Sí, sabe dónde estoy. / No, no sabe dónde estoy.   **10.** Sí, sé la fecha de su cumpleaños. / No, no sé la fecha de su cumpleaños.

Ejercicio 13-12

1. Conozco México.   **2.** ¿Sabes mi nombre?   **3.** Parece imposible.   **4.** Siempre pongo las llaves en la mesa.   **5.** ¿A qué hora hace ejercicio tu hermano?   **6.** Ellos ven la verdad.   **7.** Ustedes merecen un premio. / Vosotros merecéis un premio.   **8.** ¿Hace su tarea tu hermana todos los días?   **9.** ¿Qué traes a clase?   **10.** Ella resuelve los problemas de matemáticas rápido/rápidamente.

Ejercicio 13-13

1. Asistimos a clases todos los días.   **2.** ¿Prefieres emails o textos?   **3.** Ella escribe muchas cartas.   **4.** ¿Dónde viven?   **5.** Recibo muchos mensajes en mi teléfono.   **6.** Sirven desayuno a las 8 de la mañana.   **7.** Creo que él miente.   **8.** ¿Cuántas horas duermes por la noche?   **9.** ¿Sales con él?   **10.** ¿A qué hora salen/salís para la escuela?

Ejercicio 13-14

Answers will vary. Sample answers: **1.** ¿Duerme bien el niño?   **2.** ¿Qué prefieren, helado de vainilla o de chocolate?   **3.** ¿Qué pasa al final de la película?   **4.** ¿Crees que la novia miente?   **5.** ¿Quién sirve la cena en tu casa?   **6.** ¿A qué universidad asiste ella?   **7.** ¿Dónde y con quién vive tu hermana?   **8.** ¿Sale Roberto con esa chica?   **9.** ¿Qué dice tu papá?   **10.** ¿Qué dicen las chicas?

Ejercicio 13-15

1. Su novia no contesta sus emails.   **2.** Habla con su hermano.   **3.** Vive en la Calle Mercedes, 4B.
Answers will vary. Sample answers: **4.** No sé/sabe/sabemos si abre sus emails.
5. Sí, creo que es una buena idea. / No, no es una buena idea.   **6.** Yo prefiero textos.

Ejercicio 13-16

1. Yo contribuyo.   **2.** Ellos distribuyen.   **3.** Ella construye.   **4.** No oímos.
5. ¿Oyes? / ¿Oye?   **6.** ¿Contribuyen? / ¿Contribuís?   **7.** Él destruye.
8. Nosotros/Nosotras venimos.   **9.** Ellos/Ellas van.   **10.** Yo oigo.

14
Describing Actions Toward People and Things

Ejercicio 14-1

1. el periódico   **2.** su amigo   **3.** el museo   **4.** Carlos   **5.** chocolate   **6.** nuestra mamá
7. dinero   **8.** sus padres   **9.** el vestido rojo   **10.** el profesor exigente   **11.** la música
12. la profesora   **13.** mi país   **14.** mi novio

Ejercicio 14-2

1. Jaime lo mira.   **2.** Jaime lo mira.   **3.** Marta lo visita.   **4.** Marta lo visita.
5. Sara y yo lo queremos.   **6.** Sara y yo la queremos.   **7.** Tomás y Miguel lo necesitan.
8. Tomás y Miguel los necesitan.   **9.** Raquel lo prefiere.   **10.** Raquel lo prefiere.
11. Ramón la escucha.   **12.** Ramón la escucha.   **13.** Lo extraño.   **14.** Lo extraño.

Ejercicio 14-3

1. Quiero el carro/coche.   **2.** Quiero a mi amigo/amiga.   **3.** Visitamos la escuela.
4. Visitamos a los profesores.   **5.** Mira el edificio.   **6.** Mira a los estudiantes.
7. Escucha la radio.   **8.** No escucha a su mamá.   **9.** ¿Llamas a tu novio?
10. ¿Llama a su abuela?

Ejercicio 14-4

1. Lo quiero.   **2.** Lo quiero. / La quiero.   **3.** La visitamos.   **4.** Los visitamos.
5. Lo mira.   **6.** Los mira.   **7.** La escucha.   **8.** No la escucha.   **9.** ¿Lo llamas?
10. ¿La llama?

Ejercicio 14-5

1. Su novio la ayuda.   **2.** La lee pero no la corrige.   **3.** Él la llama.   **4.** Hablan español.
5. Sí, lo lleva.   **6.** Lo tiene en su cartera.

Ejercicio 14-6

Answers will vary. Sample answers: **1.** Mi hermana me ayuda. **2.** Ayudo a mi hermanito. **3.** Visitamos a Elena y Jaime. **4.** Mi tía y mis primos me visitan. **5.** Mi amiga me llama. **6.** Llamo a mi mejor amigo. **7.** Mis padres me quieren. **8.** Quiero a mis padres.

Ejercicio 14-7

Answers will vary. Sample answers: **1.** ¿Extrañas a tus amigos? **2.** ¿Con qué frecuencia llamas a tu madre? **3.** ¿Estudias español? **4.** ¿Tus amigos estudian español? **5.** ¿Dónde practican español? **6.** ¿Dónde escuchas música? **7.** ¿Dónde llevas tu celular?

Ejercicio 14-8

1. Quiere mucho a sus padres, a su hermano y a su amiga, Sara. **2.** La quiere como a una hermana. **3.** Lee novelas, cuentos, obras de teatro, biografía y ciencia ficción. **4.** Los lee los fines de semana y durante las vacaciones.

Speaking Reflexively and Impersonally

Ejercicio 15-1

1. aburrirse **2.** Nos aburrimos. **3.** Se aburren. **4.** Me aburren. **5.** Nos aburre. **6.** Los aburro. **7.** Me aburres. **8.** ¿Te aburro? **9.** Me aburro.

Ejercicio 15-2

Answers will vary. Sample answers: **1.** Me llamo María. **2.** Se llama José. **3.** Se llaman Sr. González y Sra. Martínez. **4.** Me llama María. **5.** Mi mamá me llama. **6.** Sí, me llaman mi hermana y mi mejor amiga. / No, nadie me llama. **7.** A veces llamo a mi papá y a mi abuela. **8.** Se llama Colegio Santa Ana. **9.** Se llama *Hoy*. **10.** Se llama *Star Wars*.

Ejercicio 15-3

Answers will vary. Sample answers: **1.** Por la mañana, me levanto a las ocho, me baño a las ocho y cuarto y me visto a las ocho y media. **2.** Por la tarde, me siento en la clase a la una, me aburro a la una y diez y me divierto con mis amigos a las cuatro y media. **3.** Por la noche, hago mi tarea desde las ocho hasta las diez, llamo a mi amigo a las diez y me acuesto a las once (y me duermo a las once y diez!).

Ejercicio 15-4

Answers will vary. Sample answers: **1.** Me divierto en el club. **2.** Me divierto con mis amigos. **3.** Nos divertimos los fines de semana. **4.** La profesora Martínez se divierte más. **5.** El profesor González nos divierte más.

Ejercicio 15-5

1. Se queda en la ciudad. **2.** Se despierta naturalmente, sin despertador.
3. Sí, hace unos ejercicios. **4.** Se prepara un café. **5.** Toma su café y lee el periódico.
6. Sí, se maquilla. **7.** A veces va a algún museo o de compras. **8.** Visita a una amiga.
9. Lee una novela. **10.** Se duerme. **11.** Sale a bailar a un club. **12.** No se queja de nada.

Ejercicio 15-6

1. Se duermen. **2.** Se enamoran. **3.** ¿A qué hora te vas? / ¿A qué hora sales?
4. Se queja mucho. **5.** Nos quedamos toda la noche. **6.** Se ríe todo el tiempo.
7. Nos sentamos en el sofá. **8.** ¿Cómo te sientes? **9.** Me siento bien. **10.** Me siento aquí.

Ejercicio 15-7

Answers will vary. Sample answers: **1.** Se habla español en los restaurantes mexicanos.
2. Se escribe C-A-R-L-O-S. **3.** Se dice "colegio". **4.** Se dice "me aburro". **5.** Se dice *to have a good time*. **6.** Se escribe M-O-L-I-N-A.

Ejercicio 15-8

1. Se despierta a las seis. **2.** Desayuna un yogur con frutas frescas. **3.** Se pone una gorra y sus guantes. **4.** Es una estudiante buena. **5.** Practica fútbol. **6.** Regresa a casa en autobús. **7.** Cena con su familia. **8.** La hace antes y después de la cena.
9. Descansa en su dormitorio. **10.** Se duerme en seguida. **11.** Se divierte los fines de semana.

16

Giving, Showing, and Telling

Ejercicio 16-1

1. le **2.** nos **3.** les **4.** le **5.** me **6.** os, les **7.** te, le

Ejercicio 16-2

1. g **2.** b **3.** a, j **4.** l **5.** e **6.** d **7.** e **8.** a **9.** h **10.** k **11.** c **12.** f **13.** i

Ejercicio 16-3

1. Te prometemos el dinero. **2.** (Ella) nos enseña la lección. **3.** Te digo el secreto.
4. (Él) les muestra las fotos. **5.** (Ellos) le escriben la carta. **6.** ¿Les mandas/envías
cartas? **7.** ¿Le prestáis/prestan los libros? **8.** (Ella) le regala la camisa. **9.** (Ellos)
nos devuelvan los boletos. **10.** Le pregunto qué hace después de las clases.

Ejercicio 16-4

1. No, no son obligatorios. **2.** Le regala algo cómico (como un libro de chistes).
3. Le regala algo cómico. **4.** Le regala una camisa de colores brillantes. **5.** Le regala
ropa conservadora. **6.** Le manda rosas rojas (y la invita a cenar). **7.** Le prepara una
comida rica y un pastel especial. **8.** Le pide el dinero a su papá. / Se lo pide a su
papá.

Ejercicio 16-5

1. Isabel me pide el carro. Le doy el carro. Se lo doy. **2.** (Yo) le pido los libros.
(Ella) me muestra los libros. / (Ella) me enseña los libros. Me los muestra/enseña.
3. Nuestra hermana nos pide el boleto. Le mandamos/enviamos el boleto. Se lo
mandamos/enviamos. **4.** Luis y Luisa le piden las llaves a Sergio. (Él) les dice que
no. **5.** La profesora les manda/envía una carta a mis padres. (Ellos) me muestran/
enseñan la carta. Me la muestran/enseñan.

Ejercicio 16-6

1. Le pide dinero a su hermano. / Se lo pide a su hermano. **2.** Se llama Germán.
3. Sí, le da el dinero a Víctor. / Sí, se lo da. **4.** Le pregunta si tiene una hermana.
5. Quieren ir al cine. **6.** Le piden el dinero a su papá. / Se lo piden a su papá.

Ejercicio 16-7

1. Se lo da a los estudiantes. 2. Escriben lo que lee la profesora. 3. Se lo da a un compañero de clase. 4. Lo lee tres veces. 5. Se los entregan a la profesora.
6. Sí, les da una buena nota a todos.

Ejercicio 16-8

1. (Los chicos) aprenden salsa, merengue, bachata y otros bailes latinos.
2. Sí, se divierten mucho. 3. (El maestro de baile) es de Puerto Rico.
4. (El maestro) les enseña los pasos. 5. (El maestro) le presta un DVD al chico.
6. Sí, se los enseña a sus amigos. 7. No, (los amigos) necesitan más práctica para el merengue. / No, no lo bailan bien.

17

Expressing Feelings

Ejercicio 17-1

1. Me gustan los tacos. 2. Nos gustan las enchiladas. 3. (A ella) no le gusta la cocina mexicana. 4. ¿Te gustan las películas de horror? 5. (A él) le gustan las comedias. 6. ¿Qué deportes te gustan? 7. ¿Qué música les/os gusta? 8. Nos gusta la música rap. 9. No me gusta la música clásica. 10. (A ella) le gusta el arte.

Ejercicio 17-2

1. My sister annoys me. 2. What do you care? / What business is it of yours? / Mind your own business! 3. No, we're not interested (in that). 4. Yes, I like it (so far). 5. He/She is crazy about it. 6. It drives them crazy. / It drives them up the wall. 7. They bore me. 8. No, it doesn't bother me. 9. My family is very important to me. / I care a lot about my family. 10. What do you all think?

Ejercicio 17-3

1. Nos fascinan las novelas. 2. Me encantan tus vestidos. 3. Le gustan los deportes. 4. ¿Les molestan las interrupciones? 5. ¿Te importan las opiniones del profesor? 6. No me interesan las películas de terror. 7. No nos gustan esas cocinas.
8. Les encantan las clases. 9. Le vuelven loca esos bailes. 10. Me fascinan los carros.

Ejercicio 17-4

1. Me gustas. **2.** ¿Te gusto? **3.** ¿Te importo? **4.** Me importas. **5.** Te quiero.
6. ¿Me quieres?

Ejercicio 17-5

Answers will vary. Sample answers: **1.** Me gusta dormir. **2.** Le gusta comer en un restaurante. **3.** Nos gusta ir al cine. **4.** Sí, me gusta ver la tele. / No, no me gusta ver la tele. **5.** Les gusta jugar cartas. **6.** ¿Qué les gusta hacer en el verano? **7.** ¿Qué les gusta hacer a ellos? **8.** ¿Qué le gusta hacer a ella? **9.** ¿Qué te gusta hacer? **10.** ¿Te gusta cocinar?

Ejercicio 17-6

1. Le gusta pescar. **2.** No le gusta ir a las montañas porque le molestan los mosquitos. **3.** Le gustan los hoteles de lujo. **4.** No, no le fastidia el tráfico si está de vacaciones. **5.** Les encanta ir a la playa. **6.** Van a la zona comercial porque les fascinan los juegos. **7.** Si hace mal tiempo, ellas leen.
Answers will vary. Sample answer: **8.** A mí me gusta nadar en el océano.

Ejercicio 17-7

1. No, no tienen los mismos gustos. **2.** Quieren estar juntos. **3.** Le gusta hacer deportes de aventura. **4.** Les gusta ir de compras. **5.** Le encanta trabajar en su jardín. **6.** Le fascina visitar los jardines botánicos. **7.** Le interesa jugar al golf.

Describing Activities in Progress

Ejercicio 18-1

1. este año **2.** hoy **3.** en este momento **4.** actualmente **5.** esta semana **6.** ya no
7. estos días **8.** esta noche **9.** este semestre **10.** todavía

Ejercicio 18-2

1. estudiando **2.** corriendo **3.** viviendo **4.** pidiendo **5.** leyendo **6.** sirviendo
7. cayendo **8.** distribuyendo **9.** durmiendo **10.** divirtiéndose

Ejercicio 18-3

1. Nosotros estudiamos. Estamos estudiando.   **2.** Ellos comen. Están comiendo.
3. Ella trabaja. Está trabajando.   **4.** Él vende su carro. Está vendiendo su carro.
5. ¿Qué haces? / ¿Qué hace usted? ¿Qué estás haciendo? / ¿Qué está haciendo?
6. ¿Qué hacéis? / ¿Qué hacen? ¿Qué estáis haciendo? / ¿Qué están haciendo?
7. Ellos nos dicen la verdad. Nos están diciendo la verdad. Están diciéndonos
la verdad.   **8.** Nosotros no mentimos. No estamos mintiendo.   **9.** ¿Hablas español? /
¿Habla español? ¿Estás hablando español? / ¿Está hablando español?   **10.** Ya no
asisto a esta escuela. Ya no estoy asistiendo a esta escuela.

Ejercicio 18-4

1. Estoy comprándola. La estoy comprando.   **2.** Estamos comiéndolas. Las estamos
comiendo.   **3.** Están buscándolo. Lo están buscando.   **4.** ¿Estás preparándolas?
¿Las estás preparando?   **5.** ¿Estáis viéndolo? ¿Lo estáis viendo?   **6.** No estoy
practicándolo. No lo estoy practicando.   **7.** Estamos leyéndola. La estamos leyendo.
8. Ella está limpiándola. La está limpiando.   **9.** Él está recogiéndola. La está
recogiendo.   **10.** Ellos están haciéndola. La están haciendo.

Ejercicio 18-5

1. Pinta la sala. / Está pintando la sala.   **2.** Sí, lo hace solo. / Sí, está haciéndolo solo.
3. Estudia en la biblioteca. / Está estudiando en la biblioteca.   **4.** Están arriba viendo
la tele. / Ven la tele arriba.   **5.** No sé qué hace Javier. / No sé qué está haciendo
Javier.   **6.** Hablan por teléfono. / Están hablando por teléfono.   **7.** Tiene hambre.
8. Quiere un sándwich.

Ejercicio 18-6

1. Se la estoy diciendo. Estoy diciéndosela.   **2.** Te lo estoy prestando. Estoy
prestándotelo.   **3.** Se lo estamos pidiendo. Estamos pidiéndoselo.   **4.** Nos la están
sirviendo. Están sirviéndonosla.   **5.** Me las está mostrando. Está mostrándomelas.
6. Te lo está mandando. Está mandándotelo.   **7.** Se los está enseñando. Está
enseñándoselos.   **8.** Se las está escribiendo. Está escribiéndoselas.

Ejercicio 18-7

1. Me visto. Me estoy vistiendo. Estoy vistiéndome.   2. Se despierta. Se está despertando. Está despertándose.   3. Nos perdemos. Nos estamos perdiendo. Estamos perdiéndonos.   4. Los visitamos. Los estamos visitando. Estamos visitándolos.   5. La llama. La está llamando. Está llamándola.   6. Nos la explican. Nos la están explicando. Están explicándonosla.   7. Me los vende. Me los está vendiendo. Está vendiéndomelos.   8. ¿Lo ves? ¿Lo estás viendo? ¿Estás viéndolo?

Ejercicio 18-8

1. Hace dos años que vive en este país. / Hace dos años que está viviendo en este país.   2. Hace diez años que estudia inglés. / Hace diez años que está estudiando inglés.   3. Trabaja en la empresa desde junio. / Está trabajando en la empresa desde junio.   4. Hace doce años que trabaja allí. / Hace doce años que está trabajando allí.   5. Necesita unas vacaciones. / Le hacen falta unas vacaciones.   6. Sí, ¡le encanta!

Ejercicio 18-9

Answers will vary. Sample answers: 1. Lo estudio desde tres años.   2. Vivo en Bogotá.   3. Hace tres años que vivo en mi casa.   4. Hace tres años que asisto a mi escuela.   5. No, no trabajo. / Sí, trabajo.   6. No trabajo. / Trabajo allí desde un mes.   7. Asiste a la escuela Santa Ana. / No asiste a la escuela.   8. Asiste a esa escuela desde cuatro meses. / No asiste a la escuela.

Ejercicio 18-10

Answers will vary. Sample answers: 1. ¿Hace cuánto tiempo que viven en esta casa?   2. ¿Hace cuánto tiempo que son amigos?   3. ¿Desde cuándo estás aquí?   4. ¿Hace cuánto tiempo que estás enamorado de mí?   5. ¿Hace cuánto tiempo que estudian para el examen tus amigos?   6. ¿Hace cuánto tiempo que no duermes?   7. ¿Desde cuándo conoces a esa chica?   8. ¿Hace cuánto tiempo que no trabaja su primo?

Ejercicio 18-11

1. Hace una semana que no las ve.   2. Estudia. / Está estudiando.   3. No sabe qué está pasando.   4. No, tampoco sabe qué está pasando en su propio país.   5. No, ni sabe qué están haciendo sus amigos.   6. Necesita un buen descanso.   7. Es importante saber las noticias del mundo y de los amigos.

19
Describing Intentions and Plans

Ejercicio 19-1

1. ¿Me ayudas?   2. ¿Me llamas esta noche?   3. Te llamo el domingo.   4. Te recojo a las siete.   5. Te llevo a casa.   6. ¿Me haces un favor?   7. ¿Me lees el libro?   8. Te presto veinte dólares.   9. Te compro un helado.   10. ¿Vienes conmigo?

Ejercicio 19-2

1. de ahora en adelante   2. el año próximo / el año que viene   3. pronto
4. la semana próxima / la semana que viene   5. el jueves   6. después   7. luego
8. dentro de cinco minutos   9. en seguida   10. el verano próximo

Ejercicio 19-3

Answers will vary. Sample answers: 1. Voy a trabajar.   2. Va a estudiar.   3. Vamos a hacer un viaje.   4. Van a leer.   5. Pienso dormir.   6. Pienso terminar mis estudios dentro de dos años.   7. Pienso estudiar las matemáticas.   8. Pienso que es horrible.
9. Estoy pensando en los exámenes.   10. Sí, lo pienso estudiar. ¡Claro que sí!

Ejercicio 19-4

1. Sí, se van a quejar. / Sí, van a quejarse.   2. Sí, me voy a sentar contigo. / Sí, voy a sentarme contigo.   3. Sí, va a maquillarse. / Sí, se va a maquillar.   4. Sí, se va a quedar. / Sí, va a quedarse.   5. Sí, nos vamos a aburrir. / Sí, vamos a aburrirnos.
6. Sí, me voy a dormir. / Sí, voy a dormirme.   7. Sí, se lo van a regalar. / Sí, van a regalárselo.   8. Sí, pienso que me va a gustar. / Sí, va a gustarme.   9. Sí, piensan mostrármelas. / Sí, me las piensan mostrar.   10. Sí, te la voy a mandar. / Sí, voy a mandártela.

Ejercicio 19-5

1. Germán está enfermo.   2. Está mareado y le duele el estómago. / Está mareado y tiene dolor de estómago.   3. Llama a la médico.   4. Está en la agenda de Germán.
5. Lo va a ver dentro de una hora.   6. Van en el carro de Alfredo.   7. Llama al jefe de Germán para decirle que Germán no va al trabajo.

Ejercicio 19-6

1. Participa en sus clases, el tenis, el debate y trabaja tiempo parcial.   2. Va a tener una semana de descanso.   3. Piensa dormir, ver la tele, llamar a sus amigos, comer pizza, ir al cine y dormir.   4. Empiezan el próximo lunes.   5. Se va a sentir mejor y listo para estudiar.

Explaining Our Reasons

Ejercicio 20-1

1. We don't want to go home.   2. I prefer to watch the basketball game.   3. What do you plan to do next year?   4. What university do you hope to attend?   5. They have to study all night.   6. She just finished her homework.   7. We need to win this game.
8. Why do you all want to go downtown?   9. He can't take us home because he doesn't have a car.   10. Do you know how to fix a computer?

Ejercicio 20-2

1. No quiero aburrirme.   2. Ella tiene que levantarse temprano.   3. Él no sabe manejar.   4. Esperamos ganar el campeonato.   5. ¿Necesitas trabajar este verano?
6. ¿A qué hora deben/debéis estar en clase?   7. Ellos pueden dormir todo el día.
8. ¿Qué tienes que hacer mañana?   9. Vamos a un restaurante mexicano a cenar.
10. Acabo de almorzar.

Ejercicio 20-3

1. Quiero leerla pronto. / La quiero leer pronto.   2. El niño no sabe atárselos. / El niño no se los sabe atar.   3. ¿Piensas decírsela? / ¿Se la piensas decir?   4. ¿Cuándo van a devolvérmelo? / ¿Cuándo me lo van a devolver?   5. Mi novio sabe arreglarla. / Mi novio la sabe arreglar.   6. Sarita va a mostrárnoslas. / Sarita nos las va a mostrar.
7. Su papá no quiere prestárselo. / Su papá no se lo quiere prestar.   8. Tenemos que pedírselo. / Se lo tenemos que pedir.   9. Necesitas comprarlos. / Los necesitas comprar.   10. No podemos verla. / No la podemos ver.

Ejercicio 20-4

1. Quiere ir al cine.   **2.** Sí, lo quiere acompañar.   **3.** Puede ir porque no tiene que hacer su tarea.   **4.** Piensa hacer su tarea el fin de semana.   **5.** Puede ser fastidiosa. **6.** También va la hermana de Miguel y ellas pueden sentarse juntas.   **7.** Tienen que estar en casa para las siete.   **8.** Empieza a la una.   **9.** Las va a recoger a las doce y media. / Va a recogerlas a las doce y media.   **10.** A Rebeca le encanta este plan.

Ejercicio 20-5

Answers will vary. Sample answers: **1.** Quiero dormir.   **2.** Tiene que estudiar. **3.** Sé nadar.   **4.** Debemos tener 16 años.   **5.** Preferimos ir a la playa. / Preferimos esquiar en las montañas.   **6.** Bartolomé y Jacobo pueden ser fastidiosos porque son mis hermanitos.   **7.** Acabo de contestar seis preguntas.

Ejercicio 20-6

Answers will vary. Sample answers: **1.** ¿Quieres acompañarme?   **2.** ¿Pueden ir? **3.** ¿Va ella a la piscina? ¿Por qué no?   **4.** ¿Piensan ellos ir a la universidad?   **5.** ¿Quién os va a prestar el carro?   **6.** ¿Me vas a mostrar tus fotos?   **7.** ¿Qué acabas de hacer?

Ejercicio 20-7

1. Van a hablar de sus planes para el futuro.   **2.** No, no está segura.   **3.** Sabe tocar el piano y la guitarra, y sabe cocinar.   **4.** Sí, le gustan los deportes.   **5.** A su familia y a sus amigos les gusta mucho la comida que ella prepara.   **6.** Ella no sabe. Tal vez, sí, tal vez, no.